W0046523
Länder / Gesch

Michael D. Coe
Die Maya

Die Maya

Von Michael D. Coe

Gustav Lübbe Verlag

Titel der Originalausgabe: »The Maya«
Erschienen bei Thames and Hudson, London, in der Reihe
»Ancient Peoples and Places«
Herausgegeben von Glyn Daniel
© Michael D. Coe 1966
Aus dem Englischen übertragen
von Ulrike Schmidt und Dr. Peter Schmidt

2. Auflage 1975
© 1968 der deutschen Ausgabe by Gustav Lübbe Verlag GmbH,
Bergisch Gladbach
Schutzumschlag: Arno Häring, Bensberg
Das Umschlagfoto wurde freundlicherweise vom Staatlichen
Mexikanischen Verkehrsamt, Frankfurt/M., zur Verfügung
gestellt. Es zeigt einen Ausschnitt aus dem Wandgemälde von
Bonampak
Gesamtherstellung: Friedrich Pustet, Regensburg
Printed in Germany
Alle Rechte, auch das der fotomechanischen Wiedergabe,
vorbehalten
ISBN 3-7857-0014-8

Inhalt

Verzeichnis der Bildtafeln und Zeichnungen

Vorwort

Das alte Mesoamerika, das heißt der Bereich der Hochkulturen Mexikos und Mittelamerikas, ist ein so weites und in seiner Entwicklung unterschiedliches Gebiet, daß es nicht in einem einzigen Band dieser Stärke behandelt werden kann. Infolgedessen wurde es auf zwei Bände verteilt, von denen der zweite nur die nicht-mayasprechenden Völker Mexikos behandelt. Das vorliegende Buch beschäftigt sich daher ausschließlich mit den Maya.

Diesem bemerkenswerten Volk ist wahrscheinlich mehr wissenschaftliches Interesse geschenkt worden als irgendeiner anderen eingeborenen Kultur der Neuen Welt. In ihrem kulturellen Entwicklungsgrad standen die Maya weit über allen anderen Indianern Amerikas, und seit fast anderthalb Jahrhunderten hat daher das Interesse, das Wissenschaftler und Laien ihnen entgegenbrachten, nicht nachgelassen. Zahlreiche allgemeine Bücher sind über die Maya verfaßt worden, davon manche von hohem wissenschaftlichen Wert. Gerade in den letzten zehn Jahren sind jedoch einige recht bemerkenswerte Fortschritte auf dem Wege zum wahren Verständnis dieser Hochkultur erzielt worden. Welche sozialen und politischen Ordnungen herrschten? Wie sahen die »Städte« und Siedlungen aus? Welche Themen behandeln die hieroglyphischen Texte? Auf welcher wirtschaftlichen Grundlage ruhte die Maya-Kultur? Aus welchem allgemeinen Hintergrund leitet sie sich her? All das sind Fragen, die wir heute zumindest teilweise beantworten können, und dieses Buch stellt den Versuch dar, die Maya im Licht dieser neuen Erkenntnisse zu betrachten. Dabei sind wir uns bewußt, daß noch vieles offen bleibt und durch zukünftige Forschung geklärt werden muß.

Die Betonung wird auf der Maya-Kultur der Klassischen Periode liegen und auf dem Bereich, in dem sie ihre höchste Blüte erlangte: den dichtbewaldeten Tiefländern des nördlichen Guatemala und den benachbarten Bundesstaaten der Republik Mexiko. Doch wird diese kulturelle Leistung in ihrem entsprechenden historischen und geographischen Zusammenhang dargestellt werden, denn die Hochblüte der Klassischen Maya-Kultur wurde ja nicht in vollkommener Isolation erreicht, und vieles, was man den Maya zuschreibt oder zugeschrieben hat, haben sie nicht selbst erfunden, sondern von anderen übernommen.

An dieser Stelle sind einige kurze Bemerkungen über die Aussprache von Maya-Namen und Maya-Wörtern notwendig. Das heutige Transskriptionssystem stammt von den frühen spanischen Missionaren, die versuchten, die Eingeborenensprache Yucatáns aufzuzeichnen, so daß die meisten Vokale und Konsonanten wie im Spanischen ausgesprochen werden. Doch hatten die guten Mönche mit dem Problem zu kämpfen, daß viele Maya-Laute den europäischen Sprachen fremd waren und also durch neugeschaffene Schreibungen ausgedrückt werden mußten. So wird zum Beispiel der Buchstabe *x* benutzt, um wie im Spanischen des 16. Jahrhunderts ein Phonem auszudrücken, das dem deutschen *sch* entspricht; *c* entspricht unserem *k*, ganz gleich vor welchem Vokal es steht; und *u* vor a, e, i und o wird wie ein englisches *w* ausgesprochen. Die Maya-Sprachen unterscheiden deutlich zwischen glottalisierten und nicht-glottalisierten Konsonanten, wobei die glottalisierten mit verengter Stimmritze ausgesprochen werden. In der revidierten Schreibung des yucatekischen Maya lauten die so unterschiedenen Konsonanten wie folgt:

Nicht-glottalisiert	Glottalisiert
c	k
ch	ch'
tz	dz
p	pp
t	th

Stimmritzenverengung oder harter Stimmabsatz können auch zwischen reduplizierten Vokalen auftreten, obwohl das in den meisten Wörterbüchern nicht berücksichtigt wird. Der Akzent oder die Betonung liegt im allgemeinen auf der letzten Silbe eines Wortes.

Abschließend möchte ich meinen Dank für die Hilfe aussprechen, die ich bei Abfassung dieses Buches erfahren habe. Wie schon früher, bin ich Dr. Glyn Daniel und Dr. Geoffrey Bushnell für unermüdliche Unterstützung verpflichtet. Mein Kollege Prof. Floyd Lounsbury stellte mir die noch unpublizierten Ergebnisse seiner Untersuchungen über Schrift und Sozialsystem der Maya zur Verfügung. Die Karten und ein Teil der Zeichnungen stammen von Mrs. Jean Zallinger und Mr. Peter Zallinger. Schließlich gilt mein Dank all denen, die großzügig die Photographien zur Verfügung gestellt haben, die im Tafelteil benutzt wurden.

Zeittafel

Zeit	Perioden	Südliches Gebiet: Pazifische Küste	Südliches Gebiet: Hochland	Zentralgebiet	Nördliches Gebiet
1530				↑	
	Spät-Nach-Klassisch		Mixco Viejo	Tayasal	Unabhängige Staaten Mayapan
1200					
	Früh-Nach-Klassisch	Tohil Plumbate	Ayampuc	Siedlungs aufgabe	Maya-Toltekische Zeit ↑
900					
	Spät-Klassisch	↑	Amatle-Pamplona	Tepen	Puuc Chenes
600					
	Früh-Klassisch	Cotzumalhuapa	Esperanza	Tzakol	Regionalstile Acanceh
300					
	Proto-Klass		Aurora Santa Clara	Matzanel	
150					
n. Chr. / v. Chr.	Spät-Formativ	El Baúl Crucero	Miraflores	Chicanel	Spät-Formativ
300					
	Mittel-Formativ	Conchas	Las Charcas	Mamom Xe	Mittel-Formativ Maní Cenote
800					
	Früh-Formativ	Cuadros Ocós	Arévalo		
1500					
	Archaisch				

Einleitung

I

Die Maya können kaum als ein »untergegangenes Volk« bezeichnet werden, denn sie zählen noch heute ungefähr zwei Millionen Seelen und bilden damit den größten geschlossenen Block amerikanischer Indianer nördlich von Peru. In ihrer Mehrzahl haben sie zäh einem Aufgehen in der spanisch-amerikanischen Mischkultur widerstanden. Zu der großen Bevölkerungszahl und der relativ unbeeinflußten Kultur tritt als weitere Besonderheit das geschlossene Siedlungsgebiet der Maya-Völker: Im Gegensatz zu anderen, regional zersplitterten Stämmen in Mexiko und Zentral-Amerika leben sie bis auf eine Ausnahme in einem zusammenhängenden Gebiet, das die ganze Halbinsel Yucatán, Guatemala, Britisch-Honduras, Teile der mexikanischen Bundesstaaten Tabasco und Chiapas und den Westen von Honduras und El Salvador umfaßt. Eine solche Einheit inmitten eines bunten Mosaiks von Sprachen und Völkerschaften zeigt einerseits, daß die Maya in früherer Zeit wenig an weitausgreifenden Unternehmen und militärischer Expansion interessiert waren, daß sie andererseits aber auch relative Sicherheit vor Invasionen anderer Völker genossen.

Nur in wenigen Teilen der Welt ist eine so genaue Übereinstimmung zwischen (heutiger) Sprach- und (archäologischer) Kulturgrenze zu finden: Eine Linie, um das heutige Siedlungsgebiet maya-sprechender Gruppen gezogen, umschließt auch

alle archäologischen Denkmäler, die wir den alten Maya zuschreiben. Doch wäre es falsch, anzunehmen, diese Völker hätten abgeschlossen für sich innerhalb einer Art kulturellen Vakuums gelebt. In vorspanischer Zeit gehörten sie zu dem größeren
Abb. 1 Kulturareal, das Prof. Kirchhoff als »Mesoamerika« bezeichnet hat. Dessen nördliche Abgrenzung fällt in etwa mit der Nordgrenze des Feldbaus in Mexiko zusammen. Das weiter nördlich liegende trockene Plateau bot nur noch Möglichkeit für einfache Jagd und Sammelwirtschaft. Im Südosten verlief die Grenze Mesoamerikas von der Karibischen See quer durch die heutigen Staaten Honduras und El Salvador bis zum Stillen Ozean und teilte hier die Hochkultur der Maya von einfacheren Völkern anderer Sprachfamilien ab.

Allen mesoamerikanischen Indianern war eine Anzahl von Kulturelementen gemeinsam, die nur sie besaßen und die im übrigen Amerika fehlen: Hieroglyphenschrift; »Bücher« aus Bastpapier oder Hirschleder, die doppelseitig bemalt und durchgehend gefaltet wurden; ein genauer Kalender, der nach einem Permutationssystem arbeitete; ein Spiel, das mit einem Gummiball auf einem besonders angelegten Platz ausgetragen wurde; hochspezialisierte Märkte, auf denen Kakaobohnen als Kleingeld dienten; eine starke Betonung von Selbstopfer und -verstümmelung im Kult; eine Götterwelt, die einen Regengott und einen Kulturbringer enthielt, der als »Gefiederte Schlange« bezeichnet wurde. Ebenso gehörte in alle mesoamerikanischen Religionen die Vorstellung jeweils mehrerer Himmels- und Unterweltsschichten und eines nach den vier Himmelsrichtungen
Abb. 40 gen orientierten Universiums. Bestimmte Farben und Götter wurden dabei den vier Weltgegenden und dem Zentrum zugeordnet.

Mais, Bohnen und Kürbisarten bildeten damals wie heute die Grundlage des mesoamerikanischen Speisezettels. Natürlich waren diese Nahrungsmittel auch in anderen Teilen Amerikas weit verbreitet, und zwar überall dort, wo sich die einheimische Kultur über das Niveau halbnomadischer Wirtschaftsweise erhoben hatte: in vorspanischer Zeit vom Südwesten der Vereinigten Staaten bis nach Peru und Nordwest-Argentinien. Mesoamerika hebt sich jedoch durch eine ganz besondere Art der Maiszubereitung ab: Die harten, reifen Körner werden in einer Mischung aus Wasser und weißem Kalk eingeweicht oder gekocht, wobei eine Art Brei entsteht, der dann auf einem Mahlstein (*metate*) mit dem Reiber (*mano*) zu ungesäuertem Teig zerdrückt wird. Dieser Teig wird zu gedämpften (gefüllten) »tamales« oder zu flachen, »tortillas« genannten Pfannkuchen verarbeitet. Die »tortillas« werden auf einer Tonplatte gebacken, die auf einem Herd aus drei Steinen ruht. Abb. 36

Diese weitgehenden Ähnlichkeiten lassen nur den Schluß zu, daß alle mesoamerikanischen Völker einen gemeinsamen kulturellen Ursprung gehabt haben müssen, der aber zeitlich so weit zurückliegt, daß er vielleicht nie von der Archäologie ans Licht gebracht werden kann. Außerdem dürfte sicher sein, daß viele Jahrhunderte lang ein reger Austausch von Ideen und Produkten unter den mesoamerikanischen Indianern stattgefunden hat, der allein schon eine gewisse kulturelle Einheitlichkeit bewirkte. Dies war der Hintergrund, auf dem sich die Maya-Kultur entwickelte.

Die Umwelt

Nur wenige Teile der Erdoberfläche zeigen eine ähnliche geographische Vielfalt wie Mesoamerika, das fast jedes ökologische Extrem in sich schließt – von den verschneiten Einöden der hohen Vulkane zu sonnenversengten Wüsten und regendurchnäßten Urwäldern. Das Maya-Gebiet liegt im Südostteil dieses stark gegliederten Landes, weist selbst jedoch nicht den gleichen Abwechslungsreichtum auf wie das Gesamtgebiet. Zum Beispiel gibt es keine Höhentundra, und Wüsten sind auf schmale Streifen entlang des oberen Río Negro und des mittleren Río Motagua beschränkt. Außerdem findet sich tropischer Regenwald sehr viel ausgedehnter im Maya-Gebiet als im übrigen Mexiko.

Im Land der Maya gibt es zwei Großlandschaften: Hochland Abb. 1 und Tiefland. Im geologischen Aufbau, in der Tier- und Pflanzenwelt und auch in der Kulturentwicklung sind sie stark voneinander abgesetzt. Nach unserer Definition bezeichnen wir Tafel 2 als Maya-Hochland alle Gebiete, die über 300 m hoch liegen. Sie werden durch eine große Kette aktiver und erloschener Vulkane beherrscht, von denen einige mehr als 4000 m Höhe erreichen. Diese mächtige Cordillere, die sich in einem großen Bogen aus dem südöstlichen Chiapas bis ins südliche Zentral-Amerika zieht, ist hauptsächlich durch gewaltige Auswürfe von Bimsstein und Asche in tertiärer und pleistozäner Zeit entstanden. So hat sich eine mehrere hundert Meter dicke Ablagerung gebildet, den eine dünne Schicht fruchtbaren Bodens bedeckt. Regen und Erosion von Jahrtausenden haben daraus eine stark zerschnittene Landschaft mit tiefen Erosionsrinnen zwischen steilen Hügelrücken geformt, aber es gibt auch einige verhältnismäßig breite Täler, wie zum Beispiel die von Guatemala, Quetzaltenango und Comitán, die lange Zeit wichtige Zentren des Maya-Gebietes gewesen sind. Nicht das ganze Hochland ist jedoch geologisch so jung: Im Norden der Vulkankette findet sich ein Streifen älteren vulkanischen Gesteins, und jenseits liegt eine Zone tertiären und cretazäischen Kalksteins, der im feuchteren Gebiet am Rande des Tieflands phantastische Erosionsformen angenommen hat, die an chinesische Landschaftsbilder denken lassen. Isoliert im Nordosten liegen die Maya-Berge, eine Formation ähnlichen Alters.

Wie im übrigen Teil der Neuen Welt nördlich des Äquators, fällt der Regen im Hochland nur in einer klar abgegrenzten Regenzeit, die vom Mai bis in den frühen November dauert. Innerhalb dieser Hauptregenzeit konzentrieren sich die Niederschläge – sowohl im Bergland als auch im Tiefland – auf die Monate Juni und Oktober. Im Hochland finden sich die stärksten Regenfälle entlang der pazifischen Abhänge von Chiapas und Guatemala, einer Zone, die in den Tagen vor der Eroberung durch ihre Kakao-Produktion bekannt war; insgesamt aber sind die Niederschläge im Maya-Hochland nicht größer als in den gemäßigten Ländern Nordeuropas.

Die Hochlandflora ist durch Boden und Topographie bedingt; in höheren Lagen der Abhänge und Kämme beherrschen Nadelbäume und Gräser das Bild, während weiter unten, wo mehr Feuchtigkeit zu finden ist, Eichen gedeihen. Verglichen mit der Wildfauna des Flachlandes ist die des Hochlandes nicht besonders üppig, aber dies kann auch auf eine weit dichtere menschliche Besiedlung zurückzuführen sein.

Die Landwirtschaft der Einwohner des Hochlandes unterscheidet sich wesentlich von derjenigen der Bewohner des Flachlandes, obwohl beide zunächst die unerwünschte Vegetation verbrennen und beide eine benutzte Anbaufläche eine Weile brach liegen lassen. Im Hochland dauert die Brache nur mäßig lang und ist von der Lage der Felder auf den Hängen abhängig. Höher gelegene Felder können nur etwa 10 Jahre lang hintereinander bebaut werden; danach muß das Feld für 15 Jahre »ruhen«. Weiter unten kann 15 Jahre lang angebaut werden, nach denen eine 5jährige Pause eingelegt wird. In den dicht bevölkerten Gebieten im Hochland von Guatemala ist fast das ganze verfügbare Land gerodet oder nach einer Rodung neu

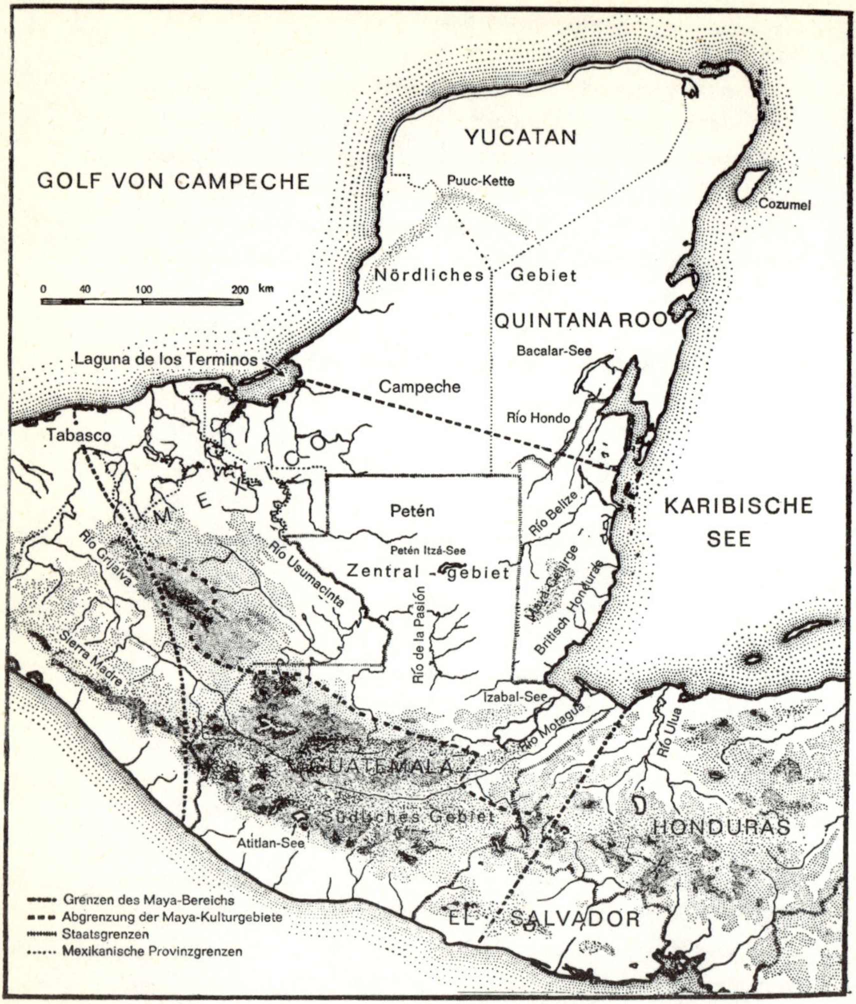

Abb. 1 Größere topographische Merkmale und Kulturgebiete.

bewachsen. Verschiedene Arten von Mais werden das ganze Jahr über angepflanzt. Die Bestellung geschieht durch Graben enger Furchen. Nachdem die Maisschößlinge aus dem Boden gekommen sind, häufelt man um sie herum kleine Erdwälle. In diesen Maisfeldern oder »milpas« werden außerdem noch weitere Pflanzen, wie Bohnen, Kürbisse und süßer Maniok sowie Chilipfeffer in vielen Größen, Farben und verschiedenen Schärfegraden angebaut. Das System der Bodennutzung im Hochland scheint also, obwohl die gleichen Nutzpflanzen wie im Tiefland angebaut werden, den Bedürfnissen einer dicht besiedelten Region angepaßt zu sein, in der schwere, tiefe Böden vorherrschen und in der schnellwachsender Urwald und Unkraut kein großes Problem darstellen.

Für die Geschichte der Maya ist jedoch das im Norden anschließende Flachland wichtiger. Man kann sich kaum einen größeren Kontrast als den zu der Umwelt des Hochlandes vorstellen, wie jeder bestätigen kann, der einmal von Guatemala zu den Ruinen von Tikal geflogen ist. Die Petén-Yucatán-Halbinsel ist eine einzige große Kalksteinplatte, die in das blaue Wasser des Golfes von Mexiko hineinragt, der sie im Westen und Norden begrenzt. Die Ostküste mit gefährlichen Riffen grenzt an die Karibische See. Diese Kalksteinplatte ist während unendlich langer Zeit aus dem Meer aufgestiegen. In dem älteren Petén-Gebiet des Südens ist die Anhebung am stärksten gewesen, und das Landschaftsbild ist rauher mit seinen zerrissenen Karsthügeln, die sich in der Ebene aufwölben. Fliegt man nach Norden, nach Yucatán selbst, wird das Land – aus der Luft gesehen – flacher. Es scheint wie ein gleichmäßiger grüner Teppich, doch dieses Bild trügt. Reist man zu Land, wird die Unregelmäßigkeit des porösen Kalksteinbodens nur allzu deutlich. Im nördlichen Bereich der Halbinsel ist die einzige Erhebung von Bedeutung die Puuc-Kette, ein Zug niedriger Hügel,

Tafel 1

nie mehr als 100 m hoch, die sich wie ein umgekehrtes V über das westliche Campeche und das südwestliche Yucatán erstrecken.

Im Gegensatz zu der Sierra im Süden gibt es im Tiefland nur wenige ständig Wasser führende Flüsse – abgesehen vom Westen und Südosten, wo augedehnte alluviale Tiefländer entstanden sind. Der mächtige Usumacinta mit seinen Nebenflüssen bildet das wichtigste System, das das nördliche Hochland von Guatemala und das Lacandonen-Gebiet von Chiapas entwässert. Er windet sich nach Norden entlang einer ganzen Reihe verlassener Maya-Stätten, ehe er seinen gelben Schlamm in den Golf von Mexiko ablagert. Größere Flüsse, die in die Karibische See münden, sind einmal der Motagua in Guatemala, der seinen Weg durch von Nadelhölzern und Eichen bestandene Hügel, durch kaktusübersäte Wüsten und tropischen Regenwald nimmt; dann der Belize River in Britisch-Honduras, und schließlich der Río Hondo, der diese britische Kronkolonie von Mexiko trennt.

Auch Seen finden sich im Tiefland, besonders auf der Halbinsel Yucatán, nur sehr selten. Das Fehlen von Grundwasser in vielen Gegenden macht den Wassermangel zu einem ernsten Problem. Im Petén von Nord-Guatemala gibt es breite, morastige Niederungen oder »bajos«, die sich im Sommer mit Wasser füllen, während der regenlosen Winterzeit aber oft trocken liegen. Kleinere und ebenso jahreszeitlich bedingte Wasserlöcher, die man »aguadas« nennt, findet man an manchen Orten Yucatáns; Hauptquelle des Trink- und Badewassers ist jedoch für die Einwohner der »cenote«, ein Wort, das die Spanier aus dem Maya-Wort »dzonot« abgewandelt haben. Hierbei handelt es sich um etwa kreisförmige, brunnenartige Wasserlöcher, manchmal von großem Durchmesser, die durch das Einbrechen unterirdischer Höhlen entstanden sind. Da sie ständig mit Wasser gefüllt sind, das durch den Kalksteinboden emporsickert, haben sie natürlicherweise seit der ersten Besiedlung des Landes als Anziehungspunkte auf den Menschen gewirkt.

Das Klima des Tieflandes ist heiß, besonders gegen Ende der Trockenzeit. Im Mai setzt der Regen ein, der bis in den Oktober hinein dauert; aber verglichen mit anderen tropischen Gegenden der Welt ist dieser Regen nicht besonders stark. In großen Teilen des Petén zum Beispiel fallen nur 1800 bis 2300 mm pro Jahr, und weiter nördlich in Yucatán nimmt die Regenmenge noch mehr ab. Außerdem kann man sich auf den Regen nicht verlassen, und in schlechten Jahren kommt es zu schweren Dürren. Sehr hohe Niederschläge finden sich im äußersten Süden des Petén und in Britisch-Honduras, im Lacandonen-Gebiet von Chiapas und im Tabasco-Tiefland, das während des Sommers oft völlig unter Wasser steht und aus diesem Grunde von den Maya vor der spanischen Eroberung weitgehend gemieden wurde. Ein hoher Monsunwald bedeckt die südlichen Niederungen. Er wird beherrscht von Mahagonibäumen, die fast 50 Meter Höhe erreichen, von Sapodillas, die den Alten Bauholz lieferten und deren Saft heute zu Kaugummi verarbeitet wird, von Campechehölzern und dem Brotnußbaum. In den mittleren und niederen Lagen dieser Formation wachsen viele Fruchtbäume, die für die Maya wichtig waren, wie etwa der Aguacate. Der Wald ist nur zum Teil immergrün, denn in der Trockenzeit verlieren viele Baumarten ihre Blätter; nur in einigen Gegenden, die durch stärkeren Regenfall begünstigt sind, gibt es wirklichen, nicht laubabwerfenden Regenwald.

Tafel 1

Eingesprengt in den Monsunwald, vor allem im Petén und in Süd-Campeche, finden sich offene Savannen, die mit grobem Gras bedeckt sind und auf denen sich einzelne kurze, flachschirmige Bäume erheben. Man ist sich nicht ganz einig über den Ursprung dieser Savannen, aber die modernen Theorien nehmen nicht mehr an, daß sie von den alten Maya durch Überkultivierung, also Auslaugung des Bodens, verursacht wurden. Andererseits werden sie sicherlich durch menschliche Tätigkeit aufrechterhalten; die Bauern meiden sie zwar, doch werden sie von Jägern in Zeitabständen niedergebrannt, um Wild zu dem frischen Gras, das aus der Asche hervorbricht, heranzulocken.

Im Norden und Westen, wo der jährliche Regenfall abrupt geringer wird, verwandelt sich der Wald in einen niedrigen dornigen Dschungel, und schließlich, entlang der nördlichen Küste der Halbinsel Yucatán, wird er zu ausgedörrtem Gestrüpp.

Im Tiefland findet sich eine reiche Fauna, wobei die stärker bewaldeten Teile wie der Petén paradoxerweise weniger Wild beherbergen als der Norden. Hirsche und Peccari finden sich in reicher Zahl, vor allem in Yucatán, das von den Maya »das Land des Truthahns und des Hirsches« genannt wurde. Langarmige Affen und die kleinen, aber geräuschvollen Brüllaffen sind leicht zu jagen und in der einheimischen Küche sehr begehrt. Unter den größeren Vögeln findet sich der gefleckte Truthahn mit seinem schönen goldgrünen Gefieder, der Curassow und der Guan. Gefährlichere Tiere sind der Jaguar, die größte gefleckte Katze der Erde, der wegen seines glänzenden Felles gejagt wurde, und der wasserliebende Tapir, dem man wegen seines Fleisches und seiner unglaublich zähen Haut nachstellte, die die Maya für Schilde und Panzer verwendeten.

Von größerer Bedeutung für die Entwicklung der Maya-Kultur wurde aber das landwirtschaftliche Potential des Tieflandes, das keineswegs einförmig ist. Während der Boden des Petén zum Beispiel relativ tief und fruchtbar ist, gilt für Yucatán das Gegenteil. Diego de Landa, ein Franziskanerbischof des 16. Jahrhunderts und unser großer Gewährsmann für alle Aspekte des Maya-Lebens, berichtet: »Yucatán ist das Land mit der geringsten Menge an Erdkrume, das ich je gesehen habe, da alles gewachsener Fels ist und in erstaunlich geringem Maß mit Erde bedeckt.« Es ist kein Wunder, daß die frühen Kolonialchroniken oft von Hungersnöten in Yucatán vor der Ankunft der Spanier sprechen, und es mag wohl sein, daß die Provinz weniger vom Anbau von Pflanzen lebte als von ihrer berühmten Produktion von Honig, Salz und Sklaven.

Es wird heute allgemein, wenn auch widerwillig, anerkannt, daß tropischer Boden, der auf die Dauer seines Waldes beraubt wird, schnell an Fruchtbarkeit verliert und bald ganz zur Bearbeitung ungeeignet wird, da sich eine Schicht ziegelharten Laterits auf der Oberfläche entwickelt. Tropischer Regenfall und eine heftige Sonnenbestrahlung zerstören ihn in einer erstaunlich kurzen Zeitspanne, was katastrophale Folgen für die Landwirtschaft mit sich bringt. Unter diesen Bedingungen ist fast die einzige Art der Landwirtschaft, die im Maya-Tiefland möglich ist, eben die, die die Maya selbst schon seit vielen Jahrtausenden praktizierten – ein Brandrodungssystem, das die Anbauflächen häufig wechselt und dem Wald immer wieder Pausen zur Regeneration läßt. Obwohl dies einfach und primitiv scheint, verlangt es große Erfahrung vom Bauern. Ein Streifen Wald auf einem Stück Land mit guter Entwässerung wird ausgewählt und im späten Herbst oder frühen Winter abgeschlagen. Das gefällte Holz und das Unterholz werden am Ende der Trockenzeit verbrannt, und im ganzen Maya-Tiefland wird Tafel 3
zu dieser Jahreszeit die Sonne durch den Rauch und den Dunst der Feuer verdunkelt. Die Maissamen werden in Löcher gepflanzt, die mit dem Pflanzstock durch die Asche in den Boden gestoßen werden. Dann muß der Bauer zu den Göttern beten, daß sie ihm Regen bringen.

Eine »milpa« hat gewöhnlich nur eine Lebensdauer von 2 Jahren; nach dieser Zeit führen abnehmende Erträge dazu, daß sich eine dritte Bepflanzung nicht mehr lohnt. Der Maya-Bauer muß dann zu einem neuen Stück Wald wechseln und von neuem beginnen. Dabei läßt er seine alte »milpa« für eine Zeit, die im Petén 4–7 Jahre, in Yucatán dagegen 15–20 Jahre dauern kann, brach liegen. In bewohnten Regionen erscheint der Wald – von der Luft aus gesehen – wie eine große Flickendecke in verschiedenen Grünschattierungen oder wie ein Mosaik aus Wald, neu bewachsenen Flächen und frischen Rodungen.

Vielen Pessimisten zum Trotz scheint es heute, daß diese angeblich primitive Methode, seinen Lebensunterhalt im tropischen Regenwald zu gewinnen, doch wesentlich produktiver ist, als man auf den ersten Blick glaubt, und man schätzt, daß ein einziger Bauer im Petén das Nahrungsbedürfnis von 12 Menschen befriedigen kann. Diese Zahl ist offensichtlich von größter Bedeutung für das Problem der ehemaligen Bevölkerungsdichte des Maya-Tieflandes und für die Frage, ein wie großer Teil der Bevölkerung von der Landwirtschaft freigestellt werden konnte, um ganz an der Entwicklung der Maya-Hochkultur mitzuwirken.

Kulturgebiete

Der Maya-Bereich zerfiel in drei große Kulturgebiete, was kaum überrascht, wenn man sich die großen landschaftlichen Unterschiede innerhalb dieser Region vor Augen führt: das südliche, das zentrale und das nördliche Kulturgebiet, von denen die beiden zuletzt genannten ausschließlich im Tiefland liegen. Das südliche Kulturgebiet umschließt das Hochland von Guatemala und das angrenzende Chiapas, außerdem die feuchtheiße Küstenebene am Pazifik und die westliche Hälfte von El Salvador. Im allgemeinen nimmt das südliche Gebiet eine Sonderstellung

Abb. 1

ein – daher berücksichtigen es auch viele Bücher über die Maya überhaupt nicht. Dies ist sicherlich auf den mexikanischen Einfluß zurückzuführen, der dort lange Zeit von großer Bedeutung war. Einige der charakteristischsten Maya-Züge fehlen: das »falsches Gewölbe« in der Architektur und, wenn man von der Spät-Formativen Periode absieht, auch der Maya-»Long-Count« und der »Stele-Altar-Komplex«. Wir müssen zugeben, daß von rein archäologischen Gesichtspunkten aus das südliche Gebiet in vieler Hinsicht kaum ein Maya-Gebiet zu sein scheint, und ein Teil von ihm, wie etwa das mittlere und das östliche Hochland von Chiapas, wurde nur zu einem relativ späten Zeitpunkt von maya-sprechenden Gruppen besiedelt.

Im zentralen Gebiet dagegen erlebte die Maya-Kultur ihre größte Blüte. Ihren Kern bildete das heutige Departamento del Petén im nördlichen Guatemala. Das Zentralgebiet reichte von Tabasco und Süd-Campeche quer durch die dicht bewaldeten südlichen Tiefebenen und umschloß Britisch-Honduras, den Río Motagua in Guatemala und einen schmalen Streifen des westlichen Honduras. Alle für die Maya besonders typischen Charakteristika sind vorhanden – architektonische Eigenarten wie das »falsche Gewölbe« und der Dachkamm, der voll entwickelte »Long-Count« mit allen Feinheiten, die Hieroglyphenschrift, der »Stele-Altar-Komplex« und viele andere. Diese Kulturhöhe jedoch wurde nur während der Klassischen Periode erreicht. Seit dem Anfang des 10. Jahrhunderts ist der größte Teil dieses Gebiets eine grüne Wildnis.

Wie zu erwarten haben das nördliche und das zentrale Kulturgebiet vieles gemeinsam, da es kaum natürliche Schranken gibt, die einen kulturellen Austausch oder Bevölkerungsbewegungen zwischen den beiden behinderten. Dennoch besitzt das nördliche Gebiet eine ganze Anzahl spezifischer Kulturcharakteristika, die vor allem darauf zurückzuführen sind, daß die landwirtschaftlichen Möglichkeiten in Yucatán geringer und die Besiedlungsmöglichkeiten durch die Zahl der »cenotes« beschränkt sind. Außerdem gehen diese Besonderheiten teilweise auf mexikanische Einflüsse zurück, die hier fast ebenso stark wirken wie im südlichen Kulturgebiet. Im Gegensatz zum Petén wurde das nördliche Gebiet niemals verlassen und ist nach wie vor dicht bevölkert.

Historische Perioden

Die Entdeckung der alten Maya-Kultur ging in Abschnitten vor sich. Nach der spanischen Eroberung der Yucatán-Halbinsel machten sich der große Bischof Landa, Fray Antonio de Ciudad Real, der den berühmten Fundplatz Uxmal im Jahre 1588 besuchte, und andere Gedanken über das Alter der mächtigen Ruinen, die im ganzen Lande verstreut lagen, konnten aber von den Einheimischen so gut wie nichts darüber erfahren. Echtes Interesse an den Maya-Überresten entstand, nachdem in London im Jahre 1822 die Ergebnisse einer »Forschungsreise« veröffentlicht wurden, die ein Hauptmann Del Río im späten 18. Jahrhundert nach Palenque unternommen hatte. Die moderne Maya-Archäologie nahm jedoch erst mit den ausgedehnten Reisen ihren Anfang, die der amerikanische Diplomat und Jurist John Lloyd Stephens in den Jahren zwischen 1839 und 1842 zusammen mit dem englischen Landschaftsmaler Frederick Catherwood durchführte. Durch sie wurde der Welt der großartige Glanz einer untergegangenen tropischen Kultur vor Augen geführt. Stephens und Catherwood waren die ersten seit Bischof Landa, die die Ruinen»städte«, die sie antrafen, den Vorfahren der heutigen Bewohner des Landes zuschrieben, nämlich den Maya-Indianern, und nicht etwa den »verlorenen

Stämmen Israels«, den Tataren, den Walisern und anderen, wie manche »Gelehrte« gern verkündeten. Aber Stephens und Catherwood hatten keine Möglichkeit, das Alter der Bauten auch nur annähernd zu bestimmen. Erst nachdem die Maya-Kalenderschrift von dem sächsischen Staatsbibliothekar Ernst Förstemann und weiteren Gelehrten untersucht und die Maya-Inschriften von dem Engländer Alfred P. Maudslay um die Wende des 19. zum 20. Jahrhundert in nachahmenswerter Form veröffentlicht worden waren, wurde ein wirklicher Durchbruch in der Chronologie der Maya erreicht. Außerdem begannen in dieser Zeit in großem Umfang Ausgrabungen in den Ruinenstätten, die vom Peabody Museum der Harvard-Universität, danach von der Carnegie Institution in Washington, der Tulane-Universität, der Universität von Pennsylvania und dem Instituto de Antropología e Historía in Mexiko durchgeführt wurden.

Die Datierung der alten Maya-Kultur ruht heute auf 4 Kategorien von Beweismitteln: 1. der Feldarchäologie selbst, besonders der Untersuchung in Schichten gelagerten Materials (wie Scherben usw.); 2. der Radiocarbon-Datierung, die seit 1950 angewandt wird; 3. der einheimischen historischen Tradition, die uns durch Aufzeichnungen und Berichte aus der Zeit nach der Eroberung überliefert wurde, sich aber auf die späte Zeit kurz vor der Eroberung bezieht, und 4. der genauen Korrelation zwischen Maya- und christlichem Kalender.

Das Korrelationsproblem ist ein unglaublich schwieriges und noch immer umstrittenes Thema, das einiger Worte der Erklärung bedarf. Der »Long Count« der Maya, der in den Kapiteln III und VIII erklärt werden soll, ist ein absoluter Kalender, der jeden Tag zählt und wie eine große Uhr von einem Zeitpunkt der fernen Vergangenheit aus abgelaufen ist. Daten im »Long Count« wurden überall in den alten Stätten des zen-

tralen und des nördlichen Gebiets angebracht. Zur Zeit der Eroberung jedoch wurden sie in einer stark abgekürzten und etwas ungenauen Form ausgedrückt. Nun wird in den einheimischen Chroniken (den sogenannten »Büchern des Chilam Balam«) ausdrücklich gesagt, daß die spanische Gründung von Mérida, der heutigen Hauptstadt Yucatáns, die nach unserer Zeitrechnung im Januar 1542 stattfand, kurz nach dem Schlußpunkt einer bestimmten Periode des abgekürzten »Long Count« erfolgte. Bischof Landa, eine zuverlässige Quelle, sagt uns außerdem, daß ein bestimmtes Datum in einem primitiveren Maya-System, der 52jährigen »Calendar Round«, auf den 26. Juli 1553 unserer Zeitrechnung fiel. Alle Versuche, den Maya-Kalender dem christlichen anzupassen, müssen diese beiden Angaben in Betracht ziehen. Es gibt nur zwei Korrelationen, die diese Voraussetzungen erfüllen und gleichzeitig den Ergebnissen der Feldarchäologie entsprechen. Dies sind die 11. 6.- oder Thompson-Korrelation und die 12. 9.- oder Spinden-Korrelation, nach der alle Maya-Daten etwa 250 Jahre früher fallen würden. Welche von diesen ist nun die richtige? Die alten Maya überspannten die Eingänge zu ihren Tempeln
Tafel 40 mit Balken aus Sapodillaholz, die oft noch erhalten sind und durch den Zerfall des radioaktiven Kohlenstoffes C-14 auch ziemlich genau datiert werden können. Erst vor kurzer Zeit wurden in der Universität von Pennsylvania eine große Reihe derartiger Holzproben untersucht, die die Thompson-Korrelation in überwältigender Weise bestätigten. Die meisten Maya-Forscher haben wohl erleichtert aufgeatmet, denn jede andere Chronologie hätte das, was wir von der Maya-Kultur und ihrer Entwicklung in zwei Jahrtausenden zu wissen glauben, wieder durcheinandergebracht. Außerdem hätte jede Veränderung in der Datierung der Klassischen Periode der Maya das ganze Feld der mesoamerikanischen Forschung verwirrt, da

letzten Endes alle archäologischen Chronologien in diesem Bereich von dem »Long Count« der Maya abhängen.

Wie die Dinge jetzt liegen, sieht die Abfolge der Kulturepochen im Gebiet der Maya etwa folgendermaßen aus: Über die früheste Besiedlung ist sehr wenig bekannt, aber vor 1500 v. Chr. muß es einfache Pflanzer und Jäger gegeben haben, die einer sogenannten archaischen Lebensstufe angehörten, welche aus dem Hochland von Mexiko durch weit bessere Funde belegt ist. Während der Formativen Periode, zwischen 1500 v. Chr. und ungefähr 150 n. Chr., setzte sich in allen drei Kulturgebieten der Pflanzenanbau durch, der von Dörfern aus betrieben wurde. Damals wurde das Maya-Gebiet zum erstenmal intensiv besiedelt. Züge einer weiterentwickelten Kultur, wie der Bau von Pyramiden und Inschriften auf Steinmonumenten, finden sich schon in den letzten Jahrhunderten der Formativen Periode, während die kurze Protoklassische Periode (150–300 n. Chr.) einen unmittelbaren Vorboten des Höhepunkts der Maya-Kultur im Tiefland darstellt. Die glanzvolle Klassische Periode, die von 300 bis 900 n. Chr. dauerte, wird definiert als jene Spanne, in der die Maya des Tieflandes Steinmonumente, die im »Long Count« datiert wurden, errichteten. Eine große Katastrophe suchte das Tiefland gegen Ende des 10. Jahrhunderts heim; zu dieser Zeit wurde das Zentralgebiet größtenteils verlassen, während die nördlichen und südlichen Gebiete den Einfluß mexikanischer Invasionen zu spüren bekamen. So wurde die nachklassische oder postklassische Periode eingeleitet, die bis zur Ankunft der bärtigen Abenteurer aus Übersee andauerte.

Völker und Sprachen

Während der Zusammenhalt der maya-sprechenden Völker insgesamt außergewöhnlich ist, umfaßt die linguistische Familie,
Abb. 2 die wir Maya nennen, eine Anzahl von eng verwandten, untereinander aber unverständlichen Sprachen, die das Ergebnis einer langen Zeit der Auseinanderentwicklung sind. Ein Maya aus Yucatán würde die gleichen Schwierigkeiten haben, einen Indianer aus dem Chiapas-Hochland zu verstehen, wie ein Engländer einen Holländer. Es hat verschiedene Versuche gegeben, die einzelnen Maya-Sprachen in größere Gruppen zusammenzufassen, aber da uns in vielen Fällen genügend große Wortlisten als Beweismaterial fehlen, können diese Versuche nur sehr provisorisch sein. McQuown schlägt zehn solcher Gruppen vor; eine ausgeklügelte Methode von Vokabelvergleichen, die man »Lexikostatistik« nennt, hat ihm und Maurice Swadesh die Möglichkeit gegeben, ungefähre Daten für die Abspaltung dieser Sprachen von der »Ur-Maya«-Sprache und voneinander vorzuschlagen. Diese Frage ist auch für Archäologen von großem Interesse. Selbst wenn sich die Daten – absolut gesehen – als falsch herausstellen, könnten sie für die relative Folge der Ereignisse gültig sein.

McQuown nimmt an, daß die allerersten Maya ein kleiner Indianerstamm nordamerikanischen Ursprungs waren, der mit einigen Völkern des südlichen Oregon und des nördlichen Kalifornien weitläufig verwandt war, noch enger verwandt aber mit den Totonaken und den zoque-sprechenden Gruppen in Mexiko. Auf ihrer Wanderung nach Süden könnten sie sich im Hochland von West-Guatemala um die Mitte des 3. Jahrtausends v. Chr. niedergelassen haben. Während der folgenden 1000 Jahre spalteten sich die Huasteken und die Yucateken von der ursprünglichen Bevölkerungsgruppe ab. Die Huaste-

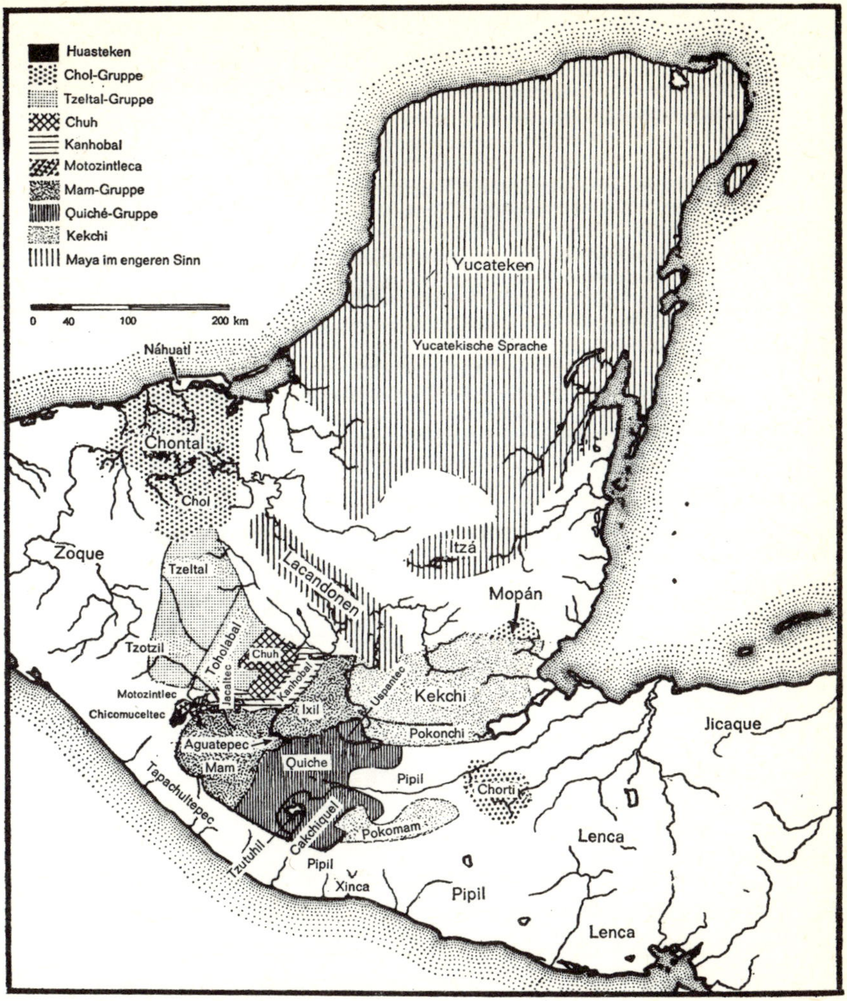
Huasteken
Chol-Gruppe
Tzeltal-Gruppe
Chuh
Kanhobal
Motozintleca
Mam-Gruppe
Quiché-Gruppe
Kekchi
Maya im engeren Sinn
0 40 100 200 km
Yucateken
Yucatekische Sprache
Náhuatl
Chontal
Chol
Zoque
Tzeltal
Lacandonen
Itzá
Mopán
Tzotzil
Toholabal
Chuh
Jacaltec
Kanhobal
Uspantec
Kekchi
Motozintlec
Chicomuceltec
Ixil
Pokonchi
Aguatepec
Mam
Quiche
Pipil
Chorti
Jicaque
Tapachultepec
Cakchiquel
Pokomam
Lenca
Tzutuhil
Pipil
Xinca
Pipil
Lenca

Abb. 2 Verteilung der Sprachgruppen.

ken wanderten nach Nordwesten und schließlich in die Golfküstenstaaten Tamaulipas und Veracruz, womit sie von ihren sprachlichen Verwandten völlig getrennt wurden. Die Yucateken wanderten gen Norden und besiedelten das weite Tiefland der Petén-Yucatán-Halbinsel. Wenige Hundert heute noch lebender Lacandonen – primitive Maya, die das Haar lang tragen und noch mit Pfeil und Bogen jagen – bewohnen den Dschungel von Chiapas südwestlich des Usumacinta. Sie sind vielleicht Reste einer größeren Gruppe, die sich zu jener Zeit von den Yucateken abspaltete, blieben aber wohl immer eine Minorität gegenüber den großen Stämmen.

Zwei weitere bedeutende Sprachgruppen trennten sich in der ersten Hälfte des 1. Jahrtausends v. Chr. von der Hauptgruppe: die Chol- und die Tzeltal-Gruppen. Sie ließen sich im Zentralgebiet nieder, wo sie regen Kontakt miteinander und mit den Yucateken im Norden pflegten. Die weitere Geschichte der Tzeltal-Gruppe ist durch die Linguistik und die Archäologie relativ gut bekannt. Sie scheinen das Zentralgebiet um 400 n. Chr. wieder verlassen zu haben und ins Hochland zurückgekehrt zu sein, wo sie die erste Besiedlung der Bergtäler um San Cristóbal de Las Casas in Chiapas unternahmen. Dort führen viele Tausende ihrer Nachkommen, die Tzotzil und die Tzeltal, auch heute noch ein verhältnismäßig unbeeinflußtes Maya-Leben.

Andere Maya-Dialekte sind konservativer und seßhafter gewesen: das sehr archaische Mam von West-Guatemala, das sich in relativ später Zeit auch an die pazifische Küste verbreitet hat, und das wenig bekannte Chuh, das Kanhobal und das Mototzintleca. Ein großer Teil der späten vorspanischen Geschichte des südlichen Kulturgebietes wurde jedoch von den mächtigen Quiché und Cakchiquel geprägt; sie und ihre Verwandten, die Tzutuhil, die in Dörfern am Rande des vulkanumgebenen Atitlan-Sees leben, sprechen Sprachen der Quiché-Gruppe, die noch vor 1000 Jahren eine einzige Sprache bildeten. Seit der spanischen Eroberung haben die Kekchí eine wichtigere Rolle übernommen. Ausgehend von einem Zentrum in der Alta Verapaz in Guatemala, haben sie das südliche Britisch-Honduras und die einst chol-sprechenden Tiefländer um den Izabal-See in Guatemala kolonisiert.

In welcher Sprache sind nun die alten Maya-Inschriften und Bücher verfaßt? Ein Blick auf die Sprachkarte zeigt, daß die Yucatán-Halbinsel heute ausschließlich von Yucateken bewohnt ist; und es kann keinen Zweifel geben, daß dies auch die Sprache der Maya-Schreiber des nördlichen Kulturgebietes war. Man stellt dabei auch fest, daß der größte Teil des Zentralgebietes heute unbewohnt ist – mit Ausnahme des Lacandonen-Gebietes und jenes Territoriums, das die sicher spät eingewanderten Kekchí und einige Yucateken innehaben. Von diesen Yucateken weiß man, daß sie von Norden in den Petén gekommen sind, keinesfalls früher als im 13. Jahrhundert n. Chr. und vielleicht sogar wesentlich später. Die Vorstellung, daß die Sprache der Inschriften des Zentralgebietes auch Yucatekisch war, hat also sehr wenig für sich.

Vor einigen Jahren hat Eric Thompson die Hypothese aufgestellt, das Zentralgebiet sei während der Klassischen Periode von chol-sprechenden Gruppen bewohnt gewesen. Allein von ihrer heutigen Verteilung her – Chontal und Chol im flachen Hügelland und in den Ebenen im Nordwesten und Chortí im Südosten – scheint es sicher, daß die Sprachen der Chol-Gruppe einst in einem großen bogenförmigen Bereich vorherrschten, der sich quer durch das Zentralgebiet erstreckte. Wir besitzen einige spanische Dokumente, die das bestätigen. Die Mopan-Sprache von Süd-Britisch-Honduras, die von einigen Wissenschaftlern fälschlicherweise zusammen mit dem Yucatekischen zum »Maya im engeren Sinn« gezählt wird, gehört wohl eher zur Chol-Gruppe, was Thompsons Hypothese weiter unterbaut. Es ist wohl kaum Zufall, daß Chol noch heute im Gebiet des klassischen Fundplatzes Palenque und Chortí in der Umgegend von Copán gesprochen wird.

Die Folgerung scheint daher unausweichlich, daß die Hochkultur des Zentralgebietes eine Schöpfung von Sprechern des Chol-Maya war, obwohl einige Tzeltal-Gruppen während der Früh-Klassik eine Rolle gespielt haben können, ebenso vielleicht die Vorfahren der geheimnisvollen Lacandonen.

Sprachen, die nicht zur Maya-Familie gehören, finden sich nur in isolierten Regionen des hier behandelten Gebiets. Diese lassen sich entweder als eingedrungene fremde Gruppen von außerhalb oder als Überreste von Bevölkerungsgruppen erklären, die von der Expansion der maya-sprechenden Völker eingeschlossen wurden. Die etwas geheimnisvollen Pipil, deren Sprache sehr dem Náhuatl, der offiziellen Sprache des aztekischen Reiches, ähnelt, konzentrieren sich im westlichen El Salvador. Andere Pipil-Gruppen finden sich an der pazifischen Küste und im Motagua-Tal in Guatemala. Einige Forscher meinen, daß sie von Mexiko her zur Zeit der toltekischen Erschütterungen in der frühen Nachklassischen Periode in das Maya-Gebiet eingedrungen sind. Diese Vorstellung widerspricht den Ergebnissen der Lexikostatistik nicht, aber genausogut können die Pipil auch schon viel früher gekommen sein. Winzige Gruppen von Zoque-Sprechern nahe der pazifischen Küste im Chiapas-Guatemala-Grenzgebiet sind wahrscheinlich Überbleibsel einer früher weiter ausgedehnten Verbreitung dieser Sprachfamilie. Xinca, das keine uns bekannten Verwandten hat, scheint sich über den ganzen östlichen Teil der pazifischen Küstenebene erstreckt zu haben, ehe das Maya und das Pipil diese Gegend erreichten, doch ist das Xinca-Gebiet archäologisch und ethnologisch ein weißer Fleck. Náhuatl selbst wurde zur Zeit der Eroberung als allgemeine große Handelssprache im Hafen von Xicalango an der »Laguna de los Términos« im südlichen Campeche gesprochen.

II Die ältesten Maya

Das Popol Vuh, ein großes Epos der Quiché-Maya, berichtet, daß die Göttervater, Tepeu und Gucumatz, die Erde aus einer wassererfüllten Leere hervorbrachten und sie mit Pflanzen und Tieren belebten. Da sie sich Lob und Verehrung nach der Schöpfung wünschten, schufen die göttlichen Voreltern menschenähnliche Geschöpfe aus Schlamm, aber diese kehrten zum Schlamm zurück. Dann erschien eine Rasse hölzerner Gestalten, aber diese geistlosen menschenähnlichen Geschöpfe wurden von den Göttern zerstört und durch Menschen, die aus Fleisch gemacht waren, ersetzt. Diese jedoch wandten sich der Bosheit zu und wurden vernichtet, als schwarzer Regen fiel und eine große Flut die Erde überschwemmte. Schließlich wurden die wahren Menschen, die Vorfahren der Quiché, aus Maisteig geschaffen.

Weder die mündliche Überlieferung noch die Archäologie haben auf den Ursprung der Maya viel Licht werfen können. Die Überlieferung der Stämme ist nicht sehr ausgeprägt, und die üppige Vegetation hat zusammen mit ungünstigen geologischen Bedingungen die Suche nach wirklich frühen Funden schwer gemacht. Es gibt nur wenige Höhlen und Felsüberhänge, die als Wohnplätze für primitive Jäger und Sammler geeignet gewesen wären, und Fundplätze im offenen Gelände sind vor allem in den Monsunwäldern fast unmöglich aufzufinden.

Abb. 3

Frühe Jäger

Wir können nur raten, wann die erste Besiedlung des Maya-Gebietes stattfand. Die ursprüngliche Kolonisation der Neuen Welt geschah durch asiatische Völker, die gegen Ende des Pleistozäns oder Eiszeitalters über die Landbrücke der heutigen Beringstraße kamen. Um das 9. Jahrtausend v. Chr. lebten schon die ersten Indianer an der windgepeitschten Magellanstraße im südlichsten Teil Südamerikas. Deshalb dürfen wir wohl annehmen, daß primitive Jäger schon damals das gesamte bewohnbare Gebiet Amerikas in Besitz genommen hatten. Große Teile beider Kontinente waren Grasland, über das große Herden von Pflanzenfressern wanderten – Mammut, Pferd, Kamel und Riesenbison.

In den USA, Kanada und Alaska, wo eine Anzahl von Lagerplätzen dieser frühen Epoche entdeckt werden konnte, wird die früheste archäologisch feststellbare Kultur Clovis genannt, und ihr Alter wird auf etwa 10 000–12 000 Jahre geschätzt. Wenn wir uns auf die Überreste an einigen Plätzen im Südwesten Nordamerikas, an denen Tiere zerlegt wurden, verlassen können, lebten die Leute der Clovis-Kultur hauptsächlich von der Mammutjagd, obwohl sie sich in mageren Zeiten wohl auch mit bescheidenerer Nahrung begnügt haben. Diese großen Elefanten wurden mit Speeren erlegt, die man mit Hilfe von Speerschleudern warf. Die fein retuschierten und kannalierten Steinspitzen dieser Speere sind kenntlich an den langen Absplissen an einer oder beiden Seiten der Basis. Clovis-Spitzen haben sich weit verstreut von Alaska bis Neuschottland und durch Mexiko bis hinein nach Zentralamerika gefunden. Sie wurden sogar in Costa Rica und Panama entdeckt.

Bis jetzt ist der früheste bekannte Artefakt aus dem Maya-Gebiet eine kleine Spitze aus Obsidian, die von einem Schul- Tafel 5 jungen bei einem Ausflug in San Rafael in den fichtenbestandenen Hügeln westlich der Stadt Guatemala gefunden wurde. Selbst ein Neuling könnte sie als Clovis-Spitze erkennen: Auf einer Seite ist sie kanneliert, die scharfen Kanten sind an den Stellen abgeschliffen, wo die Spitze am Schaft angebracht werden sollte. Sie weist beträchtliche Ähnlichkeit mit verschiedenen anderen Spitzen auf, die man in Mexiko gefunden hat, sowie mit kleineren Clovis-Spitzen in den USA. Aus diesem isolierten Fund können wir nur schließen, daß frühe Jäger während der späten Eiszeit im Maya-Hochland umherstreiften. Wahrscheinlich werden wir in Zukunft für diese frühe Zeit noch sehr viel mehr Beweismaterial finden.

Archaische Sammler und Pflanzer

Um etwa 7000 v. Chr. waren die Eisdecken, die große Teile Nordamerikas in höheren Breiten bedeckt hatten, in vollem Rückzuge begriffen, und während der nächsten fünfeinhalbtausend Jahre war das Klima auf der Erde wärmer, als es heute ist. In Europa nennt man diese Zeitspanne das »klimatische Optimum«. Aber in vielen Teilen der Neuen Welt waren die Bedingungen keineswegs so günstig, am wenigsten für Jäger. Trokkene Hitze verwandelte das Grasland in Wüste, und eine zu intensive Jagd bewirkte, daß das Großwild ausstarb. Im mexikanischen Hochland mußten die Indianer zu einer anderen Lebensweise übergehen, deren Grundlage das intensive Sammeln von Samen und Wurzeln wilder Pflanzen bildete. Diese Nahrung wurde angereichert durch Jagd auf kleinere Tiere, die nicht in Herden lebten. In ihrer Wirtschaftsform, in der halbnomadischen Siedlungsweise und sogar in den Einzelheiten ihrer Geräteausstattung waren die mexikanischen Indianer der

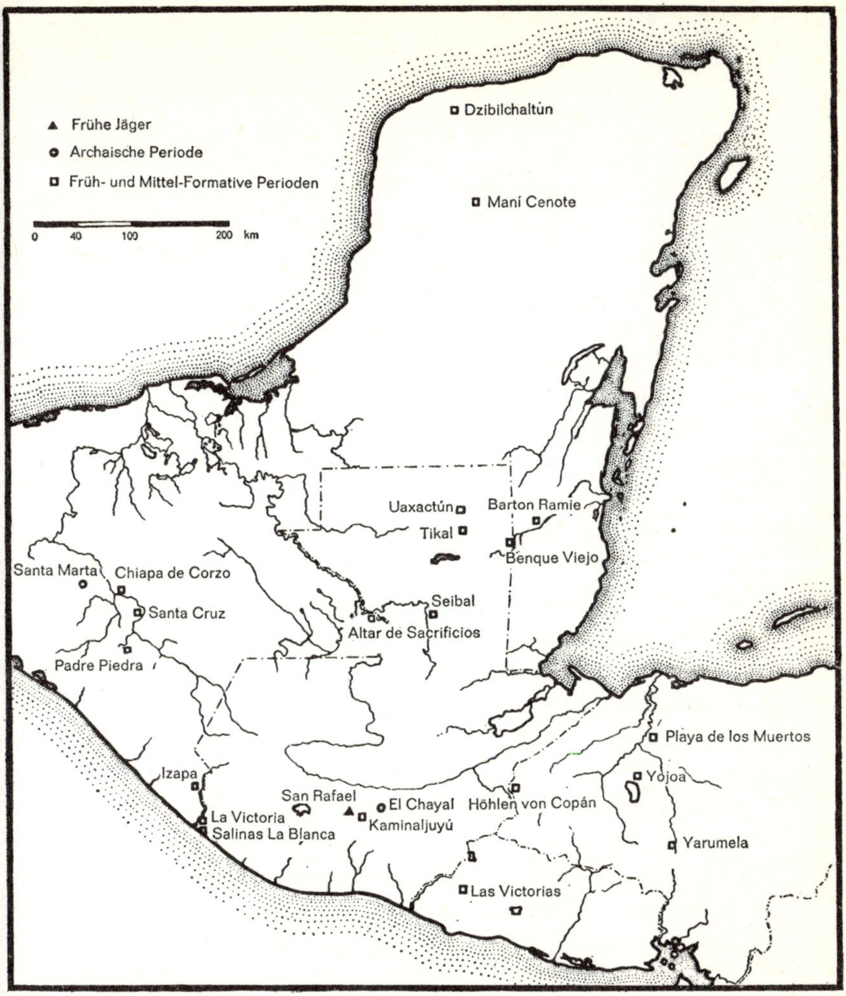

Abb. 3 Fundplätze der Frühen Jägerkulturen, der Archaischen, der Früh- und der Mittel-Formativen Periode.

archaischen Periode nur ein Teil der »Wüstenkultur«, die sich damals von Süd-Oregon durch das große Becken in den USA – wo sie bis ins 19. Jahrhundert weiterbestand – bis nach Südost-Mexiko erstreckte.

In Mexiko jedoch, und im Rahmen dieser »Wüstenkultur«, wurden alle wichtigen pflanzlichen Lebensmittel Mesoamerikas – Mais, Bohnen, Kürbisse, Chilipfeffer und viele andere mehr – zuerst domestiziert. Ausgrabungen in trockenen Höhlen im Tehuacántal, im Hochland des mexikanischen Staates Puebla, haben gezeigt, daß die Grasart, aus der sich unser moderner Mais entwickelt hat, etwa 5000 v. Chr. unter die Kontrolle des Menschen gebracht wurde. Es ist wahrscheinlich, daß die Praxis des Pflanzenanbaus irgendwann während der archaischen Periode das Maya-Gebiet erreicht hat. Vor nicht allzu langer Zeit nahm man noch mit Sicherheit an, daß die Maya selbst den Mais (Zea Mays) als erste domestiziert haben, aber diese Vorstellung beruhte auf der falschen Annahme, daß der wilde Vorfahre des Maises »Teosinte« sei, ein häufiges Unkraut in den Maisfeldern Guatemalas, das inzwischen jedoch als eine Kreuzung aus domestiziertem Mais und »Tripsacum«, einem anderen Mitglied der Zea-Familie, erkannt worden ist. Nichtsdestoweniger werden in Guatemala, das nicht größer ist als etwa Bayern und Baden-Württemberg zusammen, mehr verschiedene Maisarten angebaut als in den gesamten Vereinigten Staaten. Das weist darauf hin, daß hier wohl ein sehr altes Zentrum für die Entwicklung dieser Pflanze unter der Hand des Menschen liegt. Wahrscheinlich war das ganze Hochland, vom südlichen Mexiko bis Chiapas und Hochland-Guatemala, einbezogen in die Entwicklungsprozesse, die zu den modernen Arten dieser produktivsten aller Nahrungspflanzen führten.

Man wird sich erinnern, daß nach der lexikostatistischen Datierung die Vorfahren der Maya um etwa 2500 v. Chr. im Hochland von Chiapas und Guatemala aufgetaucht sind, also noch innerhalb der archaischen Periode und vor den ältesten uns bekannten Kulturen mit Töpferei. Es ist also durchaus möglich, daß sie es waren, die den Mais und andere Kulturpflanzen in dieses Gebiet mitbrachten. Jenseits der Westgrenze des Maya-Bereiches mag der Felsüberhang von Santa Marta in Chiapas Spuren dieser »Ur-Maya-Gruppe« enthalten. Unglücklicherweise hat das Klima, das feuchter ist als im Tehuacántal, alles zerstört, was die alten Bewohner des Felsüberhangs an vergänglichen Überresten zurückgelassen haben. Aber Steine zum Nüsseknacken mit künstlichen Vertiefungen sowie »manos« (Handsteine) aus Rollsteinen und »metates« (Reibsteine) zeigen, daß Samen und andere Pflanzennahrungsmittel sehr wohl genutzt wurden. Andere Artefakte des Santa-Marta-Komplexes, wie zum Beispiel retuschierte Spitzen, Hackgeräte und Schaber, erinnern stark an die der Tehuacán- und Tamaulipashöhlen, und der ganze Fundkomplex, der in die Zeit etwa von 7000 bis 3500 v. Chr. datiert wird, gehört offensichtlich in das mexikanische Archaikum und, allgemeiner gesagt, in den Rahmen der »Wüstenkultur«.

Abb. 3

Ein spätarchaischer Fundplatz, der mehr im Zentrum des Maya-Hochlandes liegt, ist El Chayal, eine Obsidianbearbeitungsstelle, die sich über mehrere Hügel im Südosten der Stadt Guatemala hinzieht. Sie liegt in einem Gebiet, in dem natürliche Obsidian-Lagerstätten häufig vorkommen. Der Boden ist übersät mit vielen Tausenden grober Klingenabschläge, die wahrscheinlich in halbfertigem Zustand verhandelt wurden, um anderswo zu Geschoß- oder Speerspitzen oder zu Messern verarbeitet zu werden. An diesem merkwürdigen Fundplatz sind keine Grabungen durchgeführt worden, doch einige der fertigen Artefakte, die dort aufgesammelt wurden, erinnern an spätarchaische Kulturen in Mexiko. Dies gilt vor allem für

Abb. 4

einige einfache gestielte Spitzen, grobe Hackgeräte und riesengroße scheibenförmige Kratzer, deren Zweck ungeklärt ist.

Ist das Material für die archaische Periode im Hochland gering, so ist es im Tiefland noch spärlicher. Dennoch haben wir eine gewisse Vorstellung davon, wie der Petén zu jener Zeit aussah, und zwar auf Grund einer Analyse von Pollen, die man aus einer tiefen Bohrung im Petenxil-See mitten im Zentralgebiet gewinnen konnte. Man glaubte früher, daß die Savannen, die dort überall den tropischen Regenwald unterbrechen, ein Resultat der zu starken Nutzung der Felder durch die klassischen Maya seien, daß Überbenutzung eine Überwucherung durch Wildgräser zur Folge hatte. Diese Vorstellung ist heute völlig in ihr Gegenteil verkehrt worden. Um 2000 v. Chr. war der Petén eine Art Parklandschaft mit weiten Savannen und eingestreuten Eichenwäldchen, während der tropische Regenwald wesentlich weiter zurückgedrängt war als heute. Das starke Überwiegen des Waldes über das Grasland scheint erst während der klassischen Periode (zwischen 300 und 900 n. Chr.) begonnen und seine größte Intensität erst erreicht zu haben, nachdem die Maya den Petén schon fast völlig verlassen hatten.

Derselbe Pollenfund hat auch eine völlig unerwartete Information geliefert, nämlich, daß um 2000 v. Chr. schon etwas Mais an den Ufern des Sees angebaut wurde, gut 1000 Jahre, ehe die ersten töpfereibenutzenden Bauern in dieser Gegend bekannt sind. Wer waren die Leute, die diesen Mais anbauten? Nach Meinung der Linguisten könnten es die Yucateken auf ihrem Zug vom Stammgebiet der Maya in das nördliche Yucatán gewesen sein. Da ihre Wohnplätze nicht aufgefunden sind, ist das jedoch eine reine Spekulation. Während einige afrikanische Völker im tropischen Grasland Landwirtschaft betreiben, ist es unwahrscheinlich, daß die frühen Maya – ohne Metallgeräte – die Savannen bearbeitet haben können. Wahrscheinlicher

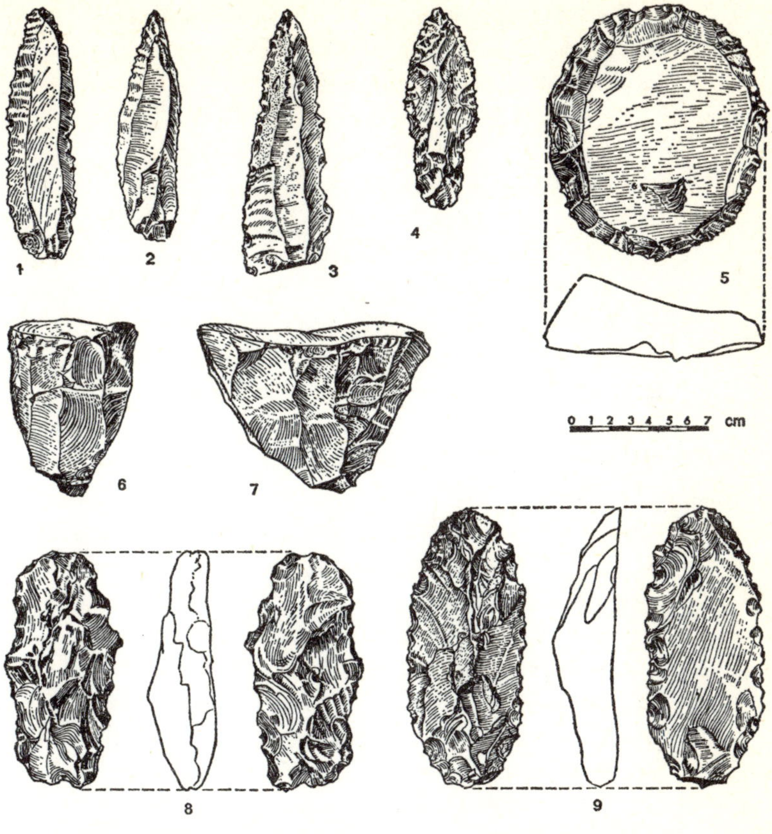

Abb. 4 Obsidiangeräte aus El Chayal, Guatemala. 1, 2, Klingenabschläge; 3, einseitig bearbeitetes Messer; 4, gestielte Spitze; 5, großer Rundschaber; 6, 7, Kernsteine; 8, 9, zweiseitig bearbeitete Geräte.

ist es, daß sie Stücke des tropischen Waldes bebauten, der guten Boden bot und außerdem durch Abbrennen gerodet werden konnte. Auf diese Weise konnte man das offene Land meiden, genau wie die frühen neolithischen Bauern Europas es mieden.

Die archaische Periode bleibt also eine Zeit, über die wir sehr wenig wissen; in ihr aber müssen die ersten Wurzeln der späteren Maya-Kultur liegen.

Dorfkultur der Früh-Formativen Periode

Wirklich produktive Landwirtschaft, die Dorfsiedlung mit großer Bevölkerungsdichte ermöglichte, war eine Neuerung der Formativen Periode, die von 1500 v. Chr. bis etwa 150 n. Chr. reichte. Was hat zu dieser Entwicklung geführt? Einige Wissenschaftler sind der Meinung, daß es eine wesentliche Verbesserung im Ernteertrag der Maispflanze war, die vielleicht durch eine Rückkreuzung mit ihrem kräftigen Abkömmling, »Teosinte«, erreicht wurde. Jedenfalls waren nun Dörfer mit strohgedeckten Häusern, die sich in keiner Weise von denen der heutigen Maya unterschieden, im ganzen Lande verbreitet.

Wir dürfen aber nicht annehmen, daß dieser Fortschritt, also der Eintritt in die Formative Periode, überall gleichzeitig erfolgte. Vielmehr haben sich in den Regionen, die sowohl Nahrung an wilden Tieren und Pflanzen in ausreichender Menge boten als auch durch fruchtbaren und leicht zu bearbeitenden Boden begünstigt waren, wahrscheinlich zuerst ständig besiedelte Dörfer entwickelt.

Eine solche ökologische Zone ist das pazifische Küstengebiet Guatemalas in der Nähe der Grenze zu Chiapas. Diese Region hat vielleicht in älteren Zeiten nicht zum Sprachgebiet der Maya gehört. Doch ist anzunehmen, daß ihre frühen Kulturen in der Entwicklung auf ein voll seßhaftes Leben hin Ähnlichkeit aufweisen mit Kulturen der gleichen Entwicklungsstufe, die auch anderswo im Maya-Gebiet zu finden sein dürften. In diesem heißen, fruchtbaren Land ist die früheste Dorfkultur die

»Ocós«-Kultur, die etwa um 1500 v. Chr. beginnt. Anschließend folgt »Cuadros«, die durch Radiokarbondatierung in die Zeit zwischen 1000 und 850 v. Chr. angesetzt wird. Beide gehören der Früh-Formativen Periode an. Zu jener Zeit waren die Siedlungen wenig mehr als kleine Weiler, die aus drei bis zwanzig Familien bestanden und direkt über den schlammigen Ufern von mangrovenbewachsenen Flußmündungen und Lagunen lagen. Die Dorfbewohner dieser Zeit nutzten geschickt die reiche Brackwasserumgebung aus, sammelten Mangroven- Abb. 5

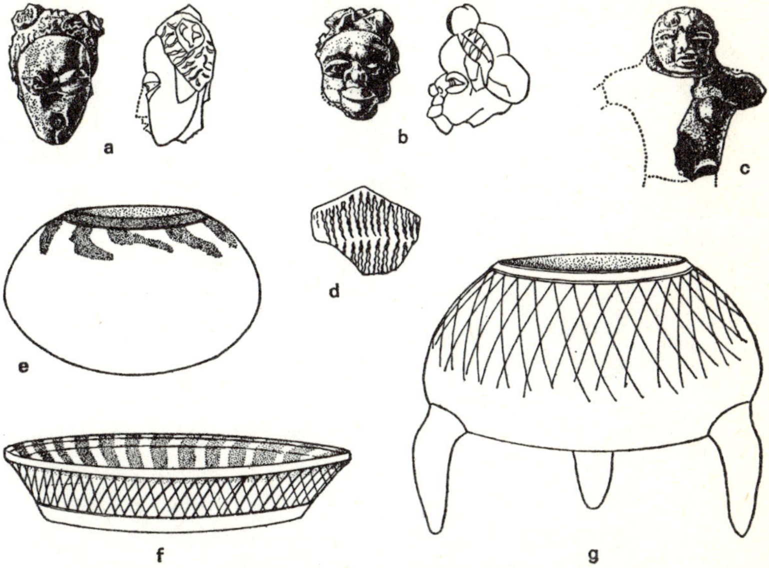

Abb. 5 Tonfiguren und rekonstruierte Gefäße der Ocós-Kultur (Früh-Formative Periode). a–c, Fragmente von Tonfiguren; d, Bruchstück eines Tongefäßes ohne Hals mit Wiegenstempelverzierung; e, halsloses Gefäß mit roter Farbe auf Rand und Gefäßkörper; f, Schale mit Streifen spiegelnder schwarzer Farbe im Innern; g, Dreifußgefäß ohne Hals mit spiegelnder Farbe am Rand. Maße: a, ca. 6 cm hoch; b, c, im gleichen Maßstab; d, ca. 6 cm breit; e, 23 cm breit; f, g, im gleichen Maßstab.

austern und Sumpfmollusken in großer Zahl, ferner Schildkröten und Krabben, während Iguanas, harmlose Rieseneidechsen von furchterregendem Aussehen, ihres wohlschmeckenden Fleisches und ihrer Eier wegen gefangen wurden. In den Lagunen und nahegelegenen Flüssen wurde verschiedenen Fischarten nachgestellt. In wenig höher gelegenen Gebieten nahe den Siedlungen rodeten sie den tropischen Wald für ihre Maisfelder; Kolben, die sich auf wunderbare Weise in den Überresten eines »Cuadros«-Dorfes erhalten haben, zeigen, daß der Mais, der dort angebaut wurde, zu der wohlbekannten »Nal-Tel«-Sorte gehört, die noch heute von vielen Maya-Bauern des Tieflandes bevorzugt wird.

In Fundplätzen der Ocós- und Cuadros-Kultur fehlen fast völlig Knochen von Tieren, die nur unter einer gewissen Anstrengung zu jagen gewesen wären, etwa von Hirsch und Peccari. Offenbar war die Bevölkerung relativ häuslich in ihren Neigungen. Die Künste des seßhaften Lebens blühten, vor allem die Töpferei, die im Maya-Gebiet damals zum erstenmal auftaucht. Gebrannte Tongefäße waren schon vorher in Mexiko bekannt, vor allem in der Purrón-Phase in Tehuacán, wo eine außerordentlich grobe, kiesgemagerte Ware schon um etwa 2000 v. Chr. hergestellt wurde. Das Interessante an der Purrón-Töpferei ist, daß nur zwei Formen vorhanden sind: »Tecomates«, runde, halslose Gefäße, und Schüsseln mit flachem Boden und ausladenden Seiten. Diese beiden Formen entsprechen genau den Steingefäßen der vorhergehenden Kulturphase »Abejas«. Daher kann man annehmen, daß, wo immer die Idee, Ton zu brennen, auch herkommen mag, die erste mesoamerikanische Keramik sich wenigstens zum Teil von Vorbildern in Stein herleitet.

So ist es nicht überraschend, »Tecomates« und Schalen mit
Abb. 5 flachem Boden als vorherrschende Formen in Ocós und Cuadros

zu finden, wie sie auch anderswo in früh-formativen Perioden Mesoamerikas dominieren, etwa in der verwandten Chiapa-I- oder Cotorra-Phase von Zentralchiapas. Ganz überraschend ist jedoch die erstaunliche Verfeinerung der Ocós-Keramik; die ungewöhnlichsten plastischen Techniken werden benutzt, um die Oberfläche zu verschönern: Aufgerauhte Zonen kontrastieren gewöhnlich mit glatten, und auf vielen Gefäßen wurde ein tiefroter, glänzender Überzug aus spiegelndem Hämatit angebracht. Oft wurden Eindrücke mit dem gezackten Ende einer Muschel angebracht, indem die Kante der Muschel mit wiegender Bewegung und im Zickzack über den feuchten Ton geführt wurde. Zwei Arten der Dekoration jedoch verdienen besondere Erwähnung: Viele Ocós-Scherben sind mit Faden- oder Schnureindrücken versehen – oft sind sie so fein, daß es sich nur um Baumwollfäden gehandelt haben kann, die um einen hölzernen Schläger gewickelt waren. Schnurverzierung ist auf neolithischer Keramik in einem großen Teil der Alten Welt bekannt und charakterisiert auch die erste Töpferei im nördlichen Nordamerika. Das Erscheinen dieses Elementes in Ocós, das bisher in Mesoamerika einmalig ist, kann noch nicht erklärt werden. Eine weitere Besonderheit ist der Gebrauch eines bestimmten glänzenden Tonüberzuges, der, wenn man ihn aus dem richtigen Blickwinkel sieht, einen metallisch-kupfernen Schein gibt. Diese Dekoration ist sonst nur aus der Formativen Periode der Küste Ecuadors bekannt.

Abb. 5 d

Abb. 5 f, g

Weniger auffallende Artefakte – Stein»manos« und -»metates«, um Maiskerne zu Teig zu verarbeiten, eingekerbte Topfscherben, die als Gewichte für Fischnetze benutzt wurden, usw. – gehören zum bescheidenen Leben dieser Zeit. Ein weiteres erwähnenswertes Element, das in der Ocós-Kultur schon vorhanden war, ist ein offenbar ausgeprägtes Zeremoniell. In Ocós-Resten in La Victoria fanden wir eine Anzahl von massiven, handgearbeiteten weiblichen Tonfiguren. Solche Gegenstände wurden zu Tausenden in vielen späteren Dörfern der Formativen Periode in Mexiko wie im Maya-Gebiet hergestellt, und wenn man auch nicht ganz genau weiß, was sie bedeuten, nimmt man im allgemeinen doch an, daß sie etwas mit der Fruchtbarkeit der Ernte zu tun hatten, ähnlich wie die Figuren der Muttergottheit aus dem Neolithikum und der Bronzezeit Europas. In der Neuen Welt erscheinen die frühesten um 3000 v. Chr. in Ecuador, und es ist möglich, daß die mesoamerikanischen sich letzten Endes von dort herleiten.

Jedes einzelne Ocós-Haus, dessen Wände aus Pfählen bestanden, die mit Lehm verstrichen und weiß getüncht wurden, erhob sich auf einer niedrigen Erdplattform über den Boden, damit es während der sommerlichen Regenzeit nicht überschwemmt wurde. Auf einem Ocós-Fundplatz nicht weit von La Victoria findet sich eine viel größere Plattform, die eine Höhe von etwa 7,5 m erreicht – so hoch, daß es bestimmt eine Tempelplattform war. Alle Tempel im vorspanischen Mesoamerika, sogar die hochragenden Pyramiden des Maya-Tieflandes, sind im wesentlichen nichts anderes als eine Vergrößerung der bescheidenen Bauernwohnung des einfachen rechteckigen Hauses auf seinem flachen Erdhügel. Weit zurück, ziemlich am Anfang der Formativen Periode, hatte das Aufkommen einer völlig seßhaften Lebensweise nicht nur zur Entwicklung von vollzeitlich oder teilzeitlich beschäftigten Spezialisten in den Künsten der Töpferei, der Weberei und anderen geführt, sondern offenbar auch von Spezialisten auf religiösem Gebiet. Vielleicht wurden zuerst nur die Häuser von führenden Persönlichkeiten der Gemeinde für Riten benutzt; mit der Zeit wurde ein größerer Bau für diesen Zweck erstellt, der immer höher himmelwärts wuchs, indem man den darunterliegenden Hügel vergrößerte, so daß schließlich ein Tempel entstand, der als Zentrum für mehrere benachbarte Dörfer dienen konnte. Wie das einfache Volk unter dem Boden der eigenen Häuser begraben wurde, wurden die Angehörigen der Oberschicht im Verlauf der Zeit innerhalb der Tempelplattformen begraben. Die Beispiele, die wir haben, legen nahe, daß dies bereits in der Ocós-Zeit geschehen sein kann.

Über die Früh-Formative Periode weiter im Norden wissen wir fast nichts. Es ist möglich, daß eine mächtige Schicht von zerbrochenen Wasserkrügen, die eine erstaunliche Ähnlichkeit mit römischen Amphoren aufweisen und die von dem verstorbenen George Brainerd am Rande eines »Cenote« in Maní, Yucatán, ausgegraben wurden, dieser frühen Zeit angehört, da sie unter Keramik liegt, die typisch für die Mittel-Formative Periode ist. Im Hochland lassen sich die *tecomate*-benutzenden Leute der Arévalo-Phase, die durch eine bescheidene Ausgrabung in Kaminaljuyú, einem Außenbezirk der Stadt Guatemala, bekannt geworden sind, bestenfalls in die Spätzeit der Früh-Formativen Periode einordnen (etwa um 850 v. Chr.). Damit erschöpft sich unser Wissen.

Expansion der Kultur in der Mittel-Formativen Periode

Wenn sich günstige Bedingungen für effektiven Anbau in der Zeit vor 800 v. Chr. vielleicht auf einige bevorzugte Gebiete beschränkten, so muß in den folgenden Jahrhunderten das Gegenteil der Fall gewesen sein. Große Bevölkerungsgruppen – alle im Besitz der Töpferei – begannen sich in dieser Mittel-Formativen Periode, die etwa bis 300 v. Chr. andauerte, im Hochland wie im Tiefland anzusiedeln. Aber in keinem Fall haben wir Überreste, die darauf hinweisen könnten, daß es sich

Abb. 3

hier um anderes als um einfache Bauern gehandelt hat: Es gab keine Schrift, wenig, was man Architektur hätte nennen können, und fast keine Entwicklung der Kunst. Tatsächlich läßt uns nur die schnell anwachsende Bevölkerung daran denken, daß die Maya dieser Periode sich irgendwie von ihren unmittelbaren Vorfahren unterschieden.

Etwas vollständig anderes geschah zu dieser Zeit jedoch in Mexiko, in der heißen Küstenebene des südlichen Veracruz und des angrenzenden Tabasco: Dort erhob sich die aufstrebende Hochkultur der Olmeken, die ihren Höhepunkt gegen Ende der Mittel-Formativen Periode erreichte und dann plötzlich zusammenbrach, ähnlich wie die der Maya zu einer sehr viel späteren Zeit. Ihr großes Zentrum in La Venta, auf einer Insel inmitten der morastigen Flußniederung des Tonalá, wurde von einer über 30 m hohen Tempelpyramide aus Tonerde überragt. Sorgfältig konstruierte Gräber und auffallende Opfergaben von Jade- und Serpentinfigurinen lagen unter verschiedenen Bauten, hier ebenso wie an anderen olmekischen Fundplätzen. Der olmekische Kunststil, den man an gigantischen Basaltskulpturen, von denen manche mehrere Tonnen schwer sind, und an kleineren Bildwerken beobachten kann, hatte als Hauptgegenstand ein Geschöpf, das die Züge eines zähnefletschenden Jaguars mit denen eines weinenden menschlichen Kindes verband. Dieser Jaguarmensch war fast mit Sicherheit ein Regengott, die erste erkennbare Gottheit des mesoamerikanischen Pantheons. Von der Einheit des Kunststiles, von der Größe und Schönheit der skulpierten Monumente und von den großen Ausmaßen der Architektur her gesehen, ist kein Zweifel möglich, daß es einen mächtigen olmekischen Staat an der Golfküste gegeben hat, dem selbst in dieser frühen Zeit außerordentliche Möglichkeiten an menschlicher Arbeitskraft und Material zur Verfügung standen.

Wichtiger für das Studium der Maya-Kultur sind die Anhaltspunkte, daß es die Olmeken waren, die den komplizierten »Long Count«-Kalender und die Schrift erfanden. Ob man nun das Olmekische als die Mutterkultur Mesoamerikas betrachtet oder nicht, es bleibt die Tatsache bestehen, daß viele andere Kulturen, die der Maya eingeschlossen, letzten Endes auf den Leistungen der Olmeken aufbauten. Dies trifft besonders für die Mittel-Formative Periode zu, in der weiter von der Golfküste entfernte und weniger entwickelte Bauernkulturen viele Züge übernahmen, die von ihren fortgeschritteneren Nachbarn stammten, so wie im alten Europa die barbarischen Völker des Westens und des Nordens schließlich in den Genuß der neuen Errungenschaften der gleichzeitigen Bronzezeit-Kulturen des Nahen Ostens kamen.

Eine der größten archäologischen Fundstätten der Neuen Welt ist Kaminaljuyú, am westlichen Rand der Stadt Guatemala in einem breiten, fruchtbaren Tal auf der kontinentalen Wasserscheide gelegen. Abb. 12 Während es zu Zeiten Maudslays noch aus mehreren 100 großen Tempelhügeln bestand, ist es heute bis auf einige wenige Reste von den sich rasch ausbreitenden Slums und Neusiedlungen der Hauptstadt aufgesogen worden. Rettungsaktionen der Carnegie Institution in Washington haben gezeigt, daß ein Teil des Geländes während der Früh-Klassischen Periode bebaut wurde, die große Mehrzahl der Hügel jedoch entschieden der Formativen Periode angehörte. Der Verlust, den die Wissenschaft durch den Raubbau bei der Herstellung von Ziegeln und die Zerstörung durch die Bulldozer erlitt, ist nicht abzuschätzen.

Unter diesen Umständen war es keine einfache Aufgabe, eine archäologische Zeitabfolge für Kaminaljuyú auszuarbeiten. Die älteste Kulturphase ist wahrscheinlich Arévalo, aus der uns wenig mehr bekannt ist als einige Scherben von »Tecomates«

und von Schalen mit rotem Überzug. Es folgt die Las-Charcas-Phase, in der das Tal von Guatemala dichter besiedelt gewesen sein muß, da Überreste dieser Kultur weit verbreitet sind. Die stratigraphische Lage unterhalb von Resten der Spät-Formativen Periode weist darauf hin, daß diese Dorfkultur etwa in das Ende der Mittel-Formativen Periode fällt, etwa um das 5. oder 4. Jahrhundert v. Chr. Datierungen nach der Radiokarbonmethode, die sich allerdings in geringem Maße widersprechen, weisen in dieselbe Zeit.

Die am besten erhaltenen Las-Charcas-Überreste stammen aus einer Reihe von flaschenförmigen Gruben, die in alter Zeit durch die obere Bodenkruste in die darunterliegende vulkanische Asche gegraben worden sind. Man weiß nicht genau, zu welchem Zweck diese Gruben ausgehoben wurden. Vielleicht wurden manche als Kochgruben benutzt, und es ist gut mög-

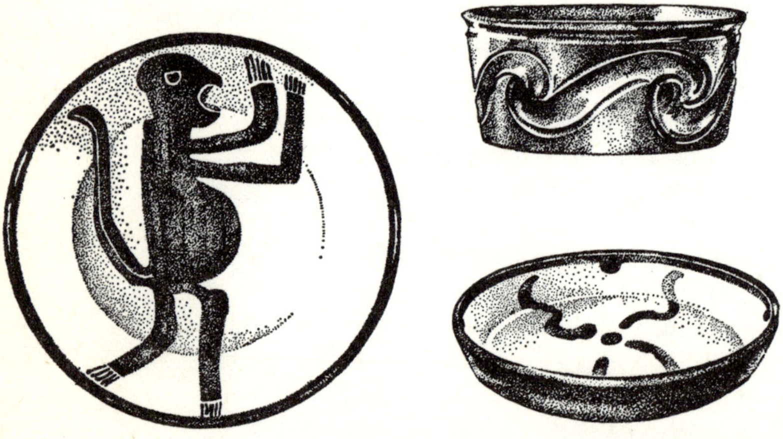

Abb. 6 Tongefäße der Las-Charcas-Kultur, Mittel-Formative Periode. Links und rechts unten: Innenseite von Schalen, Rot auf Weiß; rechts oben: grau-braune Schale mit plastischer Verzierung. Maße: links 30,5 cm Durchmesser; rechts oben und unten im gleichen Maßstab.

lich, daß andere wie bei den historischen Hidatsa-Indianern der Prärie zur Aufbewahrung von Mais- und Bohnenvorräten bestimmt waren. Mit Sicherheit aber wurden alle schließlich als Abfallgruben benutzt. In ihnen hat man verkohlte Aguacatekerne gefunden, Maiskolben, Reste von Textilien, Korbwaren und wahrscheinlich Matten sowie Stücke von Seilen. Die prachtvolle weiße Las-Charcas-Ware, aus einem kaolinähnlichen Ton hergestellt, ist außerordentlich fein gearbeitet, mit roten Mustern, die Affen mit erhobenen Armen, groteske Drachenmasken und andere, mehr abstrakte Motive darstellen. Die Las-Charcas-Figurinen sind zum großen Teil weiblich und von einer Lebendigkeit in der Auffassung, wie man sie sonst selten findet. Wie aus gleichzeitigen Kulturen in anderen Teilen Mesoamerikas gibt es gute Belege für den Bau von Tempelplattformen aus Tonerde, die beachtliche Größe erreichten und vielleicht schon um »Plazas« angeordnet waren.

Abb. 6

Tafel 4

Im Tiefland, sowohl im zentralen wie im nördlichen Teil, haben wir aus dieser Zeit zum erstenmal sichere Beweise für eine Maya-Bevölkerung. Die älteste Besiedlung, die wenig bekannte Xe-Kultur, erscheint in tiefen Schichten der Fundplätze Altar de Sacrificios und Seibal im Westen des Petén und kann vielleicht eine Art Vorstoß vom Hochland her über das Flußsystem des Lacantún darstellen. Im nördlichen Petén jedoch ist die Mittel-Formative Periode am besten zu fassen. Beachtliche Ausgrabungen wurden in den großen Maya-Zentren Uaxactún und Tikál unternommen, in denen die »Mamom« genannte Phase als beherrschende Kultur dieser Zeit hervortrat; etwas wesentlich Früheres ist dort bis heute noch nicht aufgetaucht. Man muß sich dabei vor Augen halten, daß der Petén für noch ältere Völker, die dort eindrangen, nicht unbedingt ein Land der Verheißung gewesen ist, besonders, da die jährliche Regenmenge zu dieser Zeit unter der heutigen gelegen hat.

Mamom, das nach der Radiokarbondatierung in das 5. Jahrhundert v. Chr. fällt, sieht wie eine einfache Dorfkultur aus, da bisher keine Beispiele öffentlicher Bauten durch den Spaten ans Tageslicht gefördert worden sind. Dabei müssen allerdings die besonders schwierigen Ausgrabungsbedingungen im Petén berücksichtigt werden. Die Tiefland-Maya bauten fast immer neue Tempel über ältere, so daß im Laufe der Jahrhunderte die frühesten Bauten schließlich tief unter hochaufragenden Konstruktionen lagen. Deswegen wäre die Suche nach Mamom-Tempeln an einem der größeren Fundplätze sehr aufwendig, was Zeit und Arbeit angeht, und die Frage, ob sie existiert haben, muß offen bleiben.

Die Mamom-Keramik ist im Vergleich mit der verwandten Töpferei der Las-Charcas-Phase ziemlich einfach. Am häufigsten sind rote und orangerote monochrome Waren; mehrfarbige Bemalung fehlt. Meist besteht die einzige Verzierung aus einfachen Einritzungen im Innern der Schalen oder im Betupfen von Gefäßen mit verengtem Hals mit roter Farbe. Der Figurinenkult, wenn man ihn so nennen darf, ist im Mamom vorhanden. Dabei gibt es eine breite Skala von stilistischen Möglichkeiten bei Verzierung der Figürchen durch Einstiche und Auflage von Tonstreifen. In Tikal wurde ein Depot von Mamom-Keramik in einem verschlossenen »Chultun« gefunden. Dabei handelt es sich um eine flaschenförmige Kammer unter dem Plazaboden, die denen von Las Charcas in der Form und vielleicht auch im Gebrauchszweck durchaus ähnelt. Chultunes sind überall an Fundplätzen des nördlichen und zentralen Gebiets vorhanden. Sie sind von der Oberfläche in den Kalkstein eingeschnitten. Wir wissen, daß sie in der Spät-Klassischen Periode für Bestattungen benutzt und ziemlich sorgfältig angelegt wurden. Auch als Schwitzbäder scheinen sie gebraucht worden zu sein. Wahrscheinlich hat man sie zunächst zur Gewinnung des feinen »sascab« (Kalk) benutzt, den die Maya-Architekten beim Bau verwandten, doch die Möglichkeit einer Benutzung als Vorratskeller sollte auch nicht übersehen werden. Was immer die Antwort auf das »Chultun-Rätsel« sein mag, sie sind auf jeden Fall so alt wie die Mamom-Phase.

Etwas Ähnliches wie Mamom hat man im ganzen Maya-Tiefland gefunden, wo immer ernsthafte Grabungen unternommen wurden, sogar an dem Fundplatz Dzibilchaltun in Nord-Yucatán. Abb. 3

In der Mittel-Formativen Periode weitet sich das Siedlungsgebiet von maya-sprechenden Pflanzern nach allen Richtungen aus; die spätere Blüte der Maya-Kultur konnte sich nur auf dieser Basis entwickeln. Es gibt jedoch keinen Hinweis, daß die eigentliche Maya-Kultur, wie wir sie verstehen – mit ihrer typischen Architektur, ihrem naturalistischen Malerei- und Reliefstil, dem »Long Count«-Kalender und der Hieroglyphenschrift – in dieser Zeit auch nur zu keimen begonnen hätte.

III Der Aufstieg der Maya-Kultur

Es ist ein weiter Weg von den Dorfkulturen, die wir bisher betrachtet haben, zu den ehrfurchtgebietenden Leistungen der Klassischen Maya. Die wichtigsten Fragen sind: Was geschah in der Zwischenzeit, in der Spät-Formativen und in der Proto-Klassischen Periode, und wie haben sich die Züge, die wir als charakteristisch für die Klassischen Maya ansehen, tatsächlich entwickelt?

Es gibt eine Reihe sich widersprechender Hypothesen, die
Abb. 7 den Aufstieg der Maya-Kultur erklären wollen. Eine der am hartnäckigsten vertretenen besagt, daß die vorher unbedeutenden Maya unter den Einfluß fremder Einwanderer gerieten, die nach manchen sogar aus China gekommen sein sollen. Für Nichtfachleute muß hier festgehalten werden, daß keinerlei Gegenstände aus der Alten Welt je an einer Maya-Fundstelle aufgetaucht sind und daß seit den Tagen Stephens' und Catherwoods Theorien, die transatlantische oder transpazifische Kontakte voraussetzen, nie einer wissenschaftlichen Überprüfung standgehalten haben. Nach einer anderen Hypothese soll die Kultur aus Gegenden in den Petén und nach Yucatán gekommen sein, in denen die Lebensbedingungen günstiger sind als im Tiefland mit seinem angeblich niedrigen landwirtschaftlichen Potential. Nach wieder einer anderen Auffassung ist dieses Potential sehr stark unterschätzt worden und die Maya-

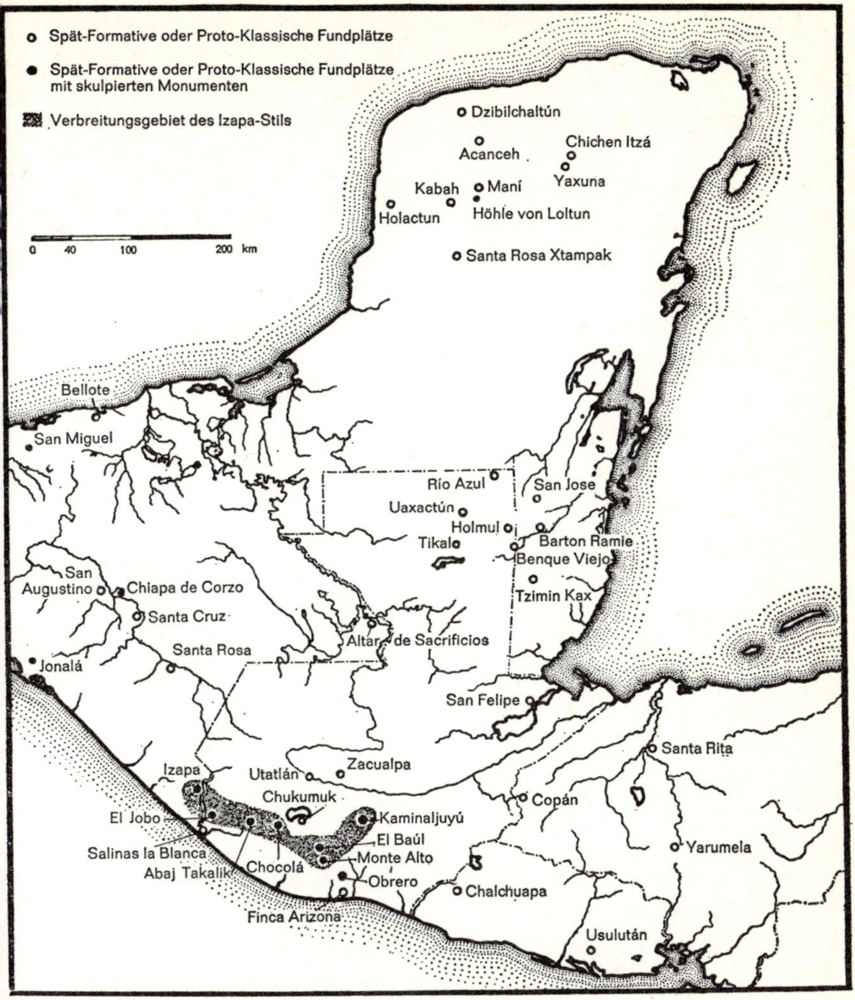

Spät-Formative oder Proto-Klassische Fundplätze
Spät-Formative oder Proto-Klassische Fundplätze mit skulpierten Monumenten
Verbreitungsgebiet des Izapa-Stils
0 40 100 200 km
Dzibilchaltún
Acanceh
Chichen Itzá
Yaxuna
Kabah
Maní
Holactun
Höhle von Loltun
Santa Rosa Xtampak
Bellote
San Miguel
Río Azul
San Jose
Uaxactún
Holmul
Tikal
Barton Ramie
Benque Viejo
Tzimin Kax
San Augustino
Chiapa de Corzo
Santa Cruz
Santa Rosa
Altar de Sacrificios
Jonalá
San Felipe
Santa Rita
Izapa
Utatlán
Zacualpa
Chukumuk
Copán
El Jobo
Kaminaljuyú
El Baúl
Salinas la Blanca
Monte Alto
Yarumela
Abaj Takalik
Chocolá
Obrero
Chalchuapa
Finca Arizona
Usulután

Abb. 7 Fundplätze der Spät-Formativen und der Proto-Klassischen Periode.

Kultur der Klassischen Periode völlig ohne äußere Einflüsse entstanden. Es braucht wohl nicht besonders betont zu werden, daß beide Ansichten überspitzt und teilweise falsch sind. Tatsächlich sind die Maya des Hochlandes wie des Tieflandes niemals von dem übrigen Mittelamerika isoliert gewesen, und seit frühester Zeit spielten immer wieder mexikanische Einflüsse eine Rolle in der Kulturgeschichte der Maya, wie wir in diesem und den folgenden Kapiteln sehen werden.

Wie sollen wir nun den Begriff »Kultur« oder besser »Hochkultur« definieren? Wie unterscheiden sich Kulturvölker und Naturvölker? Die Archäologen sind oftmals dieser Frage ausgewichen, indem sie einfach Listen derjenigen Züge zusammenstellten, die sie für bedeutend hielten. Dazu gehören Städte, aber weder die Klassischen Maya noch eine Reihe von anderen frühen Hochkulturen hatten etwas, was wir wirklich so benennen könnten. Der englische Archäologe V. G. Childe hielt die Schrift für ein anderes Kriterium dieser Art, aber die hochzivilisierten Inka von Peru zum Beispiel kannten keinerlei Schrift. Die Hochkultur unterscheidet sich viel eher quantitativ als qualitativ von dem, was ihr vorausgeht; man kann sicher dann von einer Hochkultur sprechen, wenn staatliche Institutionen, öffentliche Bauten großen Stils, Tempelbauten und einheitliche Kunststile von weiter Verbreitung ausgebildet sind. Außer in wenigen Ausnahmefällen verlangt der komplizierte Staatsapparat danach, daß irgendwelche Angelegenheiten festgehalten werden, und meistens ist dies Problem mit Hilfe einer Schrift gelöst worden. Aus demselben Grunde hat man begonnen, eine mehr oder weniger genaue Zeitrechnung einzuführen.

Dennoch sind alle Hochkulturen in sich einzigartig. Die Klassischen Maya des Tieflandes zeichneten sich durch folgende Züge aus: einen sehr komplizierten Kalender, eine Schrift, Tempelpyramiden und Paläste aus gemauertem Kalkstein mit »falschem Gewölbe«, eine Architektur, die als Grundplan die Anordnung von Gebäuden, vor denen zum Teil Stelen standen, um Plazas bevorzugte, polychrome Keramik und einen sehr ausgereiften Kunststil, der sich in Flachreliefs und Wandmalereien ausdrückte. Von allen diesen Zügen wissen wir heute, daß sie sich in der Spät-Formativen (300 v. Chr. – 150 n. Chr.) und Proto-Klassischen Periode (150–300 n. Chr.) herausgebildet haben.

Die Entstehung des Kalenders

Alle höher entwickelten Kulturen brauchen ein System, die Zeit einzuteilen, um entscheidende Augenblicke und Ereignisse im Leben der Herrscher zu fixieren, um einen Führer durch das

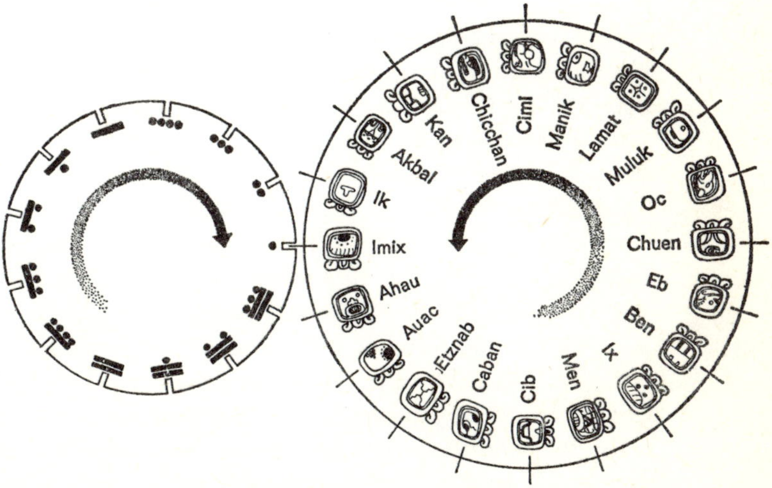

Abb. 8 Schematische Darstellung der 260-Tage-Zählung.

landwirtschaftliche und zeremonielle Jahr zu haben und um die Bewegung der Himmelskörper festzuhalten. Alle Bewohner Mesoamerikas, die Maya nicht ausgenommen, kannten die sogenannte »Calendar Round« von 52 Jahren. Diese Zeiteinheit
Abb. 8 ist wahrscheinlich sehr alt. Sie besteht aus zwei ineinander greifenden Zyklen: Einer umfaßt 260 Tage und stellt eine Überkragung von 20 Tagesnamen und den Zahlen 1–13 dar. Unter den Maya begann die 260-Tage-Zählung (manchmal unter der Ersatzbezeichnung »tzolkin« bekannt) mit dem Tag 1 Imix, darauf folgte 2 Ik, 3 Akbal, 4 Kan usw. bis 13 Ben; der folgende Tag hieß Ix, besaß aber wieder den Koeffizienten 1. Es folgte 2 Men usw. Der letzte Tag des Zyklus war dann 13 Ahau. Darauf begann man wieder mit 1 Imix. Wie diese Periode entstanden ist, bleibt ein Rätsel; ihr Gebrauch ist jedoch für uns kein Geheimnis. Jeder Tag hatte seine besonderen Vorzeichen und Beziehungen, und der unerbittliche Lauf der zwanzig Tage wirkte wie eine dauernd laufende Prophezeiungsmaschinerie, die die Geschicke der Maya und aller Völker Mexikos lenkte. Unter der Obhut von Kalenderpriestern hat sie sich bei einigen isolierten Bevölkerungsgruppen im Maya-Hochland und in Süd-Mexiko bis auf den heutigen Tag erhalten.

Die 260-Tage-Zählung wird von einem angenäherten Jahr
Abb. 9 von 365 Tagen überlagert. Angenähert heißt es, weil das wirkliche Sonnenjahr einen Vierteltag länger ist. Wir schieben alle vier Jahre einen Schalttag ein, um unseren Kalender dem Sonnenlauf anzugleichen. Die Maya zogen diesen Umstand nicht in Betracht. Ihr »Angenähertes Jahr« bestand aus 18 Monaten mit jeweils 20 Tagen und einem vielgefürchteten Intervall von fünf Unglückstagen am Jahresende. Das neue Jahr der Maya begann mit 1 Pop (Pop = Monatsname), der nächste Tag war dann 2 Pop etc. Der letzte Tag des Monats trug jedoch nicht den Koeffizienten 20, sondern ein Zeichen, das das Einsetzen

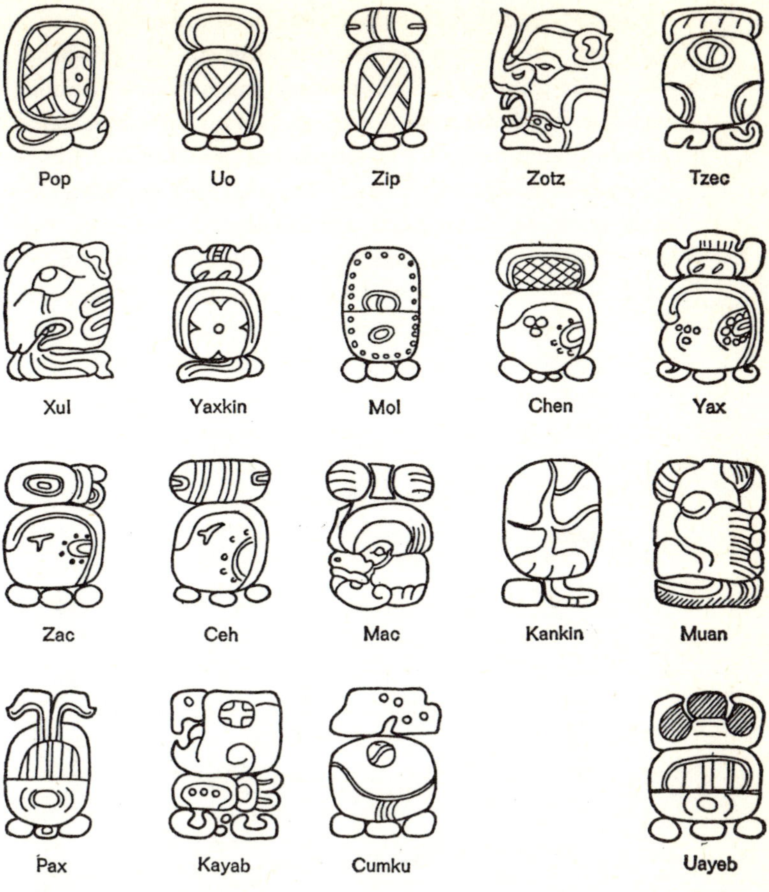

Abb. 9 Monatszeichen der 365-Tage-Zählung.

des folgenden Monats anzeigte. Dies entsprach der Auffassung der Maya, daß sich der Einfluß einer bestimmten Zeitspanne schon etwas vor ihrem Beginn bemerkbar macht und noch eine Weile nach ihrem Ende andauert.

Daraus folgt, daß ein bestimmter Tag in der 260-Tage-Zählung, etwa 1 Kan, auch einen Stellenwert im »Angenäherten Jahr« hat, zum Beispiel 1 Pop. Ein Tag mit der Benennung 1 Kan 1 Pop konnte erst nach Ablauf von 52 »Angenäherten Jahren« (18 980 Tagen) wiederkehren. Diesen 52-Jahres-Zyklus nennt man die »Calendar Round«, und die Völker des mexikanischen Hochlandes verwendeten sie als einzige Zeitrechnung. Sie hat natürlich ihre Nachteile, wenn über Ereignisse aus Zeitspannen berichtet werden soll, die länger als 52 Jahre sind.

Abb. 10

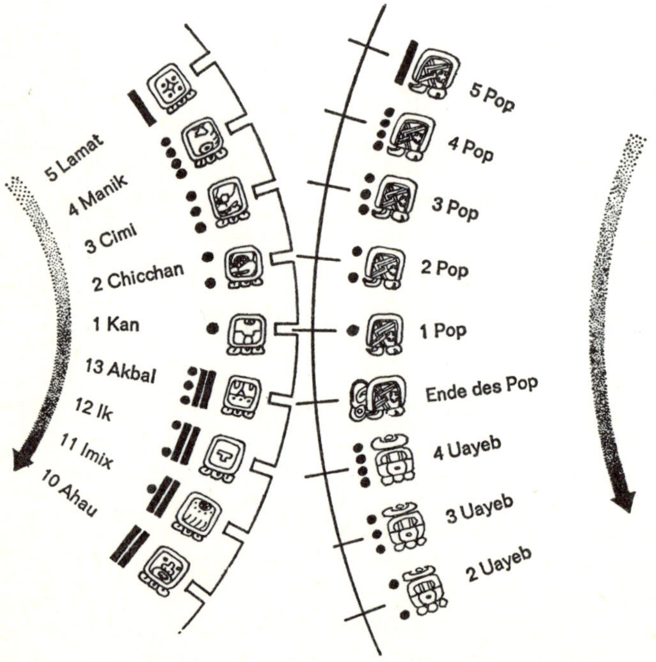

Abb. 10 Schematische Darstellung der 52-jährigen »Calendar Round«.

Obwohl man den »Long Count« gewöhnlich für ein Charakteristikum der Maya-Kultur hält, war er offenbar in der Klassischen Zeit und auch in älterer Zeit im Tiefland Mesoamerikas weit verbreitet. Allerdings wurde er von den Maya des Zentralgebiets zu höchster Vollkommenheit entwickelt. Der »Long Count« besteht wiederum aus der Verzahnung mehrerer Zyklen, aber die Zyklen sind so groß, daß, anders als bei der »Calendar Round«, jedes Ereignis in historischer Zeit ohne Mehrdeutigkeit fixiert werden kann. Statt des »Angenäherten Jahres« benutzen die Maya und andere Völker den »tun«, eine Periode von 360 Tagen, als Basis für den »Long Count«. Die »Long Count«-Zyklen sind (1 kin = 1 Tag):

20 kin = 1 uinal = 20 Tage
18 uinal = 1 tun = 360 Tage Abb. 44
20 tun = 1 katun = 7200 Tage
20 katun = 1 baktun = 144 000 Tage

»Long Count«-Daten, die die Maya auf ihren Denkmälern verzeichneten, bestehen aus den obengenannten Zyklen, die von oben nach unten in abnehmender Größe verzeichnet sind. Jedem Zyklus ist ein Koeffizient beigegeben, und wenn man die Tage in allen diesen Zyklen addiert, erhält man die Zahl der Tage, die seit dem Ende des letzten Großzyklus verflossen sind, einer Periode von 13 Baktun, die an einem Tage »4 Ahau 8 Cumku« endete. So müßte ein »Long Count«-Datum, das normalerweise als 9. 10. 19. 5. 11 »10 Chuen 4 Cumku« notiert wird, folgendermaßen aufgeschlüsselt werden:

9 baktun	=	1 296 000 Tage
10 katun	=	72 000 Tage
19 tun	=	6 840 Tage
5 uinal	=	100 Tage
11 kin	=	11 Tage

Das ergibt 1 374 951 Tage seit dem Ende des letzten Großzyklus und erreicht die »Calendar Round«-Position 10 Chuen 4 Cumku.

Abb. 43 Auch über die Koeffizienten selbst ist einiges zu sagen. Die Maya wie auch einige andere Gruppen des Tieflandes und die Mixteken in Oaxaca hatten ein sehr einfaches Ziffernsystem mit nur drei Zahlsymbolen: einen Punkt mit dem Wert 1, einen Balken für 5 und eine stilisierte Muschel für 0. Zahlen bis 4 wurden nur durch Punkte ausgedrückt, 6 bestand aus einem Balken mit Punkt darüber und 10 aus zwei Balken. 19, der höchste Koeffizient, der beim Kalender in Gebrauch war, wurde durch 4 Punkte über 3 Balken ausgedrückt. (Bezüglich der höheren Zahlenwerte, für die das Null-Symbol wesentlich war, siehe Kap. VIII.)

Man ist sich im allgemeinen darüber einig, daß der »Long Count« lange nach der »Calendar Round« entwickelt worden sein muß, aber man weiß nicht, wieviele Jahrhunderte oder Jahrtausende später. Wie dem auch sei, die ältesten »Long Abb. 7 Count«-Daten fallen in den Baktun 7 und erscheinen auf Monumenten, die *außerhalb* des Maya-Gebietes liegen. Zur Zeit scheint das älteste Monument die Stele 2 in Chiapa de Corzo zu sein, einem größeren zeremoniellen Zentrum, das seit Früh-Formativen Zeiten im trockenen Grijalva-Tal von Mittelchiapas existierte. In einer vertikalen Kolumne sind auf ihm die Koeffizienten (7.16.) 3.2.13 eingemeißelt. Es folgt die Tagesangabe 6 Ben; der »Monat« des »Angenäherten Jahres« fehlt hier wie in allen frühen Inschriften. Dieses Datum würde dem 9. Dezember des Jahres 36 v. Chr. entsprechen. Fünf Jahre später wurde die berühmte Stele C auf der olmekischen Fundstelle Tres Zapotes in Veracruz mit dem Datum (7.) 16.6.16.18 6 Eznab versehen. Auf beiden Monumenten fehlen die Anfangskoeffizienten, lassen sich aber rekonstruieren.

Nun müßte der 16. Katun von Baktun 7 in die Spät-Formative Periode fallen. Wir können also sicher sein, daß der Maya-Kalender seine endgültige Form im ersten Jahrhundert v. Chr. schon ziemlich erreicht hatte, und zwar bei Völkern, die sich damals unter starkem olmekischen Einfluß befanden und vielleicht noch nicht einmal Maya waren. Diese Annahme gilt nur im dem recht unwahrscheinlichen Fall nicht, daß alle diese Daten von einem anderen Ausgangsdatum her gerechnet werden müssen als 13.0.0.0.0. 4 Ahau 8 Cumku (dem Ende des letzten Großzyklus, wie es manchmal aufgezeichnet wird). Von dort aus verbreiteten sich Schrift und Kalender entlang der pazifischen Küste Guatemalas und ins Maya-Hochland hinein und erreichten schließlich die aufkommenden Staaten in den Wäldern des Petén.

Izapa und die Pazifische Küste

Entscheidend für die Beantwortung der Frage, wie die Hochkultur der Maya entstand, ist die Kultur von Izapa, denn in bezug auf Zeit und Raum hat sie eine Mittelstellung inne zwischen der Mittel-Formativen olmekischen und der Früh-Klassischen Maya-Kultur. Charakteristisch für sie ist ein kunstvoller Stil, der sich auf Monumenten findet, die von Tres Zapotes an der Küste von Vera Cruz bis in die pazifischen Ebenen von Chiapas und Guatemala und weiter bis ins Gebiet der Hauptstadt Guatemala verbreitet sind. Izapa selbst ist ein sehr großer Fundplatz, der aus über 80 mit Rollsteinen belegten Tempelplattformen aus Erde besteht. Er liegt etwas östlich von Tapachula, Chiapas, in feuchtem, hügeligen Gelände, etwas über 30 km von der pazifischen Küste entfernt. Ob dieser Fundplatz kulturell zu Mexiko oder zum Maya-Gebiet gehört, ist strittig,

Abb. 7

Abb. 2 aber die Sprache, die in historischer Zeit hier gesprochen wurde, war nicht Maya, sondern Tapachulteco, ein nur spurenweise erhaltenes Mitglied der Zoque-Gruppe, die einst sehr viel weiter verbreitet war. Während Izapa als zeremonielles Zentrum schon in Früh-Formativen Zeiten gegründet und bis in die Früh-Klassische Periode hinein benutzt wurde, gehören die meisten Bauten und wahrscheinlich alle skulpierten Monumente in die Spät-Formative und Proto-Klassische Zeit. Der Kunststil Izapas legt das Hauptgewicht auf große, ehrgeizig geplante, aber einigermaßen verworren ausgeführte Szenen in Flachrelief. Viele der gezeigten Handlungen sind profaner Art, wie etwa die Darstellungen einer reich gekleideten Person, die einen besiegten Feind enthauptet, aber es gibt auch Gottheiten,
Tafel 11 hauptsächlich den sogenannten »Langlippigen Gott« auf Stelen. Dieses Wesen hat eine ungeheuer große Oberlippe und geblähte Nasenflügel und ist sicherlich eine Weiterentwicklung des alten olmekischen Jaguarmenschen, des Gottes von Regen und Blitz. Einige immer wiederkehrende Elemente stellen offensichtlich festgelegte ikonographische Motive dar, wie etwa ein U-förmiges Symbol zwischen Diagonalbalken über der Hauptszene, vielleicht ein frühes Beispiel für das Himmelsband, das in der Kunst der Klassischen Maya immer wieder auftaucht. Das U selbst ist wahrscheinlich der Prototyp des Maya-Schriftzeichens
Abb. 45 d für den Mond und findet sich noch mehrmals auf demselben Relief.

Izapa ist also ein großes Zentrum, das einige der Kennzeichen, die wir als typisch für die Tiefland-Maya betrachten, schon in voller Ausprägung zeigt: den Stele-Altar-Komplex, den »Langlippigen Gott«, der später in den Maya-Regengott Chac übergeht, und einen sehr malerischen zweidimensionalen Kunststil, der besonderen Wert auf historische und mythische Szenen legt und dabei an Federschmuck und sonstigen Einzelheiten der

Kleidung stark interessiert ist. Schrift und Kalender fehlen, aber bewegt man sich entlang den pazifischen Abhängen in Richtung Osten nach Guatemala, findet man an manchen Fundstellen Monumente mit Inschriften und Baktun-7-Daten.

Eine dieser guatemaltekischen Fundstellen ist Abaj Takalik, südlich von Colomba in einer üppigen, wohlbewässerten Region in der Vorgebirgszone gelegen, in der zur Zeit der Eroberung viel Kakao und heute Kaffee angebaut wird. Wie Izapa besteht der Fundplatz aus Erdhügeln, die ohne erkennbaren Plan in der Gegend verstreut sind. An einem großen Felsblock, der etwa 1 km von der Hauptgruppe entfernt liegt und der das Relief eines bärtigen Jaguarmenschen in reinstem olmekischen Stil trägt, zeigt sich, daß die Olmeken einst bis hierher vorgedrungen sein müssen. Stele 1 zeigt Darstellungen in reinem Izapa-Stil, aber kein Datum; Stele 2 dagegen, die heute leider beschädigt ist, trug auf der skulpierten Vorderseite zwei reich gekleidete Figuren im Stil von Izapa mit hohem Kopfputz aus Federn, die einander über einer vertikalen Reihe von Schriftzeichen gegenüberstehen. Darüber befindet sich eine wolkenartige Masse von Voluten, aus denen das Gesicht eines Himmelsgottes hervorschaut. Das oberste Zeichen in der Glyphenreihe ist ohne Zweifel eine sehr frühe Form der »Einführungsglyphe«, die in den späteren Klassischen Inschriften an der Spitze eines »Long Count«-Datums zu stehen pflegt. Direkt darunter befindet sich der Baktun-Koeffizient, der ziemlich klar als die Ziffer 7 zu erkennen ist.

Eine vollständigere Baktun-7-Inschrift erscheint auf Stele 1, Abb. 11
der »Herrera-Stele«, aus El Baúl, einer Kaffeeplantage ziemlich weit im Südosten von Abaj Takalik, in einer Gegend, die mit Früh-Klassischen Zentren der Cotzumalhuapa-Kultur übersät ist. Seit ihrer Auffindung im Jahre 1923 hat diese Stele zu heftigen Debatten Anlaß gegeben. Manche weigerten sich, den Fund

auch nur in die Klassische Periode zu datieren, und der Entdekker selbst hielt ihn für aztekisch. Zur Rechten steht eine steif posierende Figur mit dem Speer in der Hand unter einem Wolkenmuster. Der untere Teil des Gesichts ist bedeckt; der Kopfputz weist einen Kinnriemen auf, wie er sich im Maya-Tiefland schon sehr früh findet. Neben der Figur sieht man zwei vertikale Reihen. Eine besteht aus Schriftzeichen, die andere aus leeren Kartuschen, die wahrscheinlich ausgemalt werden sollten. Die Schriftzeichen in der Glyphenreihe ganz links machen diese Stele mit Sicherheit zum frühesten datierten Monument im eigentlichen Maya-Gebiet. Zuoberst steht der Koeffizient 12 über einer fleischlosen Kinnlade, einer mexikanischen Form des

Abb. 11
Stele 1, El Baúl.

Tageszeichens Eb. Vier weitere, nicht zu entziffernde Zeichen folgen und, daran anschließend, eine Reihe von »Long Count«-Zahlen, die als 7.19.15.7.12 rekonstruiert werden können und die »Calendar Round«-Position 12 Eb erreichen. Nach unserem Kalender entspräche das dem Jahre 36 n. Chr. und läge damit etwa 256 Jahre vor den ersten Daten im Maya-Tiefland, jedoch wesentlich später als die frühen Inschriften aus Chiapas und von der Veracruz-Küste.

Wir können die pazifische Küstenzone nicht verlassen, ohne zuvor eine zweite Skulpturtradition erwähnt zu haben, die sich hier wie in Kaminaljuyú einer gewissen Beliebtheit erfreute. Sie zeichnet sich durch große, grobe, dickbäuchige Figuren mit aufgedunsenen Gesichtern und sehr massiven Unterkiefern aus. In Monte Alto, nicht weit von El Baúl, finden sich mehrere dieser monströsen Figuren und ein Kolossalkopf desselben Stils in einer Reihe. Manchmal wird angenommen, daß diese ganze Gruppe dickbäuchiger Figuren mit der olmekischen Kultur zusammenhängt und der von Izapa vorausgeht. Da jedoch Monte Alto mit Scherben aus der Spät-Formativen Periode übersät ist, ist es sehr wahrscheinlich, daß diese Figuren Ausdruck eines Kultes sind, der neben dem des Regengottes von Izapa existierte, so wie die ägyptische und die graeco-römische Kunst im alten Alexandrien nebeneinander blühten. Aber ein Kult welcher Gottheit? Man kann ziemlich sicher sein, daß es sich hier um niemand anderen als den sogenannten »Fetten Gott« handelt, dessen Funktion nicht bekannt ist, der sich aber in der Klassischen Zeit in Mexiko und im nördlichen Maya-Gebiet überall findet.

Tafel 6

Die Spät-Formative Periode ist in Kaminaljuyú durch die Miraflores-Phase vertreten, die in Größe und Zahl ihrer Tempelanlagen und in der Pracht ihrer skulpierten Monumente mit Izapa wetteifert. Die meisten der ungefähr 200 Hügel dieses großen zeremoniellen Zentrums am Westrand der Hauptstadt Guatemala wurden wohl von der Miraflores-Gruppe errichtet, deren Herrscher über einen großen Teil des Maya-Hochlandes eine bedeutende wirtschaftliche und politische Macht besessen haben müssen.

Abb. 12

Die Ausgrabung zweier Miraflores-Gräber hat Licht auf den Luxus geworfen, mit dem sich diese Herrscher umgaben. Hügel E-III-3 in Kaminaljuyú besteht aus mehreren übereinandergebauten Tempelplattformen. Jede von ihnen stellt eine Stufenpyramide mit abgeflachter Spitze dar, zu der eine breite Treppe

Abb. 13

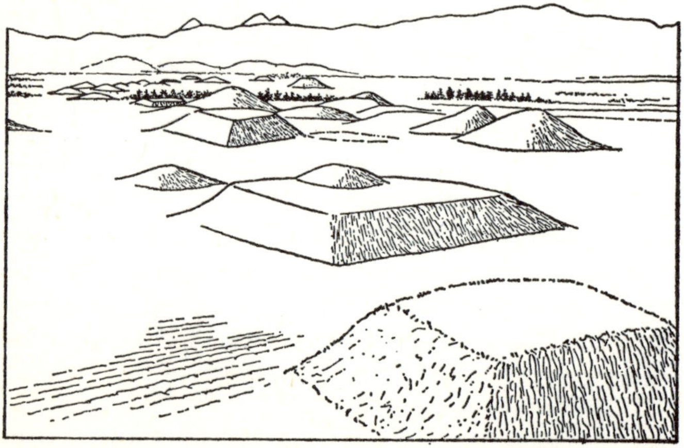

Abb. 12 Ansicht von Kaminaljuyú, Blickrichtung nach Westen. Nach einer Photographie von A. P. Maudslay. Die meisten der Erdhügel sind Tempelunterbauten, die aus der Miraflores-Kultur stammen.

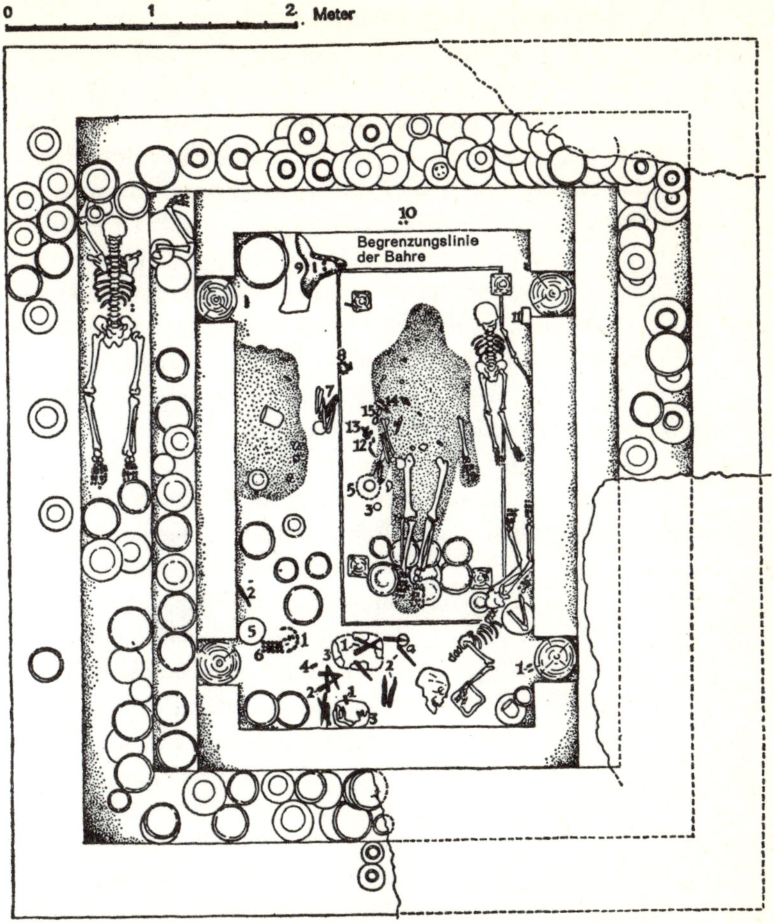

Abb. 13 Plan des Grabes II, Hügel E-III-3, Miraflores-Kultur in Kaminaljuyu. 1, Jadeperlen; 2, Klingenabschläge aus Obsidian; 3, Glimmerplättchen; 4, Jademosaikstück; 5, stucküberzogene Kürbisgefäße; 6, Kieselsteine; 7, Basaltgeräte; 8, menschliche Zähne; 9, Mosaikmaske oder Kopfschmuck aus Jade; 10, Obsidianstücke; 11, Scherbe, mit Pyrit verkrustet; 12, Gerät aus Speckstein; 13, Knochenobjekte, Fischzähne und Quarzkristalle; 14, Rochenstacheln; 15, Knochenspatel. Alle anderen runden Gegenstände sind Tongefäße.

hinaufführt; die Gesamthöhe beträgt über 18 Meter. Anstelle von leicht zu bearbeitendem Gestein, das in der Umgebung nicht zur Verfügung steht, wurden die Plattformen aus gewöhnlicher Tonerde und Haushaltsabfällen hergestellt. Mit ziemlicher Sicherheit waren die Tempel selbst aus Holz und mit Stroh gedeckt. Offenbar diente jedes neue Baustadium zum Begräbnis einer hochgestellten Persönlichkeit. Man schnitt das Grab so in die Plattform ein, daß es in einer Reihe von rechteckigen Räumen abnehmender Größe bis in die darunterliegende Plattform hineinreichte, und deckte es dann mit einer neuen Lehmschicht zu. Die Funktion von Maya-Pyramiden als Grabmonumenten läßt sich also bis in die Vorklassische Zeit (Formative Periode) zurückverfolgen.

Der Leichnam wurde geschmückt und kostbar ausgestattet, von Kopf bis Fuß mit Zinnoberfarbe bestreut, auf eine hölzerne Bahre gelegt und in das Grab gesenkt. Geopferte Erwachsene und Kinder begleiteten die vornehmen Toten, daneben finden sich Grabbeigaben von erstaunlichem Reichtum. In einem Grab waren über 300 schön gearbeitete Gegenstände bei dem Leichnam oder über dem hölzernen Dach zu finden, aber schon in älterer Zeit hatten Grabräuber die Jadestücke, die einmal auf Brust und Kopf des Leichnams gelegen hatten, gestohlen; wahrscheinlich waren sie durch die Delle im Boden des Tempels aufmerksam geworden, die durch Zusammenstürzen des darunterliegenden Grabes entstanden war. Unter den aufgefundenen Stücken befanden sich die Reste einer Maske oder eines Kopfputzes aus Jadestücken auf einem Hintergrund aus Holz, ferner
Tafel 7 Jadeschmuck für die Ohren, Schalen aus Chlorit-Schist mit
Tafel 10 Rollenmuster im Miraflores-Stil und kleine skulpierte Flaschen aus Speckstein und Fuchsit.

Tafel 9 Miraflores-Gefäße aus E-III-3 und aus anderen Funden gehören zu einer keramischen Tradition, die während des ganzen

Spät-Formativen Horizonts in Südost-Mesoamerika vorherrschte, von Izapa bis El Salvador und bis ins zentrale und nördliche Maya-Gebiet hinein, zeichnen sich jedoch durch besondere Feinheit der Formen und Muster aus. Die Formen sind jetzt üppig, mit zurückgebogenen Umritzlinien, sorgfältig ausgestalteten erhöhten Bändern an Rand und Gefäßkörper und durch das Aufkommen von Gefäßfüßen gekennzeichnet. Besonders amüsant sind oft Figurengefäße, die zum Teil lächelnde alte Männer zeigen. Bemalung auf einem Stucküberzug wird oft dazu verwendet, rosafarbene, grüne und andere Farbeffekte zu erzielen, die durch gebrannte Überzüge nicht herzustellen sind. Die meisten Schalen und Gefäße sind mit geritzten oder skulpierten Rollenmustern geschmückt. In der Dekoration noch charakteristischer für die Spät-Formative Periode im Maya-Gebiet ist die Usulután-Ware, die ihren Ursprung wohl in El Salvador hat, wo sie große Popularität erreichte. Auf diese Ware, die weithin verhandelt wurde, wurde mit einem kammartigen Instrument, das wohl aus mehreren nebeneinandergestellten Pinseln bestand, eine farbabweisende Substanz, etwa Wachs oder eine dünne Tonschicht, aufgetragen. Nachdem man nun die Gefäße geschwärzt hatte oder in einem reduzierten Brand hatte dunkel werden lassen, entfernte man den Auftrag, so daß ein Muster welliger paralleler gelblicher Linien auf dunkelorangem oder braunem Grund zurückblieb.

Tafel 14

Was nun die Steinskulptur angeht, nahm man früher an, daß die Miraflores-Gruppe nur sogenannte »Pilzsteine« herstellte. Wozu diese eigentümlichen Gegenstände gebraucht wurden – wie zum Beispiel einer aus einem Grab in E-III-3 –, ist unbekannt. Einige Bearbeiter glauben, entfernt phallische Anklänge zu sehen. Andere, etwa Borhegyi, verbinden sie mit dem Kult der rauscherzeugenden Pilze, der bis heute im mexikanischen Hochland vorhanden ist. Ebenso wird behauptet, daß die Mörser und Stößel, die so häufig neben den Pilzsteinen gefunden wurden, in den Vorbereitungsriten dazu benutzt wurden.

Die Verwüstung Kaminaljuyús durch moderne Grundstücksspekulanten hat jedoch zahlreiches zusätzliches Steinmaterial zum Vorschein gebracht. Es ist heute klar, daß es Miraflores-Künstler gab, die fähig waren, Skulpturen großen Ausmaßes zu schaffen, und zwar in einem Izapa-Stil, den man nur als Vorläufer des Klassischen Maya-Stils bezeichnen kann. Außerdem war die Oberschicht dieses Tales des Schreibens und Lesens völlig mächtig, und das zu einer Zeit, da die anderen Maya vielleicht gerade erfuhren, daß so etwas wie Schrift existierte. Durch Zufall wurden zwei Monumente mit Inschriften in einem Entwässerungsgraben entdeckt. Das eine ist eine große Granitstele
Tafel 11 mit einer schreitenden Figur, die eine Anzahl grotesker Masken des »Langlippigen Gottes« von Izapa trägt. In einer Hand hält sie ein retuschiertes Feuersteinobjekt von exzentrischer Form; zu beiden Seiten stehen mit Zacken verzierte Räuchergefäße aus Ton, die denen der Miraflores-Ausgrabungen genau glei-
Abb. 14 chen. Das andere Monument ist noch bemerkenswerter: Bevor es mit Absicht zerbrochen wurde, muß es von gigantischen Ausmaßen gewesen sein. Die übriggebliebenen Fragmente zeigen, daß mehrere Izapa-Gottheiten dargestellt waren, eine davon mit Bart. Sie umgaben eine menschliche Figur, die nach unten weisende Dreizacke an Stelle von Augen aufweist und wahrscheinlich den Vorläufer eines Gottes darstellt, der später in
Tafel 22 Tikal erscheint. Auch er trägt ein exzentrisches Feuersteinobjekt in der erhobenen Hand. Die Schriftzeichen bei den Figuren können ihre »Kalendernamen« sein, denn im alten Mesoamerika wurden Menschen wie Götter durch die Tage ihrer Geburt identifiziert. Darunter steht ein wesentlich längerer Text in vielen Kolumnen in einer Schrift, die sonst unbekannt ist, aber nach Meinung von Tatiana Proskouriakoff und anderen ein

Abb. 14 Zerbrochene Stele der Miraflores-Phase, Kaminaljuyú.

Vorläufer der Klassischen Maya-Schrift seien könnte. In der Form, wenn auch nicht in den einzelnen Schriftzeichen, gibt es starke Ähnlichkeiten. Bisher gibt es jedoch noch keine Entzifferungsmöglichkeit.

Nicht nur große Stelen wurden von den Miraflores-Handwerkern skulpiert, sondern auch Figuren mit Zapfen, die man »Silhouettenskulpturen« nennt – vielleicht waren sie ursprünglich dazu bestimmt, aufrecht in Tempel- und Plazaböden eingelassen zu werden –, ferner Frosch- und Krötenfiguren aller Größen und viele andere Formen und Figuren. Auch hier finden sich überall die dickbäuchigen Figuren; gehörten sie zu einem Volkskult, der sich von der aristokratischen Religion der Herrschenden unterschied? Oder gehören sie, wie manchmal angenommen wird, einer früheren Schicht an? Leider ist die Archäologie zu spät zur Stelle gewesen, um diese Frage zu klären.

Der erstaunliche Reichtum der Miraflores-Leute, ihre künstlerischen und architektonischen Fähigkeiten, ihre offenkundigen Beziehungen zu den Klassischen Maya in Fragen des Stils, der Ikonographie und der Schrift – all dies legt die Ansicht nahe, daß diese Izapa-Kultur des Hochlandes mit dem Aufkommen kulturellen Lebens im Zentral- und Nordgebiet entscheidend verknüpft ist. Während der Vorrang Kaminaljuyús in der Spät-Formativen Periode offenkundig ist, begann sein Stern im zweiten und dritten Jahrhundert n. Chr. zu sinken, und in der kurzen, höchstens zwei Jahrhunderte dauernden Proto-Klassischen Periode wurde der größte Teil des Ortes zum Ruinenfeld. Erst während der mexikanischen Einfälle der Früh-Klassischen Periode gewinnt dieses große Zentrum seinen alten Glanz zurück.

Der Petén und das Maya-Tiefland

Während das Maya-Hochland und die Pazifikküste in der Spät-Formativen Periode eine ungewöhnliche Blütezeit erlebten, war man auch im Zentral- und im Nordgebiet nicht müßig. In den endlosen Wäldern waren Landwirtschaft und Gesellschaftsordnung so weit fortgeschritten, daß sich in den Lichtungen des Dschungels massive Tempelzentren zu erheben begannen. Es ist klar, daß von den ersten Anfängen an die Bewohner des Tieflandes einen anderen Weg einschlugen als ihre Verwandten im

Süden, und in der bald folgenden Klassischen Periode sind es gerade diese ihnen eigenen Züge, die ihren besonderen Rang ausmachen.

Obwohl geringfügige Unterschiede zwischen den einzelnen Regionen bestehen, dominierte doch eine einzige, weit verbreitete Kultur – Chicanel – zu dieser Zeit im Nord- und Zentralgebiet. Usulután-Ware und -Gefäße mit weit ausschwingender Lippe, sorgfältig ausgearbeitetem umlaufenden Band am Rande und komplexen Umrissen sind, wie im südlichen Gebiet, Kennzeichen dieser Epoche. Die meisten Gefäße haben keine Füße und sind einfarbig schwarz oder rot; der dicke glänzende Überzug fühlt sich wachsartig an. Es ist merkwürdig, daß an den meisten bekannten Chicanel-Fundplätzen keine Figurinen vorkommen. Daher kann man wohl annehmen, daß sich die volkstümlichen Kulte verändert hatten. Tafel 14

Das Ungewöhnlichste an der Chicanel-Kultur ist jedoch die hohe Entwicklungsstufe der Architektur, vor allem im letzten Teil der Spät-Formativen Periode, zwischen 100 v. Chr. und 150 n. Chr. Dabei muß berücksichtigt werden, daß der Petén und Yucatán mit unerschöpflichen Reservoirs leicht zu schneidenden Kalksteins gesegnet sind und auch reichlich Feuerstein für die dazu notwendigen Werkzeuge bergen. Außerdem hatten die Tiefland-Maya schon in der Mamom-Zeit entdeckt, daß sich durch Verbrennen von Kalksteinbrocken und Vermischung des so entstandenen Pulvers mit Wasser ein weißer Mörtel von großer Haltbarkeit gewinnen ließ. Schließlich erkannten sie auch früh, welchen Wert eine betonähnliche Füllung aus Kalksteinbrocken und Mergel beim Bauen hatte.

Mit diesen Hilfsmitteln konnten die Maya-Architekten schon in sehr früher Zeit komplizierte Bauten errichten. Auf den großen Fundplätzen Uaxactún und Tikal im Petén haben tiefe Ausgrabungen gezeigt, daß größere Pyramidenplattformen und

Höfe bereits in der späten Chicanel-Zeit Gestalt angenommen hatten. So ist man sich zum Beispiel darüber einig, daß die Pyramide E-VII-sub in Uaxactún in der späten Chicanel-Phase gebaut wurde; durch die darüber gelagerten späteren Bauten gut geschützt, ist diese abgeschnittene Tempelplattform mit leuchtend weißem Mörtel überzogen. Sie erhebt sich in mehreren Stufen, von denen jede die Blenden aufweist, die für die Maya-Architektur des Tieflandes so charakteristisch sind. An allen vier Seiten befinden sich zentral eingesetzte Treppen, flankiert durch Masken von Ungeheuern, die nach Ansicht mancher Wissenschaftler auf den alten olmekischen Regengott zurückgehen, obgleich einige von ihnen wohl eher Himmelsschlangen darstellen. Pfostenlöcher im Boden zeigen, daß der Überbau aus Pfählen bestand und vielleicht mit Stroh gedeckt war.

Tafel 8

Noch weiter entwickelt sind die Tempel in Tikal, nur eine halbe Tagereise südlich von Uaxactún gelegen. Zwei späte Chicanel-Gebäude hatten zum Beispiel Überbauten mit gemauerten Wänden, und es ist möglich, wenn auch nicht bewiesen, daß die Räume mit dem sogenannten »falschen Gewölbe« überspannt waren. Einige sehr bemerkenswerte Malereien schmückten die Außenwände eines dieser Tempel; dargestellt waren menschliche Figuren vor einem Hintergrund wolkenähnlicher Rollen, von sicherer Hand in Schwarz, Gelb, Rot und Rosa ausgeführt. Eine andere Gruppe von Wandmalereien in Schwarz auf rotem Grund fand sich in einer Grabkammer der späten Chicanel-Phase in Tikal. Dargestellt sind unter anderem sechs reichgekleidete Figuren, wahrscheinlich sowohl Menschen als auch Götter. Beide Gruppen von Malereien, die wohl aus der zweiten Hälfte des ersten Jahrhunderts v. Chr. stammen, sind ziemlich offensichtlich im Izapa-Stil ausgeführt, wie er für Kaminaljuyú charakteristisch ist.

Einige der Spät-Formativen Gräber in Tikal beweisen, daß

die Oberschicht von Chicanel an Reichtum und Pracht nicht hinter den Edlen von Miraflores zurückstand. Grab 85 ist beispielsweise wie alle anderen Gräber von Plattformunterbauten umgeben und mit einem primitiven »falschen Gewölbe« überdeckt. Es enthielt ein einziges Skelett, dem merkwürdigerweise Kopf und Schenkelknochen fehlten. Nach dem Reichtum der Grabbeigaben läßt sich jedoch vermuten, daß der hier Begrabene vielleicht im Kampf umgekommen und von seinen Feinden verstümmelt worden ist. Wahrscheinlich geriet erst der verstümmelte Leichnam wieder in die Hände seiner Untertanen. Die Überreste waren sorgsam in Textilien gehüllt und das Bündel in aufrechter Stellung niedergesetzt worden. Eine kleine Grünsteinmaske mit Augen und Zähnen aus Muscheleinlage Tafel 12 war offenbar an das Bündel genäht worden, um den Kopf darzustellen. Ein Rochenstachel – unter den Maya das Symbol für Selbstverstümmelung – und eine Spondylus-Muschel waren dem Leichnam beigegeben. Um die Grabkammer waren nicht weniger als 26 Gefäße der späten Chicanel-Zeit verteilt. Eines von ihnen enthielt Holzkohle aus Kiefernholz, die sich durch Tafel 14 Radiokarbondatierung auf das Jahr 16 n. Chr. ± 131 datieren läßt.

Solcher Glanz der Spät-Formativen Periode hat sich überall da im Tiefland gefunden, wo der Spaten des Archäologen tief genug gedrungen ist. Selbst im scheinbar weniger begünstigten Nordgebiet gibt es große Konstruktionen, die in diese Zeit gehören, etwa der große Tempelhügel in Yaxuná, ein Tempelunterbau mit einer Ausdehnung von 60 × 130 Metern.

Mit der Proto-Klassik des zweiten und dritten Jahrhunderts n. Chr. stehen wir auf der Schwelle der Klassischen Maya-Kultur. Tempel, um Plazas herum angeordnet, Kalkstein und Mörtel als Baumaterial, Blenden und Frontaltreppen an Pyramiden, Grabbauten und Fresken mit naturalistischem Thema – all dies

hatte schon mit dem Ende der Spät-Formativen Periode Gestalt angenommen. Die kurze Proto-Klassische Periode wird vor allem durch das Eindringen neuer keramischer Züge gekennzeichnet, die offenbar zunächst in Britisch-Honduras aufgekommen sind. Am wichtigsten sind hohle brustförmige Gefäßfüße unter Schalen, sanduhrförmige Topfständer und Mehrfarbigkeit. Die polychrome Töpferei der Maya zeichnet sich durch leuchtende Farben über einem glänzenden, durchscheinenden orangefarbenen Überzug aus. Auf jeden Fall scheint es sicher, daß diese Technik nicht im Petén erfunden wurde. Die Überdeckung von Räumen mit »falschem Gewölbe« ist wahrscheinlich aus den Methoden entwickelt worden, die man zum Überwölben von Gräbern anwandte. Um etwa 250 n. Chr. wurde sie im Petén allgemein gebräuchlich. Das Prinzip ist einfach: Die
Abb. 25 oberen Steinreihen einer Wand wurden so gesetzt, daß sie über-
Tafel 38 kragten, sich also zwei gegenüberliegende Wände immer weiter näherten, bis der verbleibende Spalt durch flache Steine abgedeckt werden konnte. Diese Konstruktion besitzt jedoch eine strukturelle Schwäche, einen starken Druck von oben, der in den Bauten der Maya durch dicke Wände und Geröll- und Mörtelfüllung abgefangen wird. Als diese Technik der Dachkonstruktion einmal eingeführt war, wurde sie zum Kennzeichen der Architektur des Maya-Tieflandes – im Gegensatz zu den strohgedeckten oder aus flachen Balken bestehenden Dächern in Mexiko.

Diese Aufführung von Errungenschaften der Maya ist eindrucksvoll, und man könnte zunächst annehmen, die Maya-Kultur sei selbständig hier im Tiefland entstanden, mehrere Jahrhunderte vor Beginn der Klassischen Periode. Doch fehlen zwei wichtige Elemente: Monumente mit »Long Count«-Datierung und die Schrift. Beide waren, wie wir angeführt haben, in den gleichzeitigen Izapa-Zentren des Hochlandes und der pazifischen Küste vorhanden, und wahrscheinlich leiteten sie sich von der noch älteren olmekischen Kultur der Golfküste ab. Der Izapa-Stil drang von außen in das Zentral- und Nordgebiet ein; das bezeugt eine zerbrochene Skulptur aus der Proto-Klassischen Schicht der Akropolis von Tikal ebenso wie die frühen Tikal-Fresken und eine menschliche Gestalt auf den Wänden der Höhle von Loltun in Yucatán. Die Kunst des Lesens und Schreibens aber und das Interesse daran, Daten festzuhalten, verbreiteten sich im Tiefland erst unmittelbar vor Beginn der Klassischen Periode.

IV Der Glanz der Klassik: Frühe Periode

Während einer Zeitspanne von 6 Jahrhunderten – von etwa 300 bis 900 n. Chr. – erreichten die Maya vor allem im Zentralgebiet eine geistige und künstlerische Höhe, die in der Neuen Welt ihresgleichen sucht und auch in der Alten Welt gleichzeitig nur wenige Parallelen besitzt. Die Klassische Periode war eine Art »Goldenes Zeitalter«, nicht nur für die Maya, sondern auch für die anderen Völker Mesoamerikas. Große Bevölkerungsdichte, wirtschaftliche Blüte und ausgedehnter Handel waren für die Klassische Periode typisch. Früher hat man angenommen, daß sie im Vergleich zu dem, was folgte, eine relativ friedliche Periode war, aber diese Vermutung hat sich im wesentlichen als unrichtig erwiesen. Ebenso stimmt es nicht, daß die Völker der Klassischen Zeit von Priestern beherrscht wurden. Im Gegenteil – wir werden sehen, daß die alten Maya genauso kriegerisch waren und eine ebenso weltliche Herrschaft besaßen wie die angeblich blutdürstigeren Staaten der Nachklassischen Zeit.

Abb. 15

Die Klassische Periode läßt sich nur in einer Weise genau abgrenzen: Sie ist die Zeit, in der die Maya des Tieflandes auf ihren Denkmälern den »Long Count«-Kalender benutzten. 1864 fanden Arbeiter, die nahe bei Puerto Barrios an der feuchtheißen karibischen Küste von Guatemala einen Kanal aushoben, eine Jadeplakette, die schließlich ins Leidener Museum gelangte. Diese sogenannte Leidener Plakette zeigt auf der einen

Abb. 16

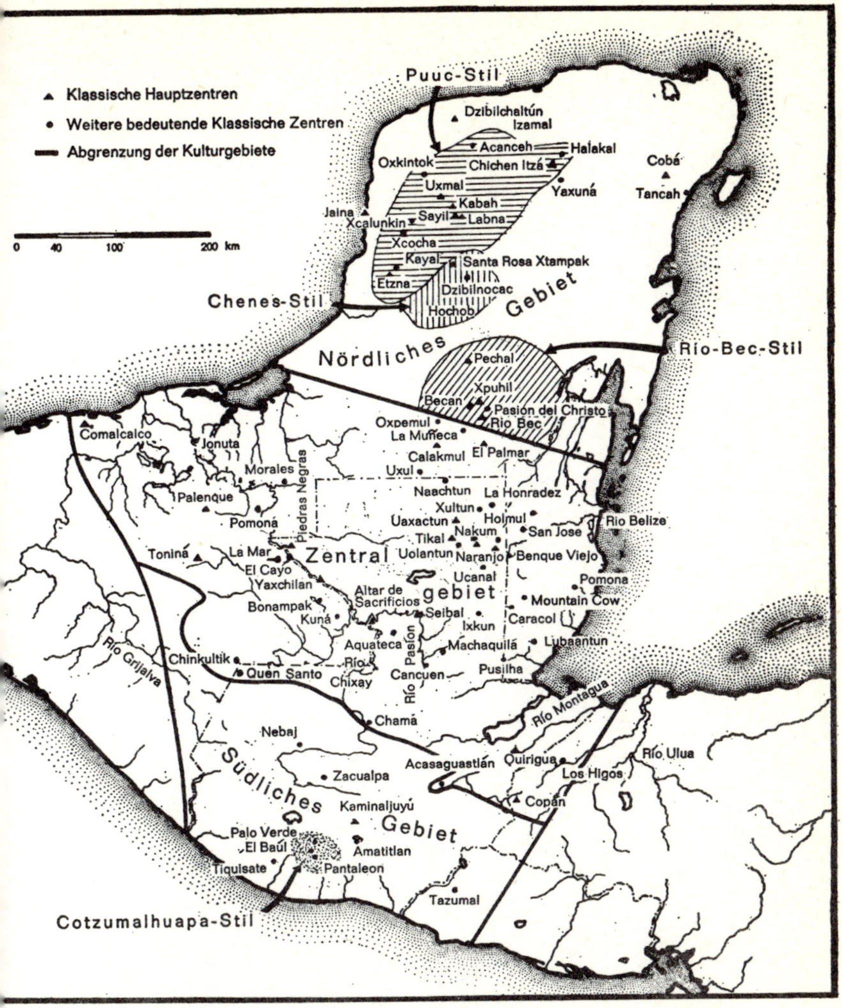

Abb. 15 Fundplätze der Klassischen Periode. In der Karte: Klassische Hauptzentren; weitere bedeutende Klassische Zentren; Abgrenzung der Kulturgebiete. Puuc-Stil, Chenes-Stil, Río-Bec-Stil, Cotzumalhuapa-Stil, Nördliches Gebiet, Zentralgebiet, Südliches Gebiet.

Seite einen reichgekleideten Maya-Herrscher, der einen armselig aussehenden Gefangenen unter den Füßen zertritt. Das Thema wiederholt sich auf vielen Maya-Stelen der späteren Zeit. Auf der anderen Seite findet sich das »Long Count«-Datum 8. 14. 3. 1. 12, das dem Jahre 320 n. Chr. entspricht. Der Stil der Schriftzeichen, Kleidung und Haltung der dargestellten Person erinnern an Spät-Formative Monumente des Hochlands und der Pazifikküste. In diesem Fall jedoch geht dem Datum die typische Einführung der Maya voraus, und auf die Balken-Punkt-

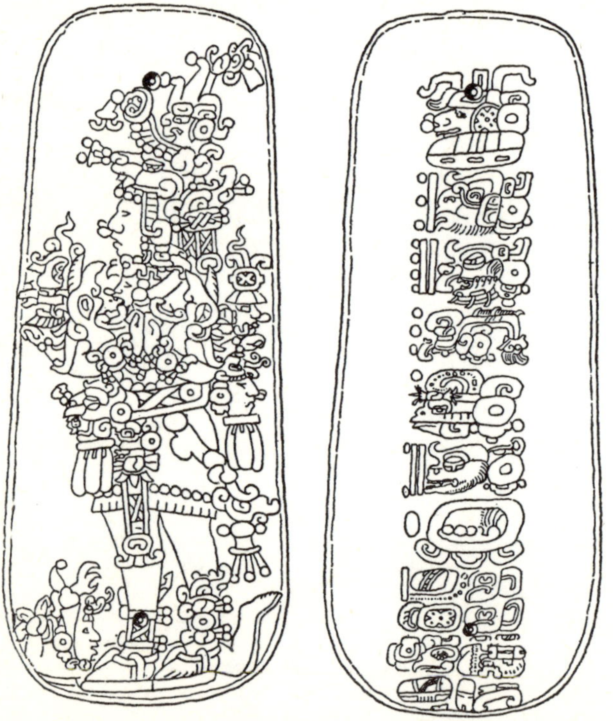

Abb. 16 Die Leidener Plakette. Die Rückseite trägt das »Long Count«-Datum 8. 14. 3. 1. 12 (320 n. Chr.). Höhe 21,5 cm.

Zahlen folgen die Zeichen für Baktun und die kürzeren Perioden. Bis vor kurzem hielt man die Leidener Plakette für das älteste Objekt, das im Maya-Stil datiert ist; heute haben wir jedoch Stele 29 aus Tikal, die 28 Jahre früher errichtet wurde – am Tage 8. 12. 14. 8. 15 (292 n. Chr.). So hatten denn die Maya des Tieflandes gegen Ende des dritten Jahrhunderts n. Chr. endgültig den »Long Count«-Kalender übernommen.

Von diesem Zeitpunkt an bis zum Ende der Klassik besteht nun eine kontinuierliche Folge von archäologisch belegten Daten auf Stelen und anderen Monumenten. In Uaxactún und anderen Fundplätzen hat man diese Daten mit dem Bau von Fußböden, Gräbern und mit ganzen Baustadien in Beziehung setzen können. Die Klassische Periode läßt sich in einen frühen und einen späten Abschnitt einteilen, deren Trennungslinie um etwa 600 n. Chr. anzusetzen ist. Diese Teilung ist keine bloße Erfindung der Archäologen, denn genau um diese Zeit ereigneten sich im Zentralgebiet tiefgehende Umwälzungen; außerdem unterscheiden sich die beiden Abschnitte auch in kultureller Hinsicht stark voneinander.

Zwei Elemente unterscheiden die Frühklassische von der Spätklassischen Periode: einmal das noch starke Izapa-Element in der Maya-Kultur, und zum anderen das Erscheinen starker Einflüsse aus Teotihuacán in Zentralmexiko im späteren Teil der Frühklassischen Periode. Teotihuacán wurde in der Zeit um Christi Geburt gegründet und lag in einem kleinen, fruchtbaren Tal, das sich auf die Nordseite des Tals von Mexiko öffnet. Kurz vor ihrer Zerstörung durch uns unbekannte Völker am Ende des 6. Jahrhunderts n. Chr. bedeckte die Stadt eine Fläche von über 20 Quadratkilometern. Teotihuacán ist berühmt durch die regelmäßige Anordnung seiner großen Straßen, durch die Sonnen- und die Mondpyramide und durch die Feinheit und Vollkommenheit der Malereien, die die Wände seiner luxuriösen Paläste schmückten. So mächtig war die Stadt, daß sie in der Frühklassischen Periode über den größten Teil Mexikos herrschte. Sie war Zentrum eines Reiches, das sehr wohl größer gewesen sein kann als das viel spätere aztekische.

Die wirtschaftliche Basis dieser politischen und kulturellen Macht ist uns nicht ganz klar, aber sie kann mit dem einzigartigen, unglaublich produktiven System der »Chinampa«-Kultivierung zusammenhängen, das die sumpfigen Ufer des Großen Sees, der damals das Tal von Mexiko füllte, entwässerte und somit anbaufähig machte. Diese Stadt also gewann bedeutenden Einfluß auf den Lauf der Geschichte der Maya.

Die Esperanza-Kultur

Die Auflösung der Maya-Kultur im Hochland begann mit dem Ende der Miraflores-Phase, als die Bautätigkeit auf den größeren Fundplätzen nachließ. So war mit dem Ende der Proto-Klassischen Periode das große zeremonielle Zentrum in Kaminaljuyú, dem Brennpunkt der Maya-Kultur im Südgebiet, nahezu eine Ruinenstadt.

Anfang des 5. Jahrhunderts n. Chr. geriet das Hochland unter die Herrschaft Teotihuacáns. Eine Gruppe mexikanischer Eindringlinge aus dieser Stadt eroberte Kaminaljuyú und baute ihre eigene Hauptstadt im kleinen Stil nach. Als eine Oberschicht, die über eine Bevölkerung von unterworfenen Maya herrschte, wechselten sie allmählich zu einheimischem Geschmack und einheimischer Tradition über und wurden so sehr »mayanisiert«, daß sie sogar aus dem Zentralgebiet Keramik und andere Güter importierten, um ihre Gräber auszustatten. Die Früh-Klassische Esperanza-Phase in Kaminaljuyú stellt also eine ausgesprochene Art Mischkultur dar.

In Kaminaljuyú gibt es mehrere Komplexe von Esperanza-Architektur, die nach einem Plan gebaut sind, der in keiner Weise dem Stil der Maya entspricht. Im wesentlichen handelt es sich dabei um gestufte Tempelplattformen mit dem typischen »talud-tablero«-Motiv Teotihuacáns. Dies besteht aus einer rechteckigen Platte mit Einsatz (tablero) über einer abgeschrägten Wand (talud). Der gute Baustein, der im mexikanischen Hochland reichlich vorkommt, fehlt in Kaminaljuyú, so daß der Architekt, der mit Sicherheit selbst aus Teotihuacán stammte, sich mit Lehm begnügen mußte, der mit rotbemaltem Stuck überzogen wurde. Eine einzige Treppe führte an jeder Stufe der Plattform empor; auf der abgeflachten Spitze stand ein Tempel, der entweder mit Palmblättern oder der häufigen Mörtel- und Holz-Konstruktion Teotihuacáns gedeckt war. Abb. 17

Die fremden Herrscher der Esperanza-Phase wählten die

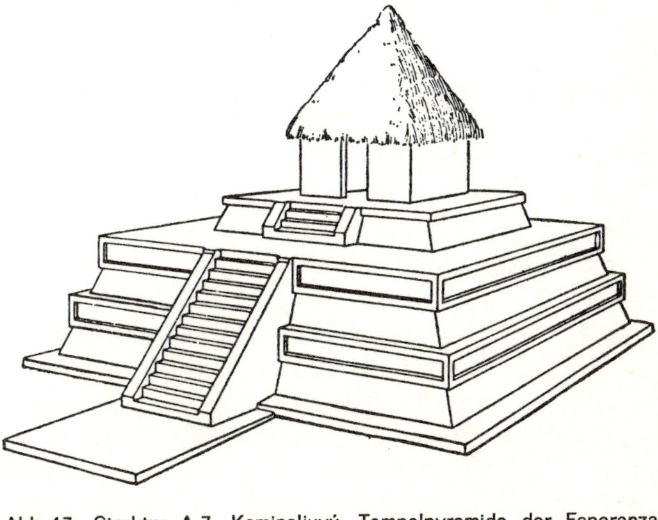

Abb. 17 Struktur A-7, Kaminaljuyú. Tempelpyramide der Esperanza-Kultur.

Tempelpyramiden als ihre letzte Ruhestätte. Wie früher bei der Miraflores-Gruppe war jede Plattform über dem Grab eines Herrschers errichtet. Dies bestand aus einer holzgedeckten Kammer, meist unter der Frontaltreppe gelegen. Jüngere Gräber mit ihren Plattformen wurden über den älteren angelegt. Die vornehmen Toten wurden auf einer hölzernen Bahre sitzend begraben. Reiche Töpferei und andere Grabbeigaben, aber auch bis zu drei Menschen, meist Kinder oder Heranwachsende, die zu diesem Zweck geopfert wurden, lagen bei dem Leichnam, um ihn auf dem Weg ins Jenseits zu begleiten. Reiche Grabgefäße, die ohne Zweifel Nahrung und Getränke für den Gebrauch des Toten enthielten, umgaben ihn, daneben *»metates«* und *»manos«*, die zur Zubereitung der Speisen benötigt wurden.

Tafel 18 Jadeornamente, manche noch in unfertigem Zustand, wurden in großer Zahl in den Esperanza-Gräbern gefunden: Perlen, Ohrschmuck in Form von Ohrspulen, Gehänge und Spangen. Unter einer Treppe fand sich ein etwa 90 Kilogramm schwerer Jadeblock, von dem V-förmige Scheiben abgesägt worden waren. Das zeigt, daß die Oberschicht von Esperanza Zugang zu einer größeren Quelle dieses Materials hatte, das bei allen Völkern Mesoamerikas so geschätzt war.

Einige Tongefäße in der Art wie die aus Esperanza-Gräbern sind in den Abfallhaufen Kaminaljuyús gefunden worden; offenbar waren sie nur für den Gebrauch der fremden Oberschicht bestimmt. Einige sind Importware aus Teotihuacán selbst; der Transport auf der 1300–1400 Kilometer weiten Strecke ging wahrscheinlich auf Traggestellen vor sich, wie sie die indianischen Händler des Maya-Hochlandes noch heute benutzen. Tafel 13 Die charakteristische Keramikform von Teotihuacán ist das zylindrische Gefäß mit drei brettförmigen Füßen und Deckel, ein kleiner Krug mit offenem Ausguß und Henkel, der

»florero«, der nach seiner Ähnlichkeit mit einer kleinen Blumenvase so benannt wurde, und schließlich die »Thin Orange«-Ware, die nach Teotihuacán-Geschmack in Nord-Puebla hergestellt wurde. Sie sind alle in Esperanza vorhanden; daneben aber finden wir gleichfalls polychrome (mehrfarbige) Schalen aus dem Petén mit der typischen, erhöhten und umlaufenden Rippe an der Basis. Tafel 15 Abb. 18

Einige Dreifußgefäße sind mit Stuck überzogen und in leuchtenden Farben bemalt. Dargestellt sind federgeschmückte Herren aus Teotihuacán und sitzende Maya-Figuren, außerdem Teotihuacán- und Maya-Götter, zum Beispiel die Schmetterlingsgöttin, die in Mexiko so beliebt war. Eine mehrfarbige Maya-Schale aus dem Petén war sogar mit Prozessionsfiguren, aus deren Mündern Redezeichen hervorkamen, im Stil Teotihuacáns übermalt worden.

Auch zahlreiche andere Wertsachen wurden den Toten mit ins Grab gelegt. Schneckenhörner und große Schildkrötenpanzer, die zusammen mit Schlegeln aus Hirschgeweih als Schlaginstrumente benutzt wurden, zeigen, daß in der Esperanza-Phase die verschiedenen Veranstaltungen, vielleicht auch das Begräbnis selbst, mit Musik begangen wurden. An einem großen Räuchergefäß aus einem der Gräber sieht man eine sitzende Person eine zweitonige Schlitztrommel schlagen. Der Leichnam wurde mit Jadestücken, Perlen, mit ausgeschnittenen Glimmerstückchen und reichen Textilien, die natürlich längst vermodert sind, geschmückt. In manchen Gräbern fand sich ein Paar Jaguartatzen, ein Symbol der Herrschergewalt unter den Maya des Hochlandes. Die höchste technische Leistung stellen Spiegel dar, die aus polygonal geschnittenen Pyritstückchen bestehen, die auf einer runden Schieferplatte zusammengefügt sind. Sie sind wahrscheinlich ebenfalls Importware aus Teotihuacán. Einer der Spiegel trägt jedoch auf der Rückseite Verzierungen in einem komplizierten Rollenmuster, das gewöhnlich mit der klassischen Veracruz-Kultur in Verbindung gebracht wird, die sich gleichzeitig am Golf von Mexiko entwickelte. Die Mittel, die den Herrschern von Esperanza zur Verfügung standen, um Kostbarkeiten aus weit entfernten Gegenden anzusammeln, müssen beachtlich gewesen sein.

Es ist erstaunlich, daß die Esperanza-Kultur, die so viele auffallende Züge trägt, andererseits Wesentliches vermissen läßt:

Der »Long Count«-Kalender war für immer aus dem südlichen Maya-Gebiet verschwunden, obwohl er doch gerade hier seit langer Zeit so fest verwurzelt war. Der »Figurinenkult« war ebenfalls völlig erloschen, und Spuren von Steinskulptur fehlen im Kaminaljuyú der Esperanza-Phase ganz. Mit dem Beginn der Vorherrschaft von Teotihuacán hatte die Entwicklung der Maya-Kultur im südlichen Gebiet – besonders im Hochland – ein abruptes Ende genommen. Abgesehen von der Einfuhr der Produkte aus dem Petén wurden seit der Früh-Klassischen Periode Maya-Sitten und -Gebräuche durch mexikanische ersetzt. Waren diese mexikanischen Eindringlinge Krieger oder Händler? Sie können sehr wohl beides gleichzeitig gewesen sein. In aztekischer Zeit gab es in Zentral-Mexiko eine besondere Kaste von bewaffneten Kaufleuten, die sogenannte »pochteca«. Diese Händler reisten auf der Suche nach seltenen Rohprodukten und Fertigwaren, die im Heimatgebiet nicht zur Verfügung standen, in ferne Länder. Alle Waren, die sie brachten, waren für den König bestimmt. Aus Darstellungen des »pochteca«-Gottes in Teotihuacán läßt sich vermuten, daß diese Institution wohl in die Früh-Klassische Periode zurückreicht. So könnte Kaminaljuyú ein südöstlicher Außenposten für Fernhändler aus Teotihuacán gewesen sein, der eingerichtet wurde, um die Reichtümer der Maya an den Thron der Hauptstadt zu exportieren. Die Anwesenheit dieser fremden Gruppe machte sich selbst im Petén und im weit nördlich gelegenen Yucatán bemerkbar, wie wir später noch sehen werden.

Die besiegten Maya des Hochlandes haben wohl als Bebauer des Bodens und als Arbeiter an den öffentlichen Bauten genauso weitergelebt wie vorher, nur leisteten sie ihre Tribute jetzt fremden und nicht mehr einheimischen Herren. Die Teilnahme an großen öffentlichen Zeremonien mag ihnen vielleicht sogar verboten gewesen sein. Aber ein Kult, an dem teilzunehmen ihnen sicherlich erlaubt war, hatte sein Zentrum um den Amatitlán-See, nicht weit südlich von der Esperanza-Hauptstadt gelegen. Aufsteigender Dampf und heiße Quellen am südlichen Ufer bildeten wohl einen Anziehungspunkt für Prozessionen, die dort jedes Jahr den Feuer- und Wassergöttern huldigten. Aus dem heißen Schlamm des Seebodens haben Taucher viele hundert geschwärzte Gefäße ans Tageslicht geholt: von sehr reich ausgestalteten Räuchergefäßen bis zum Küchengeschirr des bäuerlichen Haushalts, die von Teilnehmern in das dampfende Wasser geworfen worden waren. Tafel 29

Die Tzakol-Kultur im Zentralgebiet

Die Früh-Klassischen Ruinen des Zentralgebiets sind weitgehend mit hohen Gebäuden der Spät-Klassischen Zeit überbaut; erst durch neueste Ausgrabungen wurde offenkundig, wie hoch entwickelt die Maya-Kultur dort schon zu dieser Zeit war. Die Tzakol-Phase, wie man die Früh-Klassische Kultur des Petén und der umliegenden Gegenden nennt, dauerte bis etwa 9.8.0.0.0, also etwa 600 n. Chr. in unserer Zeitrechnung.

Damals stand die Maya-Kultur schon in voller Blüte: Gemauerte Tempel und »Paläste«, die auf offene, mit weißem Stuck gepflasterte »Plazas« blickten, bildeten weitausgedehnte

Abb. 18 Tafel 23 zeremonielle Zentren. Stelen und Altäre wurden mit Daten versehen und mit Darstellungen von Menschen und vielleicht Göttern geschmückt. Polychrome Keramik, deren schönste Stücke in den Gräbern vornehmer Personen gefunden wurden, zeigt besonders häufig stilisierte Darstellungen von Kranichen, fliegenden Papageien oder Menschen. Oft handelt es sich dabei um Schalen mit einer umlaufenden Rippe am unteren Teil. Neben dieser reinen Maya-Keramik zeigen andere Gefäße den Einfluß des weitentfernten Teotihuacán: wieder das zylindrische Gefäß auf drei brettförmigen Füßen, der kleine Krug mit Ausguß und der »florero«.

Die wunderbare Wandmalerei der Maya fand ihren frühesten Ausdruck in den Chicanel-Wandgemälden von Tikal, und zur Tzakol-Zeit hatte sie schon einen hohen Grad an Vollkommenheit erreicht. Die herrlichen Früh-Klassischen Wandgemälde des Tempels B-XIII in Uaxactún, die leider heute weitge-

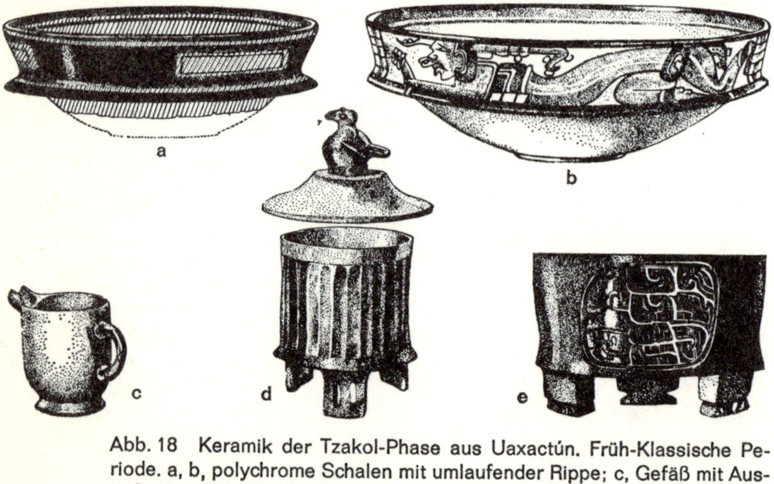

Abb. 18 Keramik der Tzakol-Phase aus Uaxactún. Früh-Klassische Periode. a, b, polychrome Schalen mit umlaufender Rippe; c, Gefäß mit Ausguß; d, e, zylindrische Dreifußgefäße. Maße: a, Durchmesser ca. 24 cm; b–e, im gleichen Maßstab.

hend zerstört sind, waren in gedämpftem Rot, Braun, Gelbbraun und Schwarz ausgeführt. Die Szene war dem täglichen Leben entnommen: Vor einem Palastbau mit drei Maya-Damen stehen zwei männliche Figuren – die eine in Schwarz für den Krieg bemalt – und unterhalten sich. Die Unterhaltung ist ohne Zweifel in einigen Kolumnen nicht lesbarer Schriftzeichen aufgezeichnet. Auf der einen Seite sieht man zwei horizontale Reihen von Figuren, die wahrscheinlich auf zwei Stufen einer Plattform stehend gedacht sind. Sie sind mit viel Sinn für Karikatur gemalt; einige reden aufgeregt aufeinander ein, andere stellen Sänger dar und schütteln ihre Rasseln oder »maracas«, während ein kleiner Junge auf einer lederbespannten Trommel den Takt schlägt.

An mehreren Stellen im Petén hat man unter Tzakol-Tempeln Gräber von großem Reichtum entdeckt. Zu den bemerkenswertesten gehört das »Bemalte Grab« von Tikal, ca. 3 Meter lang und 1,50 Meter breit. Es war unter einem Früh-Klassischen Tempel an der Großen Plaza in den weichen Fels eingeschnitten. Drei Personen waren hier begraben, zwei von ihnen Jugendliche, die man geopfert hatte, um die Hauptperson zu begleiten. Dieser fehlten Kopf und Hände; wahrscheinlich war die Leiche nach einer militärischen Niederlage von den Gefolgsleuten des Toten geborgen worden. Die weißen stucküberzogenen Wände waren von sicherer Hand mit schwarzen Schriftzeichen bemalt, darunter dem »Long Count«-Datum 9.1.1.10.10 (18. März 457 n. Chr.), das wahrscheinlich das Todes- oder Begräbnisdatum bezeichnet. »Metate«, »mano« und Gefäße, die einmal mit Nahrung gefüllt waren (eines hatte einige taubengroße Vögel enthalten), zeigen, daß die Seele auch nach dem Tode der Nahrung bedurfte. Meeresmuscheln und Rochenstacheln – von weit her importiert – waren neben die Toten gelegt worden. Außer den Tongefäßen enthielt das Grab ein

Tafel 17

Alabastergefäß mit hohem Fuß, das mit einer Reihe Schriftzeichen geschmückt war. Die Zeichen waren eingeritzt und mit rotem Zinnober ausgefüllt.

Schon seit einiger Zeit hatte man für das Zentralgebiet während der Früh-Klassischen Periode Einflüsse aus Teotihuacán oder aus seinem Außenposten Kaminaljuyú vermutet, deren volles Ausmaß jedoch erst durch die neuen Ausgrabungen in Tikal, im Herzen des Petén, klar wurde. Man weiß heute, daß der fremde Einfluß um 500 n. Chr., im letzten Jahrhundert der Früh-Klassischen Periode, am stärksten war.

Tafel 19 Stele 31 aus Tikal, die wahrscheinlich zu dieser Zeit errichtet wurde, läßt deutlich den fremden Stil erkennen; sie könnte uns noch mehr sagen, wenn wir den feingemeißelten Maya-Text lesen könnten. Die Hauptfigur des Reliefs ist eine bedeutende Maya-Persönlichkeit. Der Dargestellte ist so mit Jadeschmuck überladen, daß er kaum noch sichtbar ist. In der Beuge seines linken Arms trägt er das Haupt eines Gottes, der in seinem
Abb. 49 a Kopfschmuck das »Wappen«-Schriftzeichen von Tikal trägt (siehe Kapitel VIII). Zu beiden Seiten steht je ein Krieger, dessen Kleidung und Waffen – rechteckiger Schild und »atlatl« oder Speerschleuder – ihn deutlich als Fremden aus Teotihuacán ausweisen. Einer der Schilde zeigt das Gesicht des Großen Regengottes von Teotihuacán, »Tlaloc«. War Tikal wie Kaminaljuyú von Teotihuacán abhängig? Oder standen diese ausländischen Söldner im Dienste eines einheimischen Königs? Die Stadtbewohner von Teotihuacán waren ein Handelsvolk, und es hätte sehr wohl im Interesse einer bewaffneten »pochteca«-Gruppe liegen können, den Petén in Besitz zu nehmen, um den Handel zu kontrollieren, der in den dichten Urwäldern der Maya seinen Ausgang nahm. Vielleicht suchten sie die leuchtenden, grün-goldenen Schwanzfedern des scheuen Quetzalvogels, mit denen sich die Adligen von Teotihuacán schmückten.

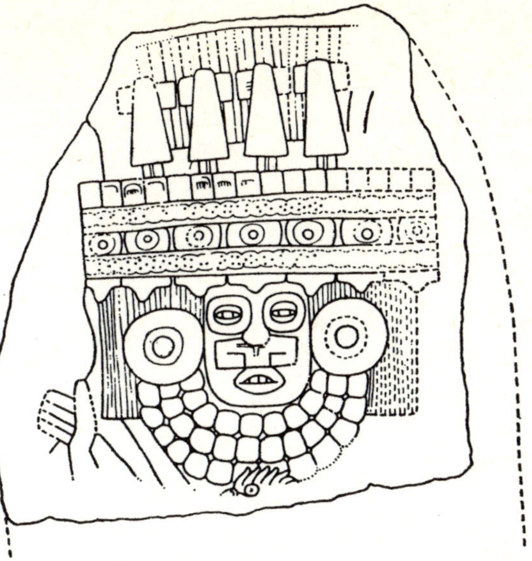

Abb. 19 Stelenbruchstück im Teotihuacán-Stil aus Tikal.

Vielleicht haben sie auch versucht, den Maya aus dem Petén die Verehrung und Anbetung der Götter Teotihuacáns aufzuzwingen, indem sie den einheimischen Chac durch ihren eigenen Regengott ersetzten. Davon zeugt das obere Stück einer stark beschädigten Stele aus Tikal, die ein großes Tlaloc-Gesicht zeigt, das dem auf Stele 31 abgebildeten genau gleicht. Auf fein mit Stuck überzogenen und bemalten Gefäßen aus den Gräbern von Tikal finden wir ebenfalls den blaugesichtigen Tlaloc, zusammen mit dem mexikanischen Frühlingsgott Xipe Totec – zu erkennen an dem offenen Mund und den paarweise angeordneten vertikalen Linien, die durch Augen und Wangen gezogen sind. Einige Gefäße sind »Thin Orange«-Ware, die im mexikanischen Hochland hergestellt wurde, ein anderes kommt aus der Gegend um Tiquisate an der pazifischen Küste Guatemalas,

Abb. 19

Tafel 16

während wieder andere Mischungen in Form und Dekoration zwischen Teotihuacán- und Maya-Traditionen darstellen.

Es ist fast sicher, daß zwischen dem Petén und dem Hochtal von Mexiko ein reger Handelsaustausch bestand. Tzakol-Scherben von Schalen mit umlaufenden erhöhten Leisten sind in Teotihuacán gefunden worden; grüne Obsidianklingen aus Mexiko wurden den Toten in Tikal beigegeben. Doch von allen vergänglichen Waren, die den gleichen Weg gegangen sein müssen – Textilien, Quetzalfedern, Jaguarfellen, hölzernen Gegenständen und vielen anderen Dingen –, ist nichts übriggeblieben.

Tafel 20, 24, 25

Nicht nur im nördlichen Petén, sondern auch an vielen anderen Orten im Zentralgebiet waren im 6. Jahrhundert n. Chr. und schon früher größere Zentren vorhanden. Hier ist eine Vorherrschaft durch Teotihuacán viel schwerer oder sogar gar nicht nachzuweisen, und man kann daher annehmen, daß sie – wenn überhaupt vorhanden – auf die Gegend um Tikal und Uaxactún beschränkt war. Welche Rolle Teotihuacán auch immer in der Politik und der Kultur der Maya des Petén gespielt hat, sicher ist nur, daß in der zweiten Hälfte des 6. Jahrhunderts n. Chr. das Zentralgebiet eine ernste Krise durchmachte. Stelen wurden nicht mehr errichtet, und es gibt Anzeichen dafür, daß öffentliche Bauwerke in großer Zahl willentlich beschädigt wurden. Es ist nicht klar, wie all das zu deuten ist; obwohl offenbar keine der Fundstätten des Petén gegen Ende der Früh-Klassischen Periode ganz verlassen wurde, hat vielleicht ein heftiger Bürgerkrieg oder sogar ein allgemeiner Volksaufstand stattgefunden.

Als sich in den ersten Jahrzehnten des 7. Jahrhunderts das Dunkel wieder lichtet, scheint das Leben der Maya in unveränderter Weise weiterzugehen, vielleicht unter neuen Herrschern und neuen Dynastien. Teotihuacán ist jedoch kein bestimmender Faktor mehr. Um etwa 600 n. Chr. wurde diese Stadt zerstört, und ihr Reich ging unter, ohne daß wir Genaueres über die Gründe wüßten, die zu dieser Entwicklung geführt haben. Wahrscheinlich war der Untergang Teotihuacáns auch Ursache für die Unruhe unter den Maya in den letzten Jahrzehnten der Früh-Klassischen Periode. Die Befreiung von wirtschaftlicher und wahrscheinlich auch politischer Fremdherrschaft ermöglichte es jedoch den Tiefland-Maya des Zentralgebiets, in der folgenden Spät-Klassischen Periode eine Kulturhöhe zu erreichen, die im Alten Amerika nicht ihresgleichen hatte.

Das nördliche Gebiet

Über die Früh-Klassische Periode im steinigen Yucatán und Campeche ist viel weniger bekannt als über den Süden. In der Töpferei wie in der Architektur hielten sich diese Maya eng an Tafel 23 die Maßstäbe des Petén. Eines der frühesten Zentren ist Oxkintok in der buschbestandenen Ebene des westlichen Yucatán, mit einem steinernen Türsturz aus dem 5. Jahrhundert n. Chr. und einigen gleichzeitigen, künstlerisch wenig wertvollen Reliefs.

Interessanter ist Acanceh, südöstlich von Mérida, der heutigen Hauptstadt Yucatáns. Einerseits findet man dort eine gestufte Pyramidenplattform mit eingesetzter Treppe und Gesimsen im Stil der Maya des Petén, daneben aber auch eine Plattform mit »talud tablero«-Fassade, stuckverkleidet und mit Re- Tafel 27 lieffiguren im Teotihuacán-Stil geschmückt: Fledermausmenschen, Raubvögeln, einem Eichhörnchen und der Hauptgottheit von Teotihuacán, der Gefiederten Schlange. An diesem Gebäude erinnert nichts an den Stil der Maya. Es beweist vielmehr, daß die dynamischen Bewohner Teotihuacáns nicht nur im südlichen und im Zentralgebiet tätig waren und Außenposten errichteten, sondern auch nach Norden vordrangen wie Vorboten der großen mexikanischen Invasion in Yucatán, die 500 Jahre später stattfinden sollte.

Das Cotzumalhuapa-Problem

Die Pipil sind immer ein rätselhaftes Volk gewesen. Ihre Sprache ist das Náhuat, das eng mit dem Náhuatl, der offiziellen Sprache der Azteken, verwandt ist. Von dieser unterscheidet es sich vor allem dadurch, daß »t« an die Stelle von »tl« tritt. Zu einem uns unbekannten Zeitpunkt aus einer gleichfalls unbekannten Gegend Mexikos in das Gebiet der Maya eingedrungen, bewohnten die Pipil zur Zeit der spanischen Eroberung eine ausgedehnte Siedlungszone in den wasserreichen Vorbergen unmittelbar oberhalb der pazifischen Küstenebene Guatemalas. In der Kolonialperiode wurden Traditionen aufgezeichnet, die berichten, daß sich ihre Herrschaft ursprünglich etwas weiter nach Westen erstreckt hat, in ein Gebiet, das später den Cakchiquel-Maya gehörte.

Abb. 2

In diesem ehemaligen Pipil-Territorium hatte sich jedoch schon viel früher eine Kultur entfaltet, die zweifellos mexikanischen Ursprungs war. Ihr Zentrum lag bei dem Ort Santa Lucía Cotzumalhuapa, in einer Gegend, die früher durch ihre Kakaoproduktion berühmt war. (Kakao wurde nicht nur zur Herstellung eines Getränks verwendet, sondern die Bohnen dienten auch als Zahlungsmittel.) Wir kennen nur etwa ein halbes Dutzend Fundstätten der Cotzumalhuapa-Kultur. Vielleicht gehören sie sogar zusammen und bilden nur einen einzigen großen Fundplatz, denn sie liegen alle in einem sehr kleinen Gebiet von weniger als 50 Quadratkilometern. Jeder dieser

Plätze bildet ein geschlossenes Zeremonialzentrum mit Tempelunterbauten, die sich auf einer einzigen großen Plattform von ein paar hundert Metern Länge erheben. Diese Unterbauten haben einen Kern aus Erde, der mit Flußsteinen belegt ist; nur die Treppen und einige Höfe sind zuweilen mit behauenen Steinen gepflastert.

Dem Kunststil und der Töpferei nach zu urteilen, muß die Kultur von Cotzumalhuapa in einem späten Abschnitt der Früh-Klassischen Periode entstanden sein und bis in die Spät-Klassische Zeit hinein angedauert haben. Ein härterer, grau- Tafel 26 samerer und abstoßenderer Stil in der Skulptur ist kaum vorstellbar; er hat fast nichts mit dem der Maya zu tun. Thompson bemerkt, daß die Bildhauer von Cotzumalhuapa eine »alptraumhafte Beschäftigung mit dem Tode« zeigen. Reliefs von Schädeln und Darstellungen von Skeletten sind nicht selten. Das zweite, ständig wiederkehrende Motiv ist das Ballspiel. Nachweis dafür erbringen vor allem bestimmte Steingeräte, die im Gebiet von Cotzumalhuapa und an der ganzen pazifischen Küste bis nach El Salvador hinein häufig gefunden werden. Am typischsten sind die U-förmigen Stein»joche«, eine Nachbildung der schweren Schutzgürtel aus Holz und Leder, die die Spieler zu tragen pflegten, ferner schmale Köpfe oder »hachas« mit menschlichen Gesichtern, grotesken Raubtierdar- Tafel 28 stellungen, Papageien und Truthähnen. Gewöhnlich werden sie als Markierung der Spielfeldzonen angesehen; offenbar wurden sie aber bei den Zeremonien nach dem Spiel auf dem »Joch« getragen. Diese Züge weisen mit Sicherheit auf eine enge Beziehung zu den Klassischen Kulturen der mexikanischen Golfküste hin, wo diese Ballspielausrüstung ohne Zweifel herstammt.

Unter den Reliefs und Rundskulpturen der Fundstätten von Cotzumalhuapa finden sich Darstellungen einiger rein mexika-

nischer Götter: des Xipe Totec, des Windgottes Ehécatl, dargestellt als Ungeheuer mit großer Schnauze und einem hervortretenden Auge, des Tlaloc, des Tlalchitonatcuh, des Gottes der aufgehenden Sonne, des Alten Feuergottes Huehuetéotl und des Quetzalcóatl als Gefiederter Schlange. Auf einigen großartigen
Abb. 20 Stelen strecken Ballspieler mit »Jochen« und Schutzhandschuhen ihre Arme himmlischen Gottheiten entgegen, gewöhnlich Sonne oder Mond. Aus Leibern von Menschen und Göttern sprießen zuweilen Zweige und Früchte des Kakaobaumes, der offenbar die Quelle des Wohlstandes von Cotzumalhuapa darstellte.

Nicht nur die Religion, auch der Kalender dieser Kultur war mexikanisch. Die meisten Schriftzeichen auf den Monumenten lassen sich als Tagesnamen identifizieren, die unter den Völkern des südlichen Mexiko üblich waren. Die Koeffizienten sind nach mexikanischer Art nur durch Punkte oder Kreise ausgedrückt. Der für die Maya so charakteristische Balken für »fünf« war hier nicht gebräuchlich. Wie in Mexiko wurden Menschen (und vielleicht auch Götter) durch ihr Geburtsdatum identifiziert.

Die Schöpfer der Kultur von Cotzumalhuapa waren also keine Maya, sondern Mexikaner, sehr wahrscheinlich die späteren Pipil. Aus Teotihuacán können sie nicht gekommen sein, obwohl sich manches in ihrer Kunst, vor allem einige ihrer Tongefäße, mit Teotihuacán in Beziehung bringen läßt. Sicherer sind Verbindungen mit der Golfküstenebene, wo sich eine ähnlich einseitige Beschäftigung mit Ballspiel, Tod, Menschenopfer und Kakaoanpflanzung findet. Wenn die Träger dieser Kultur Pipil waren, müßte es also auch ein altes Zentrum von Náhuat-Sprechern im südlichen Veracruz gegeben haben, die als eine weitere Gruppe von »pochteca« über die Landenge von Tehuantepec in das Gebiet der südlichen Maya eingebrochen sein könnten. Es gibt noch eine Pipil-Enklave auf der Nordseite des

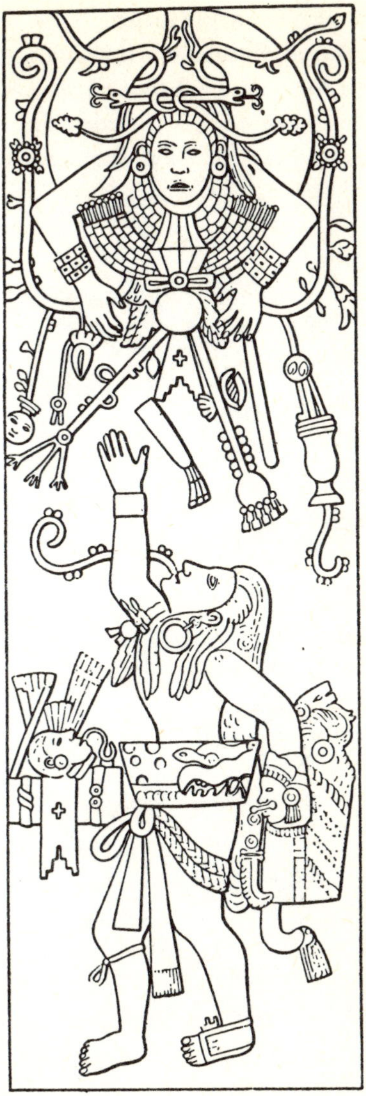

Abb. 20 Monument 4, Santa Lucía Cotzumalhuapa. Cotzumalhuapa-Kultur, Ende der Früh- oder Anfang der Spät-Klassischen Periode.

Hochlandes von Guatemala, im Tal des Río Motagua, und wahrscheinlich ist es kein Zufall, daß einzelne Skulpturen im Stil von Cotzumalhuapa dort in Quiriguá und dem nahegelegenen Copán gefunden wurden, die sonst reine Zentren der Klassischen Maya sind. Das Problem Cotzumalhuapa ist noch lange nicht gelöst.

Der Glanz der Klassik: Späte Periode

V

Die große Kultur des Maya-Tieflandes während der Spät-Klassischen Periode mag als Beispiel einer »versunkenen« Kultur dienen: Hunderte von zeremoniellen Zentren liegen unter einer dichten, lückenlosen Decke tropischen Urwalds verborgen. Wir wüßten gerne, wer in diesen heute vergangenen Stätten gelebt hat, wie stark die Bevölkerungsdichte im Tiefland zur Spät-Klassischen Zeit war und wie das Reich der Maya politisch organisiert war. Doch bisher können wir nur das eine sagen: Keiner der großen Fundplätze, die oft als Maya-»Städte« bezeichnet werden, war eine wirkliche Stadt in unserem Sinn.

Große, gemauerte Gebäude lassen sich leicht auf Karten einzeichnen; dasselbe trifft aber auch für die einfachen Hütten der Bevölkerung zu – die alten Maya bauten ihre Häuser nämlich (zum Glück für uns!) auf niedrige rechteckige Hügel aus Stein und Erde, um vor den sommerlichen Überschwemmungen geschützt zu sein. Bei einer archäologischen Durchforschung des nordöstlichen Petén, in dem so gewaltige Klassische Zentren wie Tikal, Naranjo, Nakum und Holmul gelegen sind, stellte Bullard fest, daß die Konzentrationsdichte der Hausruinen mit den großen Zentren wenig zu tun hat; die Hausplattformen konzentrieren sich vielmehr auf Hügelrücken, wo Trinkwasser und reicher, gut entwässerter Boden vorhanden sind. Der größte Teil der Bevölkerung lebte in verstreuten Weilern, die etwa eine Fläche von 200 mal 300 Meter umfaßten und von anderen Siedlungen durch Savannen oder die »bajos« getrennt waren, die für den Petén so charakteristisch sind. Die Häuser waren aus Holz und Palmblättern erbaut, oft mehrere in engem Zusammenhang, ähnlich wie einst die Gehöfte der in Großfamilien lebenden chinesischen Bauern. Manchmal war eines der Häuser im Weiler größer als die anderen, so daß man es vielleicht als kleinen Tempel oder als ein öffentliches Gebäude interpretieren kann, das von den örtlichen Bauern gemeinsam benutzt wurde.

Auf etwa 50 bis 100 Häuser im Zentralgebiet entfällt ein kleineres zeremonielles Zentrum. Dies bildet mit den umliegenden, ihm zugeordneten Häusergruppen das, was Bullard als »Zone« bezeichnet. Man muß sich die Bevölkerung offenbar verstreut lebend vorstellen; die kleineren Zentren – meist mit einer kleinen Tempelpyramide und mehreren palastartigen Gebäuden – bildeten dann Brennpunkte des religiösen und kulturellen Lebens. Da die Siedlungen der Maya ziemlich unregelmäßig angelegt sind (es gab keine eigentliche Stadtanlage, kein Schachbrettmuster sauber geplanter Straßen), ist manchmal eine klare Trennung der einzelnen »Zonen« nicht durchzuführen, so daß einige unvorsichtige Archäologen, als sie im Tiefland Ruinenfelder entdeckten, die sich scheinbar über viele Kilometer hinzogen, geglaubt haben, sie hätten die größte Ruinenstätte der Welt entdeckt.

Größere zeremonielle Zentren wie Uaxactún, Tikal oder Palenque im Zentralgebiet oder Uxmal im Nordgebiet bildeten den Kern von »Distrikten«, die mehrere »Zonen« umfaßten. Bullard setzt als durchschnittliche Größe eines Distriktes 250 Quadratkilometer an und vergleicht sie mit modernen Landkreisen oder Provinzen. Tikal ist die größte Maya-Fund-

Abb. 21

stätte und gleichzeitig die einzige, die bis zur letzten Hausplattform kartiert worden ist, obwohl es sehr schwierig ist, eine Siedlung im Tiefland abzugrenzen, und man daher schlecht sagen kann, wo sie wirklich endet. Auf etwas mehr als 15 Quadratkilometern finden sich etwa 3000 Bauten, von hohen Tempelpyramiden und massiven »Palästen« bis zu kleinen Gruppen palmblattgedeckter Häuser, die einen Haushalt beherbergten. Nach sehr vorsichtigen Schätzungen belief sich die Gesamtbevölkerungszahl Tikals auf 10 000 bis 11 000 Personen. Das entspricht einer Bevölkerungsdichte von etwa 700 Bewohnern pro Quadratkilometer, verglichen mit mehr als 2000 pro Quadratkilometer in einer durchschnittlichen modernen Stadt Amerikas oder Europas. Ein Blick auf den Stadtplan von Tikal erklärt diesen Unterschied: es handelt sich um die ungeplante Konzentration einer eigentlich verstreut lebenden Bevölkerung, mit einer leichten Zunahme der Dichte und Größe der Häuser in der Nähe des Zeremonialzentrums, wo die Wohnungen der Adligen und hohen Beamten lagen. Abb. 21

Dieses Bild, das wir von Tikal entworfen haben, ist typisch für alle anderen bekannten Zentren der Klassischen Periode, die im Zentralgebiet immer auf Hügeln oder anderen erhöhten Plätzen lagen, so daß sie meilenweit gesehen werden konnten, wenn man die Bäume rundherum entfernte. Sie erscheinen daher heute fast wie künstliche Gebirge. Dasselbe läßt sich über viele Fundstellen des Nordgebiets sagen, obwohl im nördlichen Yucatán, wo das Grundwasser knapp ist, die Lage größerer zeremonieller Zentren oft vom Vorhandensein tiefer »cenotes« bestimmt wurde. Aber auch im Petén war das Wasser gelegentlich knapp, und in größeren Zentren wie Tikal gibt es mehrere künstliche Reservoirs von beträchtlicher Größe, die von Dämmen umgeben sind und während der winterlichen Trockenheit die Bewohner mit ausreichend Wasser versorgten.

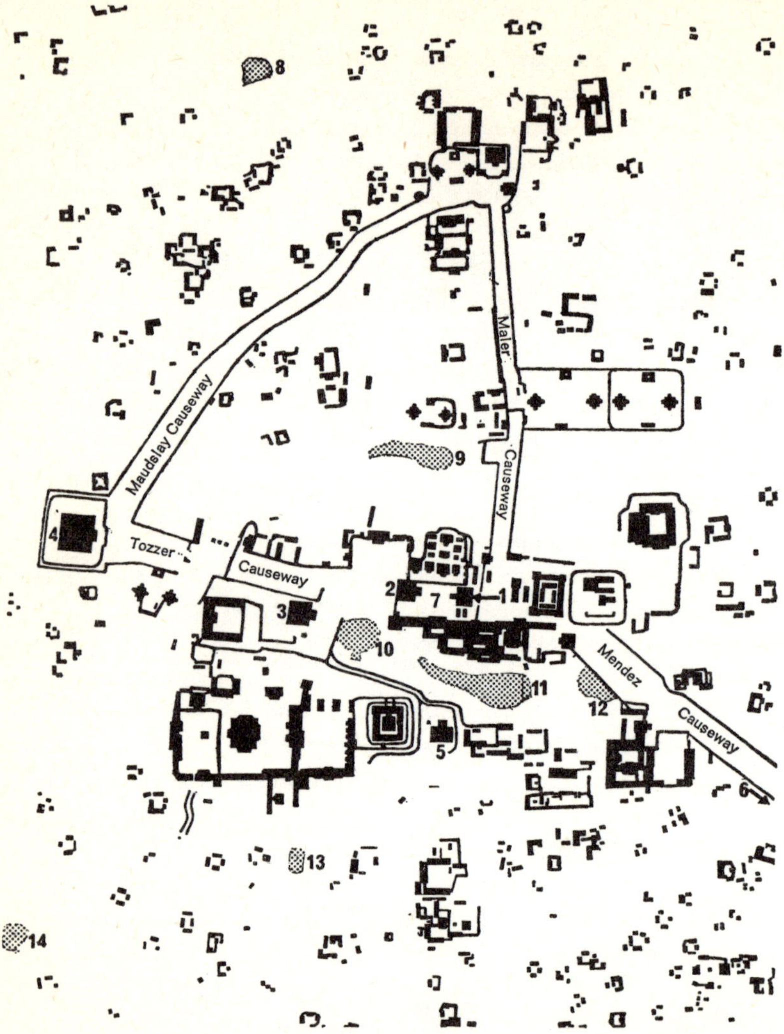

Abb. 21 Plan der zentralen Teile Tikals. Der hier abgebildete Plan bedeckte etwa 2,6 qkm. 1–5, Tempel I–V; 6, Inschriftentempel; 7, Große Plaza; 8–14, Wasserreservoirs: 8, Bejucal, 9, Causeway, 10, Tempel, 11, Palast, 12, Hidden, 13, Madeira, 14, Perdido (Reservoir).

Klassische Fundstätten im Zentralgebiet

Ein typisches Maya-Zentrum der Klassischen Periode besteht aus einer Gruppe von Stufenpyramiden, die um große Plazas oder Höfe angeordnet sind und auf denen sich gemauerte Überbauten erheben. In den ganz großen Fundstätten wie Tikal gibt es eine Reihe von Baukomplexen, die untereinander durch Dammwege verbunden sind. Alle anderen Bauten werden überragt von den mächtigen Tempelpyramiden, die man aus Kalksteinblöcken über einem Kern aus Stein und Mörtel errichtete. Obwohl die Tempel selbst einen oder mehrere, mit »falschen Gewölben« überdachte und mit Mörtel verputzte Räume enthalten, sind diese so eng, daß sie nur für Zeremonien benutzt worden sein können, die vor den Augen des gewöhnlichen Volkes verborgen bleiben sollten. Hochaufragend waren die Gebäude, aber die Maya-Architekten waren damit noch lange nicht zufrieden und fügten immer weitere Aufbauten hinzu, die sogenannten Dachkämme, die ebenso wie die Fassade reich mit bemalten Stuckreliefs verziert wurden. Abb. 25

Die meisten Bauten auf einer Maya-Stätte sind jedoch die sogenannten Paläste, einstöckige Gebäude, die nach dem gleichen Prinzip wie die Tempelpyramiden erbaut wurden, aber auf viel niedrigeren Plattformen stehen und mehr verputzte Tafel 38 Räume enthalten, manchmal bis zu mehreren Dutzend in einem Gebäude. Gelegentlich finden sich innerhalb eines »Palastes« ein oder zwei Innenhöfe. Man ist sich nicht recht darüber einig, wozu diese »Paläste« benutzt wurden. Lebten die Herrscher darin? Archäologen, die durch die Umstände dazu gezwungen wurden, in diesen Gebäuden ihr Lager aufzuschlagen, erschienen sie außerordentlich unbequem (und voll mit Fledermäusen!). Es ist wahrscheinlicher, daß der königliche Haushalt in vergänglichen Bauten lebte, die das Klima des Tieflandes natürlich nicht überstanden haben. Angesichts der zellenartigen Räume hat man auch schon überlegt, ob es sich um Klöster oder Unterkünfte für die Priester gehandelt haben könnte; aber es ist völlig unsicher, ob es in der Klassischen Zeit überhaupt Mönchs- oder Priesterorden gegeben hat.

Abb. 22 Stele 4, Machaquilá, Guatemala. Zeichnung von Ian Graham. Spät-Klassische Periode. Die Gestalt hält ein Szepter mit Menschenfigur in der Hand.

In jedem einigermaßen bedeutenden Klassischen Zentrum des Zentralgebiets waren Reihen von aufrechtstehenden Stelen in den Stuckboden der Plazas eingelassen. Gewöhnlich standen sie vor bestimmten wichtigen Tempeln oder manchmal vor Palästen. Zuweilen finden wir die Stelen auch auf den Plattformen der Tempelpyramiden, aber in der Regel gehörten bestimmte Stelen zu bestimmten Gebäuden. Die Gründe dafür waren bis vor kurzem unbekannt. Gewöhnlich steht vor der Stele ein niedriger, runder »Altar«, der auf der Oberseite abgeflacht ist. Das Thema des Reliefs auf einer oder beiden Seiten scheint immer das gleiche zu sein: ein reich gekleideter Maya, Abb. 22 meist ein Mann, mit besonderen Abzeichen wie zum Beispiel dem sogenannten »Zeremonialbalken« und einem Szepter in Menschengestalt oder eine ähnlich gekleidete Person mit Speer und Schild, die auf einem Gefangenen steht. Wir werden diese Reliefs und die »Long Count«-Daten und -Schriftzeichen, die sie tragen, in Kapitel VIII genauer erläutern, denn in jüngster Zeit wird uns verständlich, was sie zu sagen haben.

Ballspielplätze finden sich im ganzen Zentralgebiet, aber im Südosten, etwa in Copán, sind sie sehr viel häufiger und besser ausgeführt. Diese Spielplätze bestehen aus stucküberzogenem Tafel 31 Mauerwerk und haben einwärts geneigte Spielflächen. Drei steinerne Markierungen waren auf jeder Seite angebracht, drei waren in den Boden des Platzes eingelassen, doch ist es unbekannt, nach welchen Regeln das Spiel ausgetragen wurde. Im westlichen Teil des Zentralgebietes, in den Zentren entlang des Usumacinta, waren Schwitzbäder bekannt, möglicherweise aus Mexiko übernommen, wo solche Bauten noch heute in vielen Orten des Hochlandes anzutreffen sind.

So ehrfurchtgebietend die Maya-»Städte« sein mögen, in ihrer Anordnung gibt es – wie schon erwähnt – wenig Anzeichen für überlegte Planung. Das typische Zentrum ist offenbar mit der Zeit gewachsen; Tempel, »Paläste« und ganze Komplexe wurden durch Jahrhunderte hindurch immer wieder um- und überbaut. Allmählich zeichneten sich die charakteristischen architektonischen Züge ab, die wohl mit bestimmten sozialen und politischen Aspekten in Verbindung gestanden haben.

Nichts kann einem Maya-Fundplatz fremder sein als der Schachbrettplan, der sich in einigen größeren städtischen Zentren Mexikos, etwa in Teotihuacán, findet.

Eine der reizvollsten aller Klassischen Ruinenstätten ist Tafel 30 sicherlich Copán, das an einem Nebenfluß des Río Motagua in einer durch ihren Tabak berühmten Gegend von West-Honduras liegt. Stephens, der den Fundplatz im Jahre 1839 erforschte (und für 50 Dollar kaufte!), nannte ihn »ein Tal der Romantik und der Wunder, dessen Erbauer die Genien hätten sein können, die König Salomon bedienten«. Die wichtigsten Tempelpyramiden liegen auf einer künstlichen Akropolis, die heute zum Teil vom Copán-Fluß abgetragen ist. Aber viele Bauten sind intakt geblieben, wie zum Beispiel der »Tempel der Hieroglyphentreppe« (vollendet im 8. Jahrhundert n. Chr.). Die 63 Stufen der Haupttreppe sind mit einem außerordentlich langen Text von 2500 Zeichen geschmückt. Der Ballspielplatz Tafel 31 von Copán ist der schönste und vollkommenste, der aus der Zeit der Klassischen Maya bekannt ist. Die Markierungen bestehen aus eingelassenen Steinzapfen mit Papageienköpfen. Vor allen anderen Fundplätzen zeichnet sich Copán jedoch Tafel 32, 33 durch die barocke Formgebung seiner Rundplastik aus. Die dort arbeitenden Künstler gebrauchten einen grünlichen vulkanischen Tuffstein, der an Qualität den im Petén gebräuchlichen Kalkstein weit übertrifft. Türen, Türumrahmungen und Fassaden der größeren Tempel waren mit Steinfiguren des Regengottes, des Jungen Maisgottes und anderer Gottheiten geschmückt, und nicht weniger als 20 Stelen wurden in Früh- und Tafel 34 Spät-Klassischer Zeit errichtet, daneben 14 »Altäre«. Offenbar stand die Mehrzahl der Stelen im nördlichen Teil des Fundplatzes in einem weiten Hof, der von schmalen Stufenplattformen begrenzt war. Von ihnen aus konnte man das Schauspiel miterleben, das sicher mit dem Stelenkult verbunden war.

Nur etwa 50 Kilometer nördlich von Copán liegt Quiriguá, ein weit bescheideneres Klassisches Zentrum, das nach den Inschriften ein abhängiges Fürstentum Copáns gewesen zu sein scheint. Nicht weit vom Westufer des Río Motagua, an seinem von dichter Vegetation umgebenen Unterlauf gelegen, enthält Quiriguá einige Gebäudegruppen ohne größere Bedeutung. Sehr wichtig dagegen sind die hier gefundenen Sandsteinstelen Tafel 36
von gewaltiger Größe. Stele E, im späten 8. Jahrhundert errichtet, kann beanspruchen, das größte Steinmonument der Neuen Welt zu sein. Ihr Schaft mißt über 10 Meter. Auf der Vorderseite findet sich die Gestalt eines bärtigen Mannes mit Handschild und Szepter in Menschengestalt. Die Seiten sind mit Texten bedeckt, die mehrere »Long Count«-Daten enthalten. Die große Fertigkeit der Bildhauer von Quiriguá zeigt sich auch an den grotesken Figuren, die in den Inschriften mehrerer anderer Stelen die Stelle von Zyklenschriftzeichen einnehmen, an den reich verzierten »Altarsteinen« und schließlich an den steiner- Tafel 35
nen Ungeheuern, die wohl Erddämonen oder Himmelsgottheiten darstellen sollen. Zwischen schlangenartigen Windungen ihrer Körper tragen diese Ungeheuer menschliche Lebewesen.

Die Ruinen von Tikal, im Herzen des Petén, wurden wohl Abb. 21
zuerst im Jahre 1695 von dem tapferen Pater Avendaño und seinen Gefährten entdeckt. Verirrt in den sumpfigen »bajos« und dornigen Wäldern Nordguatemalas, fanden sie »zahlreiche alte Gebäude; und in einigen von ihnen erkannte ich Gemächer, und obwohl sie sehr hoch waren und meine Kraft gering, stieg ich doch hinauf (wenn auch mit Mühe) ...« Tikal, heute zum Teil durch die Universität von Pennsylvania restauriert, ist das größte Zentrum der Klassischen Maya-Kultur und eine der größten Fundstätten der Neuen Welt überhaupt. Besonders eindrucksvoll sind die sechs großen Tempelpyramiden, die man in ihrer Art fast als Wolkenkratzer bezeichnen könnte. Tem-

Abb. 23 Zwei Knochen mit Ritzverzierung aus dem Grab in Tempel I, Tikal. Links: Drei Chacs (Regengötter) beim Fischen. Rechts: Sieben Maya-Götter in einem Einbaum.

pel IV, der größte von allen, ist vom Boden der Plaza bis zur Spitze des Dachkammes über 70 Meter hoch. Den Kern von Tikal bildet die Große Plaza, die im Osten und Westen von zwei dieser Tempelpyramiden und im Norden von der Akropolis begrenzt wird, die im Zusammenhang mit ihren spätformativen und frühklassischen Gräbern schon erwähnt wurde. Einige der größeren architektonischen Gruppen sind untereinander und mit der Plaza durch Dammwege verbunden, über die während der Blütezeit Tikals viele glänzende Prozessionen geschritten sein mögen. Auch die »Paläste« sind sehr eindrucksvoll; in ihren stuckverkleideten Gewölben finden sich oft noch die Balken aus Sapodilla-Holz, die eine rein dekorative Funktion hatten.

Die Steinskulpturen von Tikal zeichnen sich nicht besonders aus. Die besten der vielen Kalksteinstelen, die auf der Großen Plaza vor der Akropolis aufgereiht sind, stammen aus der Früh-Klassischen Periode. Dennoch gab es große Künstler in den Diensten der Herrscher von Tikal: Die hölzernen Türstürze
Tafel 40 über den Eingängen der Tempelpyramiden, die sich glücklicherweise bis heute erhalten haben, sind mit herrlichen Reliefs von Maya-Herrschern in verschiedenen Posen bedeckt, die von längeren Texten begleitet sind. Prächtige Beigaben aus dem reich ausgestatteten Grab unter Tempel 1, das Aubrey Trik von der

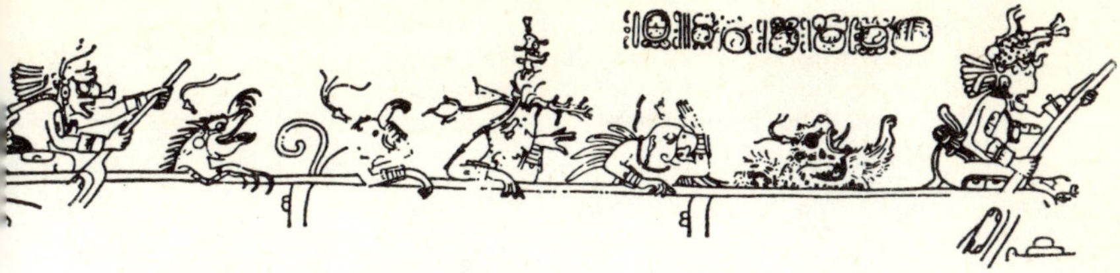

Universität von Pennsylvania 1962 freilegte, zeigen die Kunstfertigkeit, mit der auch anderes Material bearbeitet wurde. Hier war ein sehr bedeutender Mann mit seinen Schmuckstücken aus Jade, Muschelschalen und zahlreichen Gefäßen voller Nahrungsmittel beigesetzt. Ein besonders ungewöhnlicher Fund jedoch war eine große Sammlung von Röhren und Streifen aus Knochen, die mit kunstvollen Darstellungen von Abb. 23, 24
Göttern und Menschen in feinster Ritztechnik bedeckt sind. Die Feinheit von Zeichnung und Kalligraphie vermittelt uns einen Eindruck davon, wie ein Codex der Klassischen Maya-Zeit ausgesehen haben mag; leider ist uns keines dieser »Bücher«, die auf Bast geschrieben waren, erhalten geblieben.

Zehn Wasserreservoirs gibt es in Tikal, aus denen sich die Maya mit Trinkwasser versorgten. Eines davon wurde in Ermangelung anderer Wasserquellen von den modernen Archäologen wieder in Betrieb genommen. Oft sind sie von künstlichen Wällen aus Erde umgeben, und sie enthalten auch während der Trockenzeit genügend Wasser. Manche dienten ohne Zweifel als Steinbrüche, die rund um den Fundplatz selbst auch sonst sehr häufig vorkommen. Halbbearbeitete Kalksteinblöcke tragen noch die Spuren der groben Werkzeuge, mit denen sie vor über 1000 Jahren bearbeitet wurden.

Die vielen Dutzend Maya-Zentren, die über den ganzen Petén verstreut sind, wie Uaxactún, Nakum und Naranjo, zeugen für die große Bedeutung dieses Gebiets, ehe es verlassen wurde. Ebenso zahlreich sind Maya-Fundplätze an den Ufern des

Abb. 24 Knochenspatel mit eingeritzter Verzierung aus dem Grab unter Tempel I, Tikal. Spät-Klassische Periode. Eine Hand mit einem Pinsel ragt aus dem Rachen einer phantastischen Schlange.

Usumacinta und dessen Nebenflüssen im Südwesten des Zentralgebiets. Yaxchilán ist eines dieser größeren Zentren. Es erhebt sich auf einer Flußterrasse des Usumacinta und erstreckt sich zum Teil noch über die darüberliegenden Hügel. Die Tempelpyramiden sind nicht sehr hoch, doch die oberen Teile der Fassaden und die Dachkämme waren mit Stuck- und Steinfiguren wunderbar ornamentiert. Yaxchilán ist berühmt wegen
Abb. 51 seiner vielen steinernen Türstürze, deren Reliefs Eroberungs-
Tafel 39 szenen und Zeremonien darstellen. Beigefügt finden wir Daten und Texte, die einige der Schlüssel zur wirklichen Bedeutung der Klassischen Maya-Inschriften geliefert haben. Auf sie soll in Kapitel VIII näher eingegangen werden. Weiter stromabwärts
Tafel 44 liegt Piedras Negras, das ähnliche Hinweise geboten hat. Dieser Fundplatz ist größer als Yaxchilán, und vor den Tempeln stehen in großer Zahl besonders schöne Stelen; daneben gibt es acht Schwitzbäder mit steinernen Öfen, mit Topfscherben aus-

gelegt, mit gemauerten Bänken für die Badenden und mit Abflüssen, die das im Bad benutzte Wasser ableiten.

Nur wenige Entdeckungen im Maya-Gebiet können eine solche Bedeutung beanspruchen wie die von Bonampak. Dieses eigentlich recht unwichtige Spätklassische Zentrum, stets unter dem politischen und kulturellen Einfluß Yaxchiláns, liegt nicht weit vom Río Lacanhá, einem Nebenfluß des Usumacinta, entfernt. Zufällig entdeckten zwei amerikanische Abenteurer im Jahre 1946 die Ruinenstätte, zu der sie von Lacandonen, unter denen sie gelebt hatten, geführt wurden. Drei Monate später wurde der Photograph Giles Healey ebenfalls von Lacandonen an den gleichen Ort gebracht, und als erster Nicht-Maya sah er die großartigen Malereien, die die Wände dreier Räume in einem der Gebäude bedeckten.

Tafel 41

Die Wandgemälde von Bonampak, die auf Grund von »Long Count«-Daten und aus stilistischen Gründen in die Zeit kurz nach 800 n. Chr. datiert werden können, stellen offenbar eine zusammenhängende Geschichte dar: eine Schlacht, ihre Folgen und die daran anschließenden Siegesfeiern. Vor einem Hintergrund stilisierten Urwaldlaubs tragen prächtig ausgestattete Maya-Krieger ein Gefecht aus, während Musikanten lange Kriegstrompeten aus Holz oder Baumrinde blasen.

Tafeln 42, 43

Dann wechselt die Szene auf eine Stufenplattform in Bonampak über; die bedauernswerten Gefangenen sind ihrer Kleidung beraubt, und die Nägel werden ihnen von den Fingern gerissen. Ein bedeutender Gefangener liegt auf die Stufen hingestreckt, vielleicht bis zur Erschöpfung gemartert, und auf einem Blätterhaufen liegt ein abgetrennter Kopf. Eine nackte Figur sitzt oben auf der letzten Plattform und bittet offenbar einen großen Herrn in einer Kriegstracht aus Jaguarfell um ihr Leben. Um diesen Herrn, augenscheinlich die Hauptfigur, ist das prächtig gekleidete Gefolge versammelt. Unter den vor-

Tafel 43

nehmen Zuschauern sieht man eine Dame in Weiß, die einen zusammenklappbaren Fächer in der Hand hält. In einer der Schlußzeremonien tritt eine Gruppe von Maskierten auf, phantastisch als Wassergottheiten verkleidet, und dazu spielt Musik: Rasseln, Trommeln, mit Hirschgeweihen geschlagene Schildkrötenpanzer und lange Trompeten sind die Instrumente. Den Höhepunkt bildet wahrscheinlich der Tanz, den große Herren mit hohem Kopfschmuck aus Quetzalfedern zur Trompetenmusik ausführen. Bei den Vorbereitungen dazu entziehen sich weißgekleidete, auf einem Thron sitzende Maya-Damen Blut aus der Zunge; eine seltsame, dickbäuchige, zwergenartige Gestalt wird auf einer Trage hereingebracht. Keine Beschreibung könnte in Worten den Farben und der geschickten Hand, die diese Malereien ausgeführt hat, gerecht werden.

Tafel 42

Bonampak hat ein völlig neues Licht auf die kriegerischen Interessen der Maya-Anführer, auf die gesellschaftliche Organisation und Schichtung in einem Maya-Zentrum und auf den Glanz der Spät-Klassischen Maya-Kultur überhaupt geworfen, wie es die erhaltenen Gegenstände aus dieser Zeit allein nie hätten bieten können.

Der verstorbene Maya-Forscher Sylvanus G. Morley hielt Palenque für das schönste aller Maya-Zentren, obwohl es, verglichen etwa mit Tikal, nicht sehr groß ist. Die landschaftliche Lage ist unvergleichlich reizvoll: Palenque liegt am Fuß einer Kette niedriger, mit hohem Regenwald bedeckter Hügel über der grünen Schwemmebene des Usumacinta. Papageien verschiedenster Art mit leuchtendem Gefieder fliegen in Baumkronenhöhe über den Ruinen. An regnerischen Tagen hört man in der Nähe das seltsame Geschrei der Brüllaffen. Ein kleiner Bach durchzieht das Gelände und wird unter dem Hauptkomplex, dem »Palast«, durch einen mit »falschem Gewölbe« überdeckten Kanal hindurchgeführt. Dieser Palast mißt fast 100 mal

Tafel 49

80 Meter und besteht aus einem wahren Labyrinth von überwölbten Galerien und Räumen, die um Innenhöfe herum angeordnet sind. Den Komplex beherrscht ein einzigartiger viergeschossiger Turm, in dem eine Treppe nach oben führt. Ein Venus-(Morgenstern-)Schriftzeichen auf einem der Absätze läßt vermuten, daß der Turm als Observatorium benutzt wurde. Aber er bietet auch weite Aussicht über das umliegende Gelände und könnte daher als Wachtturm benutzt worden sein. Entlang den Seiten zweier Innenhöfe sind groteske Reliefs, fast Karikaturen von Gefangenen, angebracht, die in der üblichen Weise ihre Unterwerfung bezeugen, indem sie eine Hand zur gegenüberliegenden Schulter führen. Vielleicht brachte man die im Krieg gefangenen Feinde Palenques in diese Höfe. Die Künstler von Palenque zeichneten sich durch ihre Stuckarbeiten Tafel 45 aus: Die Pfeiler der Galerien im Palast waren an der Außenseite mit großartigen Reliefs von Maya-Herrschern in dieser Technik geschmückt. Die Herrscher tragen die Abzeichen ihrer Würde, und niedriger gestellte Personen sitzen mit gekreuzten Beinen an ihrer Seite.

Drei der Tempelpyramiden Palenques wurden in der Mitte des 7. Jahrhunderts n. Chr. nach mehr oder weniger gleichem Plan gebaut. Sie müssen auch etwa demselben Zweck gedient haben. Es handelt sich um den »Sonnentempel«, den »Kreuztempel« und den »Tempel des Blätterkreuzes«, die im Ostteil des Fundplatzes die drei Seiten einer Plaza begrenzen. Jeder Tempel ruht auf einer Stufenplattform mit frontal angesetzter Abb. 25 Treppe, alle haben sie ein abgeschrägtes Dach mit Kamm und je einen äußeren und einen inneren überwölbten Raum. An der Rückwand des inneren Raumes befindet sich ein »Sanktuarium«, eine Miniaturwiedergabe des Großen Tempels. An der Rückseite dieser »Sanktuarien« finden sich großartig gearbeitete Flachrelieftafeln mit langem Hieroglyphentext und dem

Abb. 25 Querschnitt durch den »Kreuztempel« in Palenque. Er zeigt die Konstruktion des Dachkammes, der »falschen Gewölbe« und der inneren Räume.

gleichen Motiv: Zwei Männer, in verschiedenem Maßstab dargestellt, stehen einander gegenüber; zwischen sich haben sie
Tafel 46 einen Zeremonialgegenstand. Im »Sonnentempel«, dem wohl ausgewogensten aller Maya-Bauten, ist dieser Gegenstand in der Mitte die »Maske der Jaguarsonne«, der Sonne in ihrem nächtlichen Aspekt vor zwei gekreuzten Speeren. Die beiden anderen Tempel haben statt dessen einen Weltenbaum mit ausladenden Ästen, der dem christlichen Kreuz in erstaunlicher

Weise ähnelt, und darüber einen Quetzalvogel. Die äußeren Pfeiler der Sanktuarien tragen ebenfalls Steinreliefs stehender Figuren. Die rechte Figur im »Kreuztempel« ist besonders ungewöhnlich: Sie stellt einen zigarrerauchenden alten Mann dar.

Seit etwa 60 Jahren gräbt man in Palenque aus. Dabei ist man immer wieder auf ziemlich reich ausgestattete Gräber gestoßen, die in die Tempelplattformen und den Boden des »Palastes« selbst eingelassen waren. Aber all diese Funde verblassen vor der Entdeckung, die dem mexikanischen Archäologen Alberto Ruz im Juni 1952 gelang: Der »Tempel der Inschriften« ruht auf einer etwa 20 Meter hohen Stufenpyramide, die man über eine großartige Frontaltreppe ersteigt. An den Wänden von Vorraum und Zentralkammer finden sich drei Platten mit insgesamt 620 Hieroglyphen. Darunter sind viele Daten, deren spätestes dem Jahre 692 n. Chr. entspricht. Der Boden des Tempels selbst ist mit großen Steinplatten bedeckt. Ruz war besonders an einer interessiert, die eine doppelte Reihe von Löchern mit steinernen Pfropfen zeigte. Als er sie entfernte, wurde klar, daß er auf eine überwölbte Treppe gestoßen war, die ins Innere der Pyramide führte, aber absichtlich mit Geröll zugeschüttet worden war. In vier Grabungskampagnen legte er die Treppe völlig frei, die auf halbem Wege die Richtung wechselte und schließlich etwa auf gleicher Höhe wie die Basis der Pyramide eine Kammer erreichte. Auch diese war aufgefüllt, doch auf ihrem Boden fand man die Skelette von fünf oder sechs Jugendlichen, die wahrscheinlich alle als Opfer getötet worden waren. An ihrem äußersten Ende war die Kammer durch eine riesige dreieckige Platte verschlossen, die das Gewölbe vollkommen ausfüllte.

Nach Entfernung dieser Platte blickte Ruz zum ersten Mal in die große Grabkammer – eine Entdeckung, die nur mit der von Bonampak vergleichbar ist. Tafel 50

Die Kammer ist etwa 10 Meter lang und 7 Meter hoch. Ihr Boden liegt direkt unter der Frontaltreppe, aber unterhalb des Plaza-Niveaus, etwa 27 Meter unter dem Boden des Tempels. An den Wänden finden sich Stuckreliefs mit Figuren von schreitenden Männern in sehr archaischer Tracht. Vielleicht stellen sie die neun Herren der Nacht, die die Maya-Theologie kennt, vielleicht auch weit entfernte Ahnen des Verstorbenen dar. Eine große rechteckige Steinplatte, über vier Meter lang und mit Reliefs bedeckt, ruhte auf einem Monolithsarkophag, in dem ein Mann mittleren Alters von ungewöhnlicher Körper-
Tafel 47 größe beigesetzt war. Ein Schatz von Jadestücken umgab den Leichnam: Eine lebensgroße Mosaikmaske lag über dem Gesicht,

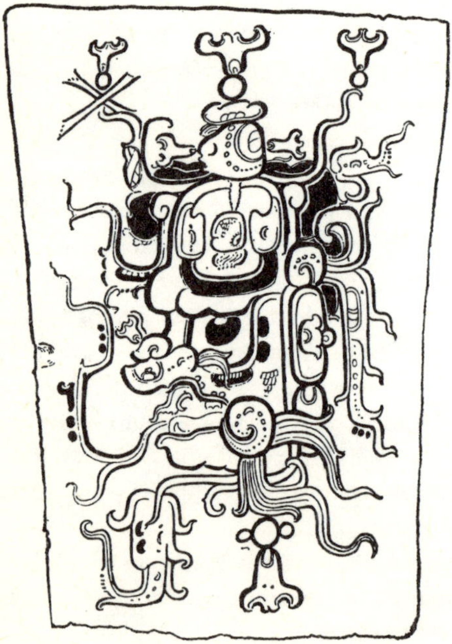

Abb. 26 Steinplatte mit Gravierung, die den Kopf des Chac darstellt. Spät-Klassische Periode, Palenque.

Scheiben aus Jade und Perlmutt dienten als Ohrschmuck, mehrere Schnüre von Röhrenperlen aus Jade schmückten die Brust, und an den Fingern steckten Jaderinge. In jeder Hand hielt der Tote ein Stück Jade, und ein weiteres lag in seinem Mund (diese Sitte ist für die späten yucatekischen Maya bezeugt, außerdem für die Azteken und die Chinesen). Zwei Jadefiguren, von denen die eine den Sonnengott darstellte, lagen neben ihm. Schließlich hatte man noch Tongefäße und zwei fein modellierte Stuckköpfe auf den Boden der Grabkammer gestellt.

Es ist offensichtlich, daß dieser bedeutende Mann, wohl ein Herrscher von Palenque aus dem späten siebten oder dem frühen achten Jahrhundert, die Begräbniskrypta für sich selbst hat bauen lassen; auch ist gut möglich, daß er die ganze Tempelpyramide darüber schon zu seinen Lebzeiten errichten ließ. So könnte der »Tempel der Inschriften« ein Grabmonument mit genau demselben Zweck wie die ägyptischen gewesen sein. Vielleicht lassen sich sogar die meisten Maya-Tempel als Grabmonumente betrachten, die dem Kult verstorbener Könige geweiht waren.

Klassische Fundstätten im nördlichen Gebiet: Río Bec, Chenes und Cobá

Die menschenleeren Wälder von Süd-Campeche und Quintana Roo bilden den wildesten Teil des Maya-Gebietes. Hier finden sich zerstreut die Ruinen vieler Zentren, in denen bis heute nicht gegraben worden ist. Unsere Kenntnis dieser Stätten verdanken wir, wie Tatiana Proskouriakoff einmal bemerkte, »der Sitte unserer seßhaften Großstädter, Kaugummi zu kauen«, denn auf der Suche nach Sapodilla-Bäumen, aus deren Saft man Kaugummi gewinnt, wurden die Ruinenstätten von Chicle-

Sammlern aufgefunden. Manche zeigen einen eigenartigen Architekturstil, der nach der großen Fundstelle »Río Bec« benannt ist. Hier erstrebte man offenbar eher ein prunkvolles Aussehen als funktionsgerechtes Bauen; für diesen Sonderstil der Spät-Klassischen Periode ist es charakteristisch, ganz gewöhnliche kleine »Paläste« mit hohen Türmen zu schmücken, die die Front einer Tempelpyramide nachahmen. Die Türme sind jedoch massiv, die Stufen so eng und steil, daß kein Aufstieg möglich ist; die Tür an der Spitze führt nirgendwo hin. Es ist, als ob die Architekten von Río Bec die großen Tempel von Tikal nachahmen wollten, ohne sich übermäßige Mühe zu machen. An den Río-Bec-Fundplätzen, wie zum Beispiel Xpuhil und Hormiguero, sieht man schon auf Fassaden und Dachkämmen die komplizierte Dekoration, die um Masken der Himmelsschlange kreist und die die Maya-Architekten um so mehr beschäftigt hat, je weiter man auf der Halbinsel Yucatán nach Norden schreitet. Für heutige »Funktionalisten« ist dieser Stil Río Becs wohl abstoßend, aber niemand kann vor diesen geheimnisvollen Bauten, die langsam im Dschungel verfallen, etwas anderes als respektvolle Scheu empfinden.

Tafeln 51, 52

Zwischen dem Gebiet von Río Bec und der Puuc-Hügelkette Yucatáns liegt der Chenes, ein dicht bevölkerter Teil des nördlichen Campeche. Ähnlich wie die Architekten von Río Bec, mit denen sie in enger Verbindung gestanden haben müssen, dekorierten die Baumeister von Chenes ihre Fassaden üppig mit Voluten und Masken der Himmelsschlange, doch fehlen die »falschen Türme«. Wie auf den Puuc-Fundstellen des Nordens besteht der Gebäudeschmuck aus Hunderten kleiner Skulpturelemente, die in die Wände eingesetzt sind. Man betritt den vorderen Raum durch einen phantastischen geöffneten Rachen der Himmelsschlange. An den Ecken finden sich solche Masken stufenweise übereinander.

Während das Río-Bec-Gebiet und der Chenes räumlich und stilistisch eine Mittelstellung zwischen dem Petén- und dem Puuc-Stil des letzten Teils der Spät-Klassischen Periode innehaben, gibt es in der wilden östlichen Hälfte der Halbinsel Zentren, die im Stil und vielleicht auch in der Bevölkerung offenbar direkt mit dem zentralen Petén zusammenhängen. Unter diesen ist Cobá zu nennen, dessen Name so viel wie »gekräuseltes Wasser« bedeutet und damit sehr passend ist, denn der Ort liegt inmitten einer Gruppe kleiner, mit Schilf bestandener Seen im nördlichen Quintana Roo. Die Gegend wird nur von Jägern besucht, die gelegentlich vor den Stelen, die zwischen den Ruinen verstreut stehen, Copal (Weihrauch) verbrennen. Cobá besteht aus einer Gruppe von Fundstellen, die mit dem zentralen Komplex durch lange, schnurgerade aufgemauerte Dammwege verbunden sind, die man gewöhnlich mit dem Maya-Wort »sacbe« (weißer Weg) bezeichnet. Es gibt dort mehr als 16 dieser »sacbes«, aber zu welchem Zweck sie dienten, können wir nicht einmal erraten; manchmal führt eine »sacbe« von mehreren Kilometern Länge nur zu einer Ruine von recht kümmerlichen Ausmaßen. »Sacbe« Nr. 1 ist der rätselhafteste von allen. Er führt von Cobá nicht weniger als 100 Kilometer weit geradewegs nach Westen und erreicht schließlich die Ruinenstätte Yaxuná, etwa 20 Kilometer südwestlich von Chichen Itzá. Manchmal wird behauptet, die »sacbes« seien Handelsstraßen gewesen; eine rein zeremonielle Funktion ist aber wesentlich wahrscheinlicher.

Die Bauten Cobás sind nur schlecht erhalten, aber wahrscheinlich waren Tempelpyramiden und »Paläste« vorhanden, die denen im Petén ähnlich sind. In Nachklassischer Zeit war der Ort weiterhin bewohnt, denn wir können einige Bauten feststellen, die denen von Tulum gleichen. Tulum aber war eine sehr späte Stadt an der Ostküste der Halbinsel. In späten

Maya-Legenden finden sich ebenfalls Hinweise auf Cobá, die das Zentrum mit dem Sonnengott in Verbindung bringen.

Klassische Fundstätten im nördlichen Gebiet: Der Puuc

»Wenn Yucatán sich Namen und Ruf machen könnte«, so schrieb Bischof Landa im Jahre 1566, »auf Grund der Anzahl, der Größe und Schönheit seiner Bauten, wie ihn andere Teile der Indien durch Gold, Silber und Reichtümer gewonnen haben, dann würde sich sein Ruhm verbreiten wie der von Perú und Neu-Spanien.« Landa übertrieb nicht, denn Ruinen gibt es dort zu Hunderten. Morley sah dies als einen Beweis für seine Theorie eines »Neuen Reiches« an, das von Flüchtlingen des aufgegebenen Zentralgebiets gegründet worden sei, dessen Kultur er als das »Alte Reich« bezeichnete. Er behauptete, in den späten Maya-Chroniken Hinweise auf eine Wanderung aus dem Süden, die auf zwei Wegen erfolgte, gefunden zu haben. Eric Thompson und George Brainerd kamen jedoch durch Keramikfunde und besseres Verständnis der ethno-historischen Quellen zu dem Schluß, daß viele der Yucatán-Fundstellen mit denen im Petén gleichzeitig sind und nicht, wie angenommen, einer späteren Zeit angehören.

Eine Gruppe von niedrigen Hügeln, die Puuc-Kette, liegt, wie oben beschrieben, im südwestlichen Yucatán. Dort nahm der vorherrschende Klassische Architektur-Stil der Halbinsel Form an, wahrscheinlich gegen Ende der Spät-Klassischen Periode. Das Problem der Datierung ist hier von besonderer Bedeutung, denn manche dieser Zentren werden in den Chroniken späterer Geschlechter von Emporkömmlingen erwähnt, die behaupten, sie gegründet zu haben. Doch es gibt gekürzte »Long

Count«-Daten auf Schlußsteinen aus dem späten »Baktun 9« und frühen »Baktun 10«. Das allerspäteste Datum ist 10. 3. 17. 12. 1, also 905 n. Chr., aber Thompson glaubt aufgrund sehr guter Beweise, daß sich der Puuc-Stil bis etwa 10. 8. 0. 0. 0, also 987 n. Chr., gehalten hat, als toltekische Eroberer die Nachklassische Periode einleiteten.

Charakteristisch für Gebäude im Puuc-Stil sind Verkleidungen aus sehr dünnem Kalkstein über einem Kern aus Mörtel und Geröll, winkelförmige Gewölbesteine, Schmuckfriese; runde Säulen in den Eingängen; Halbsäulen in langen Reihen und schließlich die reichliche Benutzung von Steinmosaik an den oberen Fassaden, in denen wieder Himmelsschlangengesichter mit langen, hakenförmigen Nasen vorherrschen, aber auch Stufen- und Gittermuster, die aus gekreuzten Elementen gebildet sind. An Vollkommenheit architektonischer Technik ist der Puuc-Stil dem etwas nachlässigen Stil des Petén weit voraus.

Uxmál ist die bei weitem größte Fundstätte im Puuc-Stil und eine der größten Leistungen der Maya überhaupt. Nach der Überlieferung war es der Sitz der Xiu-Familie, die jedoch nur ein spätes Geschlecht mexikanischen Ursprungs ist und den Ort unmöglich erbaut haben kann. Uxmál wird von zwei mächtigen Tempelpyramiden beherrscht, dem »Tempel des Zwerges« und dem »Tempel des Zauberers« (die Namen stammen von spanischen Mönchen). Den oberen Tempel der Pyramide des Zauberers betritt man durch einen Eingang in Form einer monströsen Maske, ähnlich wie es in Chenes-Bauten üblich ist. Neben diesem Tempel liegt das mit viel Phantasie so benannte »Nonnen- Abb. 27
kloster«, in Wirklichkeit eine Gruppe von »Palästen«, die aus vier getrennten rechteckigen Gebäuden besteht, die um einen Innenhof herum angeordnet sind. Man konnte diesen Gebäudekomplex von den Ecken aus betreten, der Haupteingang mit einem Torbogen aus »falschem Gewölbe« jedoch lag auf der

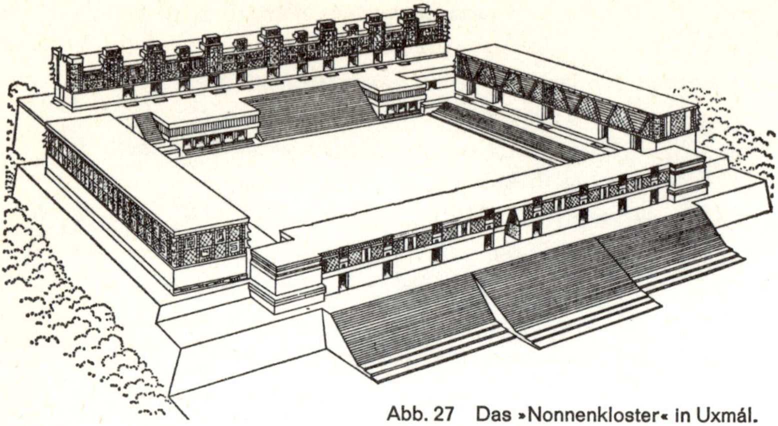

Abb. 27 Das »Nonnenkloster« in Uxmál.

Südseite. Die Mosaikelemente, die die gemauerten Fassaden des »Nonnenklosters« bedecken, erwecken unser besonderes Interesse: wir finden Miniaturabbildungen der strohgedeckten Hütten, in denen die große Mehrheit der Bevölkerung jener Zeit lebte. In einigen dieser Mosaiken finden wir Anzeichen eines mexikanischen Einflußes, der vor allem vom Fundplatz El Tajín in Zentral-Veracruz ausgegangen sein muß. Eines der Mosaikelemente im »Tempel des Zauberers« zeigt ein Tlaloc-Gesicht, umgeben von mexikanischen Jahreszeichen.

Zu Füßen des »Tempels des Zwerges«, auf einer eigenen künstlichen Terrasse, liegt der »Gouverneurspalast«, das schönste Gebäude in Uxmál, das den Höhepunkt des Puuc-Stiles darstellt. Der Fries oder die obere Fassade der drei Teile dieses Gebäudes ist mit einem unglaublich komplizierten Muster aus Tausenden und aber Tausenden von Steinelementen bedeckt, die in den Schuttkern eingesetzt sind und eine wahre Symphonie aus Stufen-, Mäander- und Gittermustern und Himmelsschlangenmasken bilden.

Andere bedeutende zeremonielle Zentren des Puuc liegen in den Hügeln südöstlich von Uxmál, so etwa Kabah mit einem ziemlich unschönen »Palast«, dessen Fassade völlig mit Himmelsschlangenmasken mit hakenförmigen Nasen bedeckt ist, oder Sayil, mit einem besonders schönen mehrstöckigen »Palast« Tafel 54 mit Zentraltreppe. Hier findet sich auch eine Anzahl phallischer Skulpturen, die eigentlich nicht recht ins Bild der Maya-Kultur passen wollen. Labná schließlich ist berühmt wegen seines freistehenden Tafel 53 herrlichen Bogens, einer Tempelpyramide und eines »Palastes«, die durch einen kurzen Dammweg miteinander verbunden sind. Die Puuc-Architektur ist im engeren Sinn auf die gleichnamige Hügelkette beschränkt, aber aus der Beschreibung, die uns Bischof Landa hinterlassen hat, geht hervor, daß die Kolonialstadt Mérida auf den Ruinen eines Maya-Zentrums namens Tihoo errichtet wurde, dessen Hauptgebäude ein »Palast« war, der offenbar dem »Nonnenkloster« von Uxmál genau glich.

Daß sich der Puuc-Stil nicht nur nach Norden, sondern genauso auch nach Osten ausbreitete, läßt sich deutlich am Beispiel von Chichen Itzá, der großen Fundstätte im östlichen Yucatán, nachweisen. Hier ist eine Reihe früher Gebäude dieses sonst toltekischen Zentrums denen im Westen sehr ähnlich; meist fehlt jedoch die Verkleidung mit Mauerwerk, wie sie im eigentlichen Puuc üblich war. Zu diesen Gebäuden gehören das dreistöckige »Nonnenkloster«, das »Akab Dzib« (»dunkle Schrift«, Tafel 56 so genannt nach den mit Schriftzeichen versehenen Reliefs in einem der inneren Durchgänge) und der »Tempel der drei Türstürze«. Vielleicht mögen noch mehr vorhanden sein, aber die Identifizierung wird durch den Synkretismus zwischen Maya- und Tolteken-Architektur während der folgenden toltekischen Besetzung erschwert.

Die Kunst der Späten Klassik

Die Kunst der Spätklassik entwickelt sich ohne Bruch aus der vorausgegangenen Epoche. Sieht man von den offenkundig späten Skulpturen des Puuc ab, ist von äußeren Einflüssen wenig zu bemerken. Die Maya-Künstler waren jetzt frei, ihren eigenen Weg zu gehen, und entwickelten einen verfeinerten Stil, der fast so verinnerlicht wie der Asiens und beinahe so realistisch wie der Europas und der Mittelmeerländer war. Doch die Maya waren an dreidimensionaler Darstellung wenig interessiert, obwohl sie, wenn sie es wünschten, einer Szene durch Verkürzung Tiefe zu verleihen wußten. Ihre Kunst ist im wesentlichen eine flache, erzählende Kunst, malerisch und barock, voll Interesse an Ornament und Groteske, wobei aber, wie Tatiana Proskouriakoff es ausdrückt, die »Ordnung in der Vielfalt« erhalten bleibt. Schließlich waren die Spätklassischen Maya, zusammen mit den Mochica-Künstlern von Perú, die einzigen amerikanischen Indianer, die sich bemühten, die Einzigartigkeit individueller Gesichtszüge durch Porträts wiederzugeben.

Die meisten Maya-Skulpturen auf Stelen, Türstürzen oder Platten sind Flachreliefs. In dieser Kunst hatten es die Maya im 8. Jahrhundert n. Chr. schon zu hoher Meisterschaft und völliger Beherrschung der technischen Mittel gebracht. In der Stellung der Figuren wird anstatt der steifen Feierlichkeit früherer Perioden eine Art dynamischer Unausgeglichenheit der verschiedenen Teile der Komposition angestrebt, die das Auge immer weiter führt, ohne ihm Ruhe zu gönnen. Ein Türsturz aus Tafel 55 Kuná, einem Fundplatz nur wenige Kilometer von Bonampak entfernt, zeigt ein großartiges Beispiel dieser künstlerischen Anordnungsweise: ein spitzbärtiger Maya sitzt auf einem Bein und lehnt sich nach vorn, in den Händen einen Zeremonialbalken haltend. Sicherlich die höchste Vollkommenheit in der Reliefkunst wird wohl in den Spätklassischen Tafeln von Palenque erreicht, vor allem in der »Sklaventafel«, die einen großen Herrn zeigt, der auf dem Rücken zweier barbarisch aussehender Gefangener sitzt. Natürlich gab es in einem so ausgedehnten Gebiet Sonderausprägungen; man kann regelrechte Bildhauerschulen unterscheiden. Wie erwähnt, zeigt Copán eine erstaunliche Entwicklung der dreidimensionalen Skulptur, während Palenque am anderen Ende des Zentralgebiets sich vor allem durch Reliefs auszeichnete, die durch den vollendeten Gebrauch gemeißelter und eingravierter Linien gebildet wurden. Abb. 26 Tafel 48

Keramische Produkte reichen von in Formen hergestellten rohen Figurinen und Küchengeschirr für den Alltagsgebrauch bis zu wirklichen Kunstwerken. Zu diesen kann man wohl auch die phantastisch geformten Räuchergefäße aus Palenque und von einigen anderen Fundplätzen in Tabasco rechnen, die aus langen senkrechten Röhren bestehen und mit Gestalten oder Köpfen von Göttern und Menschen besetzt sind. Manchmal sind diese Darstellungen wie bei den Totempfählen aus Alaska übereinander angeordnet. An der Seite zeigen sie vertikale Flügel. Nach dem Brennen wurde das Ganze in Blau, Ocker, Weiß und Rot bemalt. Tafel 57

Eine der rätselhaftesten Fundstellen des ganzen Maya-Gebiets ist Jaina, eine kleine Kalksteininsel nahe der Küste von Campeche, vom Festland durch eine Lagune getrennt. Aus unbekannten Gründen wurde die Insel in alter Zeit als Friedhof benutzt, der riesige Ausmaße annahm. Jaina liegt nahe genug an den Fundstätten des Puuc, daß es die Fürsten dieser Gegend sein könnten, die auf Jaina begraben sind. Die bescheidenen Tempel auf der Insel selbst passen jedenfalls nicht mit der großen Zahl von Gräbern und ihrer prachtvollen Ausstattung zusammen. Aus diesen Gräbern haben Archäologen und Raubgräber die feinen, sorgfältig gearbeiteten Figurinen geborgen, Tafeln 58–60

die Jaina berühmt gemacht haben. Alle sind hohl und tragen Pfeifen auf dem Rücken; die Gesichter sind gewöhnlich in Modellen hergestellt, aber durch die Hand des Künstlers verfeinert. Das Schwergewicht liegt auf der Darstellung wirklicher Menschen, vielleicht der beigesetzten Personen selbst: hochmütig blickender Adliger und bewaffneter Krieger, manche mit tatauierten narbenverzierten Gesichtern, schöner junger Frauen und dicker Matronen. Zwei häufige Motive erinnern an Freud: eine reife Frau, die einen erwachsenen Mann beschirmt, als sei er
Tafel 58 ihr eigenes Kind, und ein häßlicher alter Mann, der sich um eine junge Frau bemüht. Die einzige Gottheit, die sich häufiger findet, ist der »Fette Gott«, der bei den Maya von Campeche sehr beliebt gewesen zu sein scheint.

Die Maya-Töpfer erreichten Farbeffekte von großer Leuchtkraft, indem sie ihre Waren bei niedrigen Temperaturen brannten und die Haltbarkeit damit der künstlerischen Wirkung opferten. Spätklassische polychrome Keramik, meist tiefe Schalen, zylindrische Gefäße oder Schalen mit Füßen sind zuweilen mit demselben erzählerischen Geschick bemalt, das auch die
Tafel 64 Wandmalereien zeigen. Ein solches Gefäß ist ein etwa 15 cm hohes Stück aus einem sonst unbedeutenden Grab in Altar de Sacrificios im Zentralgebiet, das mit Recht als ein Meisterwerk der Töpferkunst beschrieben wurde. Auf der Außenwand finden sich neben einem »Calendar Round«-Datum, das dem Jahre 754 n. Chr. entspricht, Schriftzeichen und sechs seltsame Gestalten, alle tot oder mit Zeichen von Tod und Dunkelheit angetan. Die Figur eines alten Mannes mit geschlossenen Augen, der mit einer finsteren fetten Schlange tanzt, ist so gelungen, daß sie nur der Hand eines genialen Meisters in der Töpfereibemalung entstammen kann. Gefäße konnten auch in lederhartem Zustand kurz vor dem Brennen plastisch bearbeitet
Tafel 62 werden; einige ausgezeichnete Beispiele aus Yucatán zeigen den

Sonnengott inmitten kreisender Voluten. Yucatán kannte außerdem eine eigene Art graubrauner Ware, »Schieferware« genannt, die zuweilen ohne Verzierung, oft aber mit geometrischen Ornamenten, Schriftzeichen oder den Gestalten sitzender Herrscher geschmückt ist. Tafel 61

An Jade, dem kostbarsten Material, das den Maya bekannt war, zeigten sie schließlich ihre ganze Kunstfertigkeit. An Spätklassischen Stücken im Usumacinta-Stil, die in der Nachklassischen Periode in den heiligen Cenote von Chichen Itzá geworfen wurden, sieht man, daß diese Gegenstände über größere Entfernungen hinweg verhandelt wurden. Einige Jadestücke der Tiefland-Maya gelangten sogar bis Oaxaca und ins Tal von Mexiko. Meist handelt es sich um sehr dünne Plättchen mit einem Flachrelief auf einer Seite, das wahrscheinlich mit röhrenförmigen, jadestaubgefüllten Bohrern aus Schilfrohr und Meißeln aus Jade hergestellt wurde. Ein ausgezeichnetes Stück aus Nebaj in der Südregion muß das Werk eines Künstlers aus dem Zentralgebiet sein. Es zeigt ein häufig wiederkehrendes Motiv: Ein reich gekleideter Adliger sitzt auf einem Thron und neigt sich nach vorn, um mit einem Zwerg, vielleicht einem Hofnarren, zu plaudern. Tafel 66

Auch marmorähnliches Gestein wurde in den Werkstätten der Tiefland-Maya verarbeitet, aber offenbar war es selten, und Gegenstände aus diesem Material kommen nicht häufig vor. Ein kanelliertes Gefäß aus durchscheinendem Onyx mit Einritzungen im Spätklassischen Stil ist ein schönes Beispiel dafür. Es ist zweifelhaft, ob man die bekannten »Marmor«gefäße aus der Ulúa-Gegend von West-Honduras als Maya-Arbeit bezeichnen kann, aber Fragmente haben sich in Schichten gefunden, die der letzten Phase der Spätklassischen Periode in Britisch-Honduras und dem Petén angehören. Daß die Maya ihren künstlerischen Stil jedem Medium aufprägen konnten, beweisen die »exzen- Tafel 63

Tafel 67 trischen« Feuersteinstücke, die so retouchiert sind, daß sie Tafel 65 menschliche Gesichter im Profil zeigen, und kleine Obsidianklingen, in die man Bilder der Gottheiten des Maya-Pantheons eingeritzt hat. Beide legte man in Fundstellen des Zentralgebiets besonders gern in Depots unter Stelen oder Tempelböden nieder. Entlang der Küste von Campeche, vor allem auf der Insel Jaina, Tafel 68 erreichte die Muschelschnitzerei hohes Niveau: typisch für die Maya war es, eine Wasserlilie darzustellen, indem man kleine Stücke apfelgrüner Jade in die Muschelschale einlegte.

Das Ende der Klassischen Maya-Kultur

Über den Niedergang der Klassischen Maya-Kultur wissen wir eigentlich nur, daß er stattgefunden hat, alles weitere ist reine Vermutung. Das traurige Ende läßt sich deutlich daran ablesen, daß ein Zentrum nach dem anderen nach Beginn des Baktun 10 (der 1. Hälfte des 9. Jahrhunderts n. Chr.) keine Gedenkstelen mehr aufstellte. Nur an drei Fundstellen wurde noch in Inschriften des Katun-Endes 10.3.0.0.0 (889 n. Chr.) gedacht. Das allerletzte schriftlich niedergelegte Datum im »Long Count« ist das Ende des Katuns 10.4.0.0.0, das in ein Jadestück aus dem südlichen Quintana Roo eingeritzt ist. So war zu Beginn des 10. Jahrhunderts die Klassische Maya-Kultur im Zentralgebiet erloschen. Es ist ziemlich sicher, daß die meisten großen Zentren damals verlassen lagen, dem Vordringen der Wälder preisgegeben. Im Norden mögen die Stätten des Puuc noch bewohnt gewesen sein, bis sie von den eindringenden toltekischen Armeen in den späteren Dekaden des Jahrhunderts erobert wurden.

Nicht nur das Erlöschen der Klassischen Zentren bedarf einer Erklärung, sondern auch das Verschwinden der Maya-Bevölkerung aus dem größten Teil des Zentralgebiets. Als Gründe sind epidemische Krankheiten wie Gelbfieber vermutet worden, ein Zusammenbruch der Landwirtschaft, eine Invasion aus Mexiko, soziale Umwälzungen oder von den frühen Toltekenherrschern Yucatáns erzwungene Auswanderung. Sogar Erdbeben und ein unausgeglichenes Zahlenverhältnis zwischen den Geschlechtern sind schon angeführt worden. In ihrer Verzweiflung haben einige Forscher verschiedene Kombinationen dieser Faktoren vorgeschlagen, aber es gibt für alle diese Annahmen nur wenige oder gar keine Beweise. Die Theorie eines landwirtschaftlichen Zusammenbruchs setzt zum Beispiel voraus, daß die Savannen des Petén eine Folge der Überbeanspruchung des Bodens durch die Maya-Bauern darstellen, aber wir haben bereits gesehen, daß dieses Grasland längst vor seinen Bewohnern existierte.

Immerhin gibt es Beweise dafür, daß um die Mitte des 9. Jahrhunderts n. Chr. Mexikaner in den Maya-Zentren, insbesondere in den weiter westlich gelegenen, eine Rolle spielten. In Seibal zum Beispiel wurde während des frühen Baktun 10 eine Reihe von Stelen errichtet, an denen Einzelheiten der Kleidung und Tlaloc-Masken fast toltekisch wirken. Vielleicht waren die Maya des Tieflandes aus anderen Gründen bereits so geschwächt, daß die Mexikaner ins Zentralgebiet eindringen konnten, ohne auf Gegenwehr zu stoßen. Aber solange wir die letzten Inschriften noch nicht lesen können, werden wir nicht erfahren, was wirklich vor sich gegangen ist.

Was auch immer im Zentralgebiet geschah, wir wissen, daß nur wenige Gruppen blieben, die durch die jetzt leeren Zentren wanderten und wie Wilde – oder Archäologen – in den Räumen vergessener »Paläste« kampierten; Menschen wie die Lacandonen, die noch heute vor den seltsamen Bildnissen sterblicher Menschen, die jetzt zu Göttern geworden sind, ihren Weihrauch verbrennen.

VI Die Nachklassische Periode

Gegen Ende des 10. Jahrhunderts n. Chr. lenkten harte und entschlossene Kriegergruppen aus dem Hochland von Mexiko die Geschicke der einst stolzen und unabhängigen Maya. Ein neuer Menschenschlag hatte dort die geistig interessierten Herrscher der Klassischen Zeit abgelöst. Da wir über diese Zeit schon im weitesten Sinne historische Dokumente besitzen, wissen wir verhältnismäßig viel über die Ereignisse, die zur Eroberung Yucatáns durch die Fremden führten. Es folgte ein Wiederaufleben von Maya-Staaten und Maya-Kultur, die aber schon die Zeichen des Verfalls trugen. Die Überlieferungen und Annalen der Völker von Yucatán und der Hochlandbewohner Gua-
Abb. 28 temalas, die in der frühen Kolonialzeit in lateinische Buchstaben umgeschrieben wurden, reichen bis zum Anfang der Nachklassischen Periode zurück und stellen sehr wichtige Quellen dar.

Sie müssen jedoch mit großer Vorsicht benutzt werden, ob sie nun über Bischof Landa auf uns gekommen sind, ob sie als Darstellungen einheimischer Adliger oder aber als Prozeß- und Landanspruchsakten uns überliefert wurden. Oft sind diese Dokumente verworren und widersprüchlich; vor allem haben einheimische Geschlechter wohl oft bewußt ihre Geschichte aus politischen Gründen gefälscht. Unsere reichsten, aber leider trügerischsten Quellen sind die Katun-Prophezeiungen von Yucatán in den sogenannten Büchern des Chilam Balam, die ihren

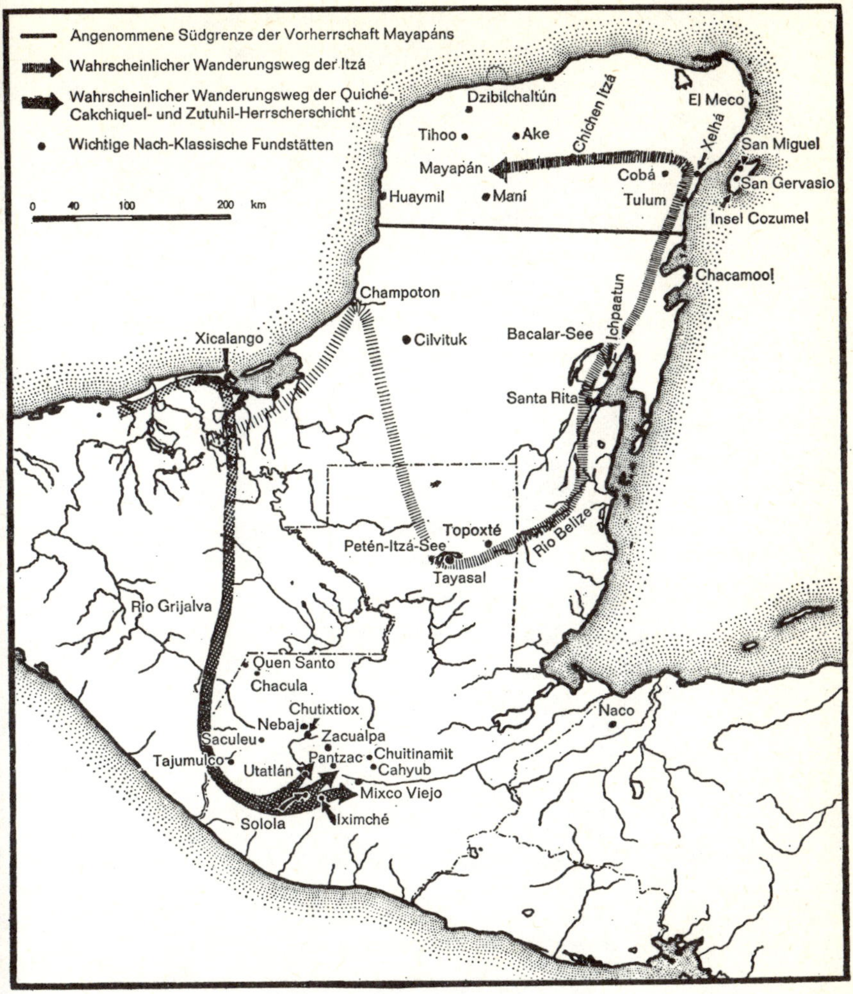

Abb. 28 Fundstätten der Nach-Klassischen Periode und späte Wanderungswege.

Namen nach einem Maya-Weisen tragen, der angeblich die Ankunft der Spanier aus dem Osten vorausgesagt hat. Die »Geschichte«, die sie enthalten, basiert auf dem »Short Count«, einem Zyklus von 13 Katuns (13 mal 7200 Tagen oder 256 1/4 Jahren). Jeder Katun wurde nach dem Tag, an dem er endete, und der immer »ahau« war, benannt. Unglücklicherweise dachten die Nachklassischen Maya rein zyklisch, das heißt, wenn bestimmte Ereignisse in einem Katun 13 Ahau geschahen, mußten sie sich ihrer Ansicht nach im nächsten Katun desselben Namens wiederholen. So kommt es, daß Geschichte und Prophezeiung in diesen Dokumenten fast unlösbar miteinander verquickt sind und historische Berichte sich oft wie göttliche Offenbarungen lesen. Eine solche Geschichte beginnt zum Beispiel folgendermaßen:

> Dies ist der Bericht, wie der eine und einzige Gott, wie die 13 Götter, die 8000 Götter herabstiegen, wie es gesagt wurde von den Priestern und Propheten, Chilam Balam, Ah Xupan, Napuc Tun, dem Priester Nahau Pech und Ah Kauil Ch'el. Dann wurde ihnen der Befehl gedeutet, die gemessenen Worte, die ihnen gegeben worden waren . . .

Die Invasion der Tolteken und das toltekische Chichen Itzá

In das Vakuum, das durch den Zusammenbruch der älteren Kulturen Zentralmexikos entstanden war, hatte sich ein neues Volk geschoben, die nahua-sprechenden Tolteken, deren nördlicher Ursprung schon aus ihrer Verwandtschaft mit den barbarischen Chichimeken, die keinen Landbau kannten, deutlich wird. Kurz nach 900 n. Chr. hatten sie sich in dem bedeutenden

Ort Tula niedergelassen unter der Führung eines Königs namens Topíltzin, der auch den Titel Quetzalcóatl oder »Gefiederte Schlange« beanspruchte (so heißt der Kulturheros der mexikanischen Mythologie). Von großer Bedeutung waren in diesem Volk die Kriegerorden, die auch in der späteren mexikanischen Geschichte eine so wichtige Rolle spielen sollten: die Adler, die Jaguare und die Koyoten, die alle dem Kriegsgott Tezcatlipoca (»Rauchender Spiegel«) und nicht dem friedfertigen Quetzalcóatl huldigten. Nach dem Bericht einiger halbhistorischer Darstellungen in poetischem Stil entspann sich ein Kampf zwischen Topíltzin Quetzalcóatl und seinen Anhängern einerseits und der Kriegerpartei andrerseits. Besiegt durch die schwarze Magie seines Gegners Tezcatlipoca, mußte der König mit seinen Anhängern aus Tula fliehen (wahrscheinlich um 987 n. Chr.). Nach einer Version, die allen alten Mexikanern bekannt war, schlug er sich bis zur Golfküste durch und setzte von dort auf einem Floß aus Schlangen nach Tlapallan, dem »Roten Land«, über, um eines Tages zur Erlösung seines Volkes zurückzukehren.

Von weiteren inneren Streitigkeiten erschüttert und von den meisten ihrer Bewohner verlassen, wurde die toltekische Hauptstadt schließlich 1156 oder 1168 gewaltsam zerstört. Die Mexikaner bewahrten ihr jedoch immer ein ruhmreiches Andenken, und es gab kaum eine Herrscherdynastie, die im Mesoamerika der späteren Zeit nicht behauptete, von den Tolteken Tulas abzustammen. Die Stadt war mit Sicherheit das administrative Zentrum eines Reiches, das Zentralmexiko vom Atlantik bis zum Pazifik umfaßte. Tula ist heute eindeutig identifiziert. Die Fundstätte liegt im Staat Hidalgo, etwa 80 Kilometer nordwestlich der Hauptstadt México. Daher ist über Architektur und Kunst der Tolteken ziemlich viel bekannt. Wohin die Tolteken auch zogen, sie brachten überall ihren eigenen, für unsere Begriffe nicht sehr schönen Stil mit. Immer wieder finden wir den Toltekenkrieger dargestellt mit seinem zylinderartigen Kopfputz, an dessen Vorderseite ein herabstoßender Vogel befestigt ist. Auch auf der Brust trägt er einen stilisierten Vogel oder Schmetterling; in der einen Hand hält er einen federgeschmückten »atlatl« und in der anderen ein Bündel Wurfspeere. Der linke Arm wurde durch Wattepanzer geschützt, der Rücken durch einen kleinen Schild. Schreitende Jaguare, Koyoten und Adler, die dabei sind, Herzen zu verschlingen, beherrschen die Reliefs, die die Haupttempelpyramide Tulas bedeckten, ein weiterer Hinweis auf die Bedeutung der Kriegerorden bei diesem im wahrsten Sinn »militaristischen« Volk.

Nun sprechen die historischen Quellen der Maya von der Ankunft eines Mannes aus dem Westen, der sich »Kukulcan« nannte (kukul = gefiedert, can = Schlange). Dieser soll in einem Katun 4 Ahau, der 987 n. Chr. endete, erschienen sein, Yucatán seinen rechtmäßigen Herrschern entrissen und seine Hauptstadt in Chichen Itzá errichtet haben. Unglücklicherweise sind die Berichte über dieses wichtige Ereignis – wie der Maya-Forscher Ralph Roys bewiesen hat – mit der Geschichte eines späteren Volkes, das sich Itzá nannte, durcheinandergeraten. Diese Itzá wanderten im nächsten Katun 4 Ahau, im 13. Jahrhundert, in die Halbinsel ein und gaben der ehemals toltekischen Stätte Chichen ihren heutigen Namen. Auf jeden Fall schrieben die Maya Kukulcan und seinem Gefolge die Einführung des Götzendienstes zu, aber der Eindruck, den er hinterließ, war im großen und ganzen gut, wie Bischof Landa berichtet:

»Sie sagen, daß er wohlgesonnen sei und weder Frau noch Kinder gehabt habe und daß er nach seiner Rückkehr nach

Mexiko dort als einer ihrer Götter betrachtet und Quetzalcóatl genannt worden sei; und auch in Yucatán betrachtete man ihn als einen Gott, weil er ein gerechter Herrscher gewesen ist.«

Der wohlwollende Ton dieser Worte ist wahrscheinlich daraus zu erklären, daß die meisten Herrscherhäuser der Spätzeit von Mexikanern und nicht von Maya abstammten, denn aus archäologischen Funden wissen wir, daß die Eroberung Yucatáns durch den angeblich friedliebenden Topíltzin Quetzalcóatl und seine toltekischen Armeen ganz im Gegenteil äußerst gewaltsam und grausam war. Die Wandgemälde im »Kriegertempel« von Chichen Itzá und die Reliefszenen auf geopferten Goldscheiben aus dem heiligen Cenote derselben Fundstätte erzählen die gleiche Geschichte. Das Drama beginnt mit der

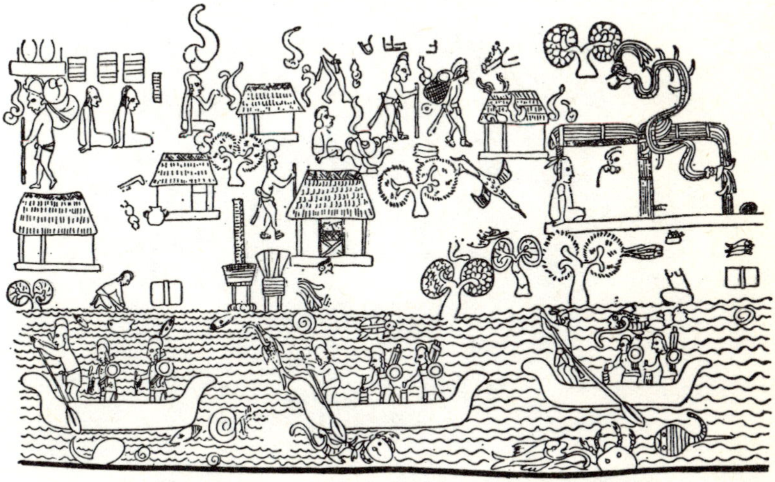

Abb. 29 Wandgemälde aus dem »Kriegertempel« in Chichen Itzá. Toltekische Krieger in Kanus erkunden die Maya-Küste.

Abb. 29 Ankunft der toltekischen Streitmacht von See her, wahrscheinlich an der Küste von Campeche, wo die Tolteken eine am Ufer liegende Maya-Siedlung mit weiß getünchten Häusern zunächst erkunden. In einem Seegefecht, in dem die Maya die toltekischen Kriegskanus mit Flößen zu schlagen versuchen, erleiden sie ihre erste Niederlage. Dann wechselt der Schauplatz auf das Land über, wo die Maya in einer Entscheidungsschlacht, die sich in einer größeren Siedlung abspielt, erneut geschlagen werden. (Diese Schlacht ist in den Fresken des
Abb. 30 »Jaguartempels« festgehalten.) Der letzte Akt endet mit der Opferung der Herzen von Maya-Anführern; über der Szene

Abb. 30 Getriebene Goldscheibe aus dem »Heiligen Cenote« in Chichen Itzá. Zwei toltekische Krieger greifen fliehende Maya an. Durchmesser: 22 cm.

schwebt die »Gefiederte Schlange«, um das blutige Opfer in Empfang zu nehmen.

Das Yucatán, das die aus ihrer Heimat vertriebenen Tolteken übernahmen, befand sich damals gerade in der Puuc-Phase. Nach der Invasion sind offenbar Uxmál und die meisten anderen wichtigen Puuc-Zentren unter Zwang verlassen worden. Chichen Itzá – damals wahrscheinlich Uucil-abnal (»Sieben Büsche«) genannt – wurde unter der Herrschaft Topíltzin Quetzalcóatls die Metropole eines vereinigten Königreiches, Tafel 69 eine glänzende Neuschöpfung seines verlorenen Tula. Neue architektonische Techniken und Motive wurden aus dem toltekischen Mexiko importiert und mit Maya-Formen der Puuc-Phase zu einer Synthese vereinigt. So benutzte man jetzt Säulenreihen anstelle von Wänden, um Räume abzugrenzen, so daß die Hallen größer und offener wirkten; eine abgeschrägte Böschung wurde an die Basis von Außenwänden und Plattformen gesetzt; Säulenhallen in reinem Tula-Stil wurden erbaut, in denen sich niedrige gemauerte Plattformen fanden,

Abb. 31 Toltekischer Krieger steigt aus dem Rachen einer Wolkenschlange auf. Ausschnitt aus einer Goldscheibe aus dem »Heiligen Cenote« in Chichen Itzá.

die bedeckt waren mit langen Reihen toltekischer Krieger und sich windenden gefiederten Schlangen; die Wände wurden mit bandweise übereinander angeordneten Wandmalereien geschmückt; und überall schließlich bezog man die alten Maya-Masken der langnasigen Himmelsschlange in diese neuen Gebäude ein.

Nicht nur die Kunstrichtungen, sondern auch Religion und gesellschaftliche Institutionen von Maya und Tolteken
Abb. 31 vermischten sich in Chichen Itzá miteinander. Jaguar- und Adlerkrieger stehen neben Männern in traditioneller Maya-Tracht und mexikanische Astralgottheiten neben den Göttern der Maya. Die alte Ordnung war gestürzt, aber offensichtlich waren viele einheimische Fürsten und Priester in die neue Machtstruktur integriert worden.

Im Zentrum des toltekischen Chichen steht das wichtigste Gebäude, das sogenannte »Castillo«, eine große vierseitige Tempelpyramide, die nach Landa dem Kult des Kukulcan gewidmet war. Das Tempelgebäude mit seinem »falschen Gewölbe«, das sich über den vier steilen Treppen erhebt, erscheint als seltsame Mischung von Fremdem und Einheimischem. Himmelsgottmasken verschönern das Äußere, Reliefdarstellungen von hochgewachsenen Kriegshäuptlingen aus Tula sind in den Türfüllungen zu sehen. Innerhalb des »Castillo« hat man eine ältere maya-toltekische Pyramide gefunden, mit wunderbar erhaltenen Einzelheiten, wie etwa den Kammern des Überbaus, in denen ein steinerner Thron in Form eines bemalten fauchenden Jaguars steht. Die Augen und die Flecken des Fells sind aus eingesetzten Jadestücken, die Reißzähne aus Muschelstückchen. Vor dem Eingang steht eine jener Skulpturen, die man »Chacmool« nennt, rückwärtsgelehnte Figuren, die schüsselähnliche Behälter auf dem Leib stehen haben, vielleicht um die Herzen von Geopferten aufzunehmen. »Chacmools« finden sich überall in Tula und in Chichen; sie sind eine rein toltekische Erfindung.

Vom »Castillo« aus sieht man den »Kriegertempel«, einen prachtvollen Bau auf einer Stufenplattform, umgeben von weiten Säulenhallen. Er ist der Pyramide B in Tula auf das genaueste nachgebildet, aber wesentlich größer. Dies und die ausgezeichnete Qualität der Arbeit weisen darauf hin, daß es den toltekischen Eindringlingen in Yucatán, wo sie auf das Können der Maya-Architekten und -Handwerker zurückgreifen konnten, wesentlich besser ging als in ihrer Heimat. Von Nordwesten nähert man sich dem Gebäude durch eindrucksvolle Reihen viereckiger Pfeiler, die auf allen Seiten mit Reliefs toltekischer Anführer geschmückt sind. Am oberen Ende der Treppe steht ein »Chacmool« und blickt auf die große Plaza hinunter, während sich am Eingang zum Haupttempel ein Paar gefiederter Schlangen erhebt, mit den Köpfen am Boden liegend und den Schwänzen, die ursprünglich den Türsturz trugen, in der Luft. Hinter ihnen sieht man das Hauptheiligtum mit seinem Tisch oder Altar, der von kleinen toltekischen Kriegerfiguren getragen wird. Alle Innenwände waren mit lebendigen Szenen, die sich auf die Eroberung Yucatáns durch die Tolteken beziehen, ausgemalt.

Tafel 71

Tafel 70

Abb. 29

Im Jahre 1926, gerade als die Restauration des »Kriegertempels« durch die Carnegie Institution sich der Vollendung näherte, kam noch ein darunterliegender ähnlicher Bau zutage, der sogenannte »Tempel des Chacmool«. Aus diesem wurden reliefverzierte Säulen geborgen, die noch die strahlenden Farben zeigten, mit denen sie einst bemalt wurden. Zwei Bänke im Tempelinnern trugen sehr interessante Malereien: Die eine zeigt eine Reihe von Toltekenführern, die auf Jaguarthronen ähnlich dem, der im Innern des »Castillo« gefunden wurde, sitzen; auf der anderen sind Maya-Adlige abgebildet, die auf mit Jaguarfell bedeckten Hockern sitzen und Szepter in Menschengestalt nach Maya-Art tragen. Vielleicht sind es Adlige, die mit den Eroberern zusammenarbeiteten.

Tafel 72 Der glanzvolle Ballspielplatz des toltekischen Chichen ist der größte und schönste in ganz Mesoamerika. Seine parallel verlaufenden, senkrechten Wände sind etwa 82 Meter lang, 9 Meter hoch und rund 33 Meter voneinander entfernt. An beiden Enden des Spielfeldes in der Form eines Doppel-T erhebt sich ein kleiner Tempel; der nördliche zeigt ausführliche Darstellungen des toltekischen Lebens. Daß das Spiel hier im mexikanischen Stil gespielt wurde, beweisen die beiden Steinringe, die hoch in den Seitenwänden eingelassen sind; erzählt uns doch ein spanischer Chronist, daß bei den Azteken die Partei, die den Ball durch einen dieser Ringe stoßen konnte, nicht nur das Spiel, sondern auch die Kleidung aller Zuschauer gewann. Über der Ostwand des Ballspielplatzes erhebt sich der
Tafel 73 wichtige »Jaguartempel«, dessen Innenwände mit toltekischen Kampfszenen dekoriert sind, so detailliert und überzeugend, daß der Künstler wohl Augenzeuge der toltekischen Invasion gewesen sein muß.

Landa beschreibt »zwei kleine Bühnen aus behauenem Stein« in Chichen »mit vier Treppen, oben gepflastert, wo nach ihren Aussagen Farcen und Komödien zum Vergnügen des Publikums dargestellt wurden«. Damit sind offenbar die beiden Tanzplattformen gemeint, deren Seitenwände mit direkt aus
Tafel 75 Tula übernommenen Motiven bedeckt sind, wie Adlern und Jaguaren, die Herzen verschlingen. Menschenopfer in großem Maßstab scheinen ebenfalls toltekisches Erbe zu sein, denn nahe dem Ballspielplatz findet sich eine lange Plattform, die auf allen Seiten mit Darstellungen menschlicher Schädel, die auf
Abb. 32 Stäbe gesteckt sind, bedeckt ist. Der Name »Tzompantli« (aztekisch: Schädelgerüst), den ihr die Archäologen gegeben

Abb. 32 Flachrelief mit Schädeln, die auf ein Gerüst aufgesteckt sind. »Tzompantli«, Chichen Itzá.

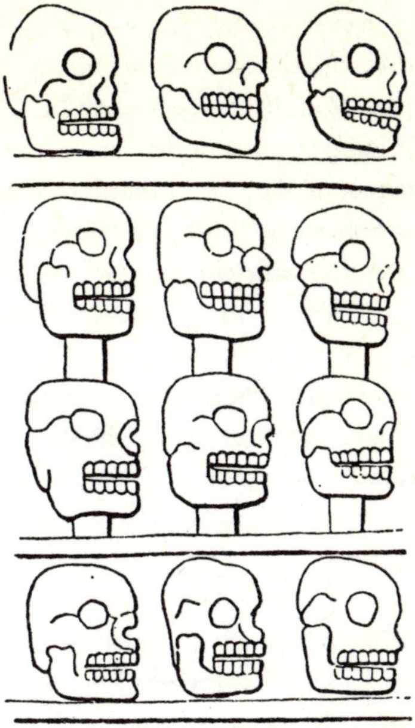

haben, ist sicher passend, denn im Nachklassischen Mexiko standen auf solchen Plattformen die großen Gerüste, auf denen die Köpfe von Opfern zur Schau gestellt wurden. Jedes der sechs Reliefs vom Ballspielplatz zeigt die Enthauptung eines Ballspielers, und es ist sehr wohl möglich, daß die Verlierer auf dem »Tzompantli« endeten.

Schließlich muß noch der unschöne »Caracol« erwähnt werden. Dieses Gebäude liegt im Puuc-Teil von Chichen und wurde von Eric Thompson scherzhaft als »zweistöckiger Hochzeitskuchen auf dem viereckigen Karton, in dem er transportiert wurde« bezeichnet. Dieser Bau scheint aus dem Anfang der toltekischen Epoche zu stammen, doch finden sich an ihm noch viele architektonische Züge, die aus der Puuc-Zeit datie- Tafel 69 ren, wie etwa die Himmelsschlangenmasken. Aller Wahrscheinlichkeit nach diente er als Observatorium. Über die schneckenartige Wendeltreppe (Schnecke = Caracol) im Inneren waren Öffnungen nach außen zu erreichen, von denen aus sich Peilungen in die vier Himmelsrichtungen sowie Beobachtungen der Sonne und des Mondes anstellen lassen. Der Bau kann allerdings auch nur eine Kultstätte des Kukulcan Quetzalcóatl gewesen sein, dem die meisten kreisförmigen Tempel Mexikos geweiht waren.

Bekannt geworden ist Chichen Itzá jedoch nicht so sehr durch seine Architektur als durch den »Heiligen Cenote« oder Opferbrunnen, den man über einen etwa 300 Meter langen Dammweg von der großen Plaza aus erreicht. Landa beschreibt ihn wie folgt:

> »Sie hatten ursprünglich die Gewohnheit – und hatten sie auch noch zu meiner Zeit –, bei Dürre in diesen Brunnen lebende Menschen als Opfer für die Götter zu werfen, und sie glaubten, daß diese nicht stürben, obwohl sie sie nie wieder sahen. Sie warfen auch viele Gegenstände hinein, etwa Edelsteine und andere Dinge, die ihnen teuer waren.«

Eine unserer Quellen aus der Kolonialzeit berichtet, daß kurz vor der spanischen Eroberung die Opfer »Indianerinnen waren, die diesen Herren gehörten«. Die Phantasie des Publikums stellt sich nun gern vor, daß nur schöne Jungfrauen dem Regengott, der unter dem grünlich-schwarzen Wasser lauerte, vorgeworfen wurden. Der verstorbene Hooton, der etwa 50 Skelette aus dem »Heiligen Cenote« untersucht hat, sagte dazu nur: »Alle hierbei beteiligten oder vielmehr versenkten Personen mögen vielleicht jungfräulich gewesen sein, aber durch die Untersuchung der Knochen läßt sich dieses feine

Detail nicht verifizieren.« Ein guter Teil der Schädel stammte offensichtlich von erwachsenen Männern, viele von Kindern. Die Untersuchung zeigte weiter, daß »drei Frauen, die in den Cenote gefallen oder hineingestoßen waren, schon lange Zeit vorher kräftige Schläge auf den Kopf erhalten hatten ... Eine weibliche Person hatte einen Nasenbeinbruch erlitten«.

Wie von den Maya-Forschern Roys und Tozzer erwähnt, erreichte der Opferkult am »Heiligen Cenote« seinen Höhepunkt erst nach dem Niedergang des toltekischen Chichen und setzte sich bis in die Kolonialzeit und in noch spätere Epochen fort. Eine geopferte grobe Puppe aus Kautschuk trug, wie man vor kurzer Zeit feststellen konnte, sogar ein Gewand aus Rayon! Dennoch gehören viele Gegenstände, die man aus dem Schlamm auf dem Grunde des Cenote geborgen hat, der Toltekenzeit an. Dazu zählen einige Jadestücke von sehr feiner Ausführung Abb. 30, 31 und die erwähnten Goldplatten. Inzwischen war nämlich im Gebiet der Maya Metall aufgetaucht, obwohl wahrscheinlich alles Schmelzen und der größte Teil der Bearbeitung an anderer Stelle geschah und es sich um importierte Waren handelt. Jedenfalls sind die vielen Kupferschellen und die meisten anderen Metallgegenstände aus dem Brunnen mexikanische Arbeit. Die örtlichen Herrscher bezogen aus so weit entfernten Orten wie Panamá Goldschätze, die sie ihrem Regengott dann als Opfergaben zuwarfen.

Spuren der toltekischen Besetzung lassen sich auch an vielen anderen Orten der Halbinsel Yucatán feststellen. Überall verrät eine Art glasierter Töpferware, die sogenannte »Plumbate- Tafel 77, 78 Ware«, die in Brennöfen nahe der pazifischen Küste im Grenzgebiet Guatemala–Chiapas hergestellt wurde, ihre Anwesenheit. Plumbate-Gefäße müssen nach toltekischem Geschmack angefertigt sein, denn oft haben sie die Gestalt toltekischer Krieger. Oft aber sind es auch nur einfache birnenförmige Ge-

Tafel 76 fäße auf hohlen Füßen, sehr ähnlich den geritzten und bemalten Stücken, die sonst in Yucatán die toltekische Periode begleiten.

Was wurde schließlich aus den Tolteken? Alles spricht dafür, daß ihre mächtige Hauptstadt Chichen Itzá in einem Katun 6 Ahau, der 1224 n. Chr. endete, verlassen wurde. Dann wird es still um sie. Für kurze Zeit betritt ein anderes Volk die Bühne, und der Kultur der Maya ist noch eine weitere Frist gegeben.

Die Itzá und die Stadt Mayapán (1224–1461 n. Chr.)

Die Tolteken sind vielleicht letzten Endes von der Bevölkerung Yucatáns akzeptiert worden; immer unbeliebt blieben jedoch die Itzá. Die Maya-Chroniken nennen sie »die Fremden«, »Schurken und Betrüger«, »die Lasterhaften«, »Leute ohne Väter und Mütter« oder »die unsere Sprache nur gebrochen sprechen«. Diese letzte Bezeichnung weist darauf hin, daß sie nicht aus Yucatán stammen können. Mehrere Wissenschaftler vermuten, daß die Itzá zu Beginn ihrer Geschichte eine Gruppe mexikanisierter Chontal-Maya in Tabasco waren, von wo aus enge Handelsbeziehungen nach Zentralmexiko bestanden. Jedenfalls siedelten die Itzá während der Toltekenherrschaft in Yucatán in Chakunputun, wahrscheinlich Champoton an der
Abb. 28 Campeche-Küste. Um 1200 n. Chr. wurden sie aus dieser Stadt vertrieben und wanderten nach Osten »unter Bäumen, unter Büschen, unter Schlingpflanzen, in ihr Unglück«. Sie zogen durch den menschenleeren Dschungel in die Gegend des Sees Petén Itzá und weiter an die Ostküste von Britisch-Honduras. Schließlich fand dieser armselige Haufe Krieger seinen Weg nach Norden bis Chichen Itzá, wo sie sich im Katun 4

Ahau (1224–44 n. Chr.) in den Ruinen der verlassenen Stadt ansiedelten.

Ein Mann, der wie sein großer toltekischer Vorgänger des 10. Jahrhunderts den Titel eines Kukulcan beanspruchte, hatte die vertriebenen Itzá nach Nord-Yucatán geführt. Offenbar ahmte er bewußt toltekische Gebräuche nach, wie etwa den Kult des »Heiligen Cenote«, der jetzt seinen Höhepunkt erreichte. Daneben wurde ein neuer Kult eingeführt, der der Medizingöttin Ix Chel, zu deren Kultstätte auf der Insel Abb. 41 j Cozumel Pilger aus dem ganzen nördlichen Gebiet anreisten.

Im Katun 13 Ahau (1263–83) begründeten die Itzá Mayapán. Ein Teil des Stammes blieb in Chichen Itzá zurück, das jetzt seinen alten Namen Uucil-abnal verloren und seinen heutigen (»Mund des Brunnens der Itzá«) angenommen hatte. Der listenreiche Kukulcan II ließ seine Stadt Mayapán mit Provinzherrschern und ihren Familien besiedeln und sicherte sich so (durch diese Geiseln) die Herrschaft über einen großen Teil der Halbinsel. Nach seinem Tode (oder nach seiner Abreise) mehrten sich jedoch die Schwierigkeiten. Erst 1283 wurde Mayapán wirklich Hauptstadt von Yucatán, nach einer Revolte, bei der ein Itzá-Geschlecht namens Cocom die Macht ergriffen hatte. Dies geschah mit Hilfe mexikanischer Söldner aus Tabasco, den Canul (»Wächtern«). Vielleicht hat diese finstere Prätorianergarde Pfeil und Bogen in Yucatán eingeführt.

Mayapán, im westlichen Zentralteil der Halbinsel gelegen, ist eine Siedlungsmetropole, die etwa 6½ Quadratkilometer groß und ganz von einer Verteidigungsmauer umgeben ist, ein Zeugnis für die unruhigen Zeiten. Mehr als 2000 Wohnbauten liegen innerhalb der Stadtmauer, und schätzungsweise lebten 11 000 bis 12 000 Menschen in der Stadt. Im Zentrum liegt der »Tempel des Kukulcan«, eine jämmerliche Nachahmung des »Castillo« von Chichen Itzá. Die gemauerten, mit Säulengalerien umgebenen Häuser wichtiger Persönlichkeiten lagen in der Nähe des Zentrums, wie uns Landa berichtet, und je weiter man sich vom Stadtkern entfernte, desto ärmlicher wurden die Behausungen. Jede Gruppe von palmblattgedeckten Häusern beherbergte eine Familie. Das Besitztum war von einer niedrigen Mauer umgeben. Es gibt keine Straße, eine Stadtplanung in irgendeiner Form ist nicht zu erkennen; und es sieht so aus, als seien die vorher verstreut lebenden Maya von den Itzá gezwungen worden, in einer Art städtischer Anarchie dichtgedrängt aufeinander zu wohnen. Vorher hatte es im Gebiet der Maya noch nie eine wirkliche Stadt gegeben. Wovon lebte jetzt die Bevölkerung? Wir wissen nur, daß sie durch Tribute ernährt wurde, denn Pater Cogolludo berichtet, daß Luxusgüter ebenso wie Güter des täglichen Bedarfs in die Stadt hineinströmten, geliefert von den Vasallen der einheimischen Fürsten, die die Cocom hier als Geiseln festhielten.

Zu dieser Zeit waren die Maya durch und durch »Götzenanbeter«, und die Ausgräber von Mayapán fanden zahlreiche Kultstätten und Familienopferplätze. Dort fand man in leuchtenden Farben bemalte Räuchergefäße aus Ton von geringem künstlerischen Wert, die mexikanische Gottheiten wie Quetzalcóatl, Xipe Totec (den Frühlingsgott) und den »Alten Feuer-
Tafel 74, 82 gott« darstellten, daneben Maya-Gottheiten wie Chac (den Regengott), Itzamná und den Maisgott.

Zu einer Zeit mit ungünstigem Vorzeichen, dem Katun 8 Ahau (1441–61 n. Chr.), ereilte die Itzá ihr Schicksal. Hunac Ceel war Herrscher von Mayapán, eine ungewöhnliche Gestalt. Er wurde dadurch bekannt, daß er sich selbst als Opfer für den »Heiligen Cenote« in Chichen anbot und am Leben blieb, um die Prophezeiung des Regengotts, die ihm an dieser Stelle zuteil wurde, weiterzugeben. Der Herrscher von Chichen Itzá war ein Mann namens Chac Chib Chac. Nach einer Version der Geschichte trieb nun Hunac Ceel durch Zauberei den Chac Chib Chac dazu, die Braut eines Herrschers von Izamal zu entführen, woraufhin die erwartete Vergeltung erfolgte und die Itzá gezwungen wurden, Chichen zu verlassen. Anschließend waren die Cocom an der Reihe, und in den Mauern Mayapáns brach eine Revolte aus, angeführt von einem emporgekommenen mexikanischen Geschlecht namens Xiu, das sich in der Nähe der Ruinen von Uxmál angesiedelt hatte. Die Maya-Adligen von Mayapán schlossen sich den Xiu an, und die Cocom hatten ausgespielt. Sie wurden getötet und ihre einst große Stadt zerstört und für immer verlassen.

Die aus Chichen Itzá vertriebenen Itzá lassen sich jedoch noch mehrere Jahrhunderte lang auf ihrem weiteren Weg verfolgen. Wieder fanden sie sich als Ausgestoßene in den verlassenen Wäldern. Sie wanderten zurück an den See Petén Itzá, Abb. 28 den sie in einem früheren Katun 8 Ahau gesehen hatten. Auf einer Insel inmitten dieses Sees begründeten sie ihre neue Hauptstadt Tayasal. Auf derselben Stelle liegt heute die Stadt Flores, die wichtigste Stadt in Nord-Guatemala. Sicher in einem Festungsgürtel aus fast undurchdringlicher Wildnis, wurde die Insel von der Geschichte vergessen. Hernán Cortes entdeckte sie 1524, als dieser kühne Eroberer mit seiner Armee durch den Petén zog, um einen aufständischen Untergebenen in Honduras zu bestrafen. Er wurde vom König Canek – der einen Namen führt, den schon viele Itzá-Herrscher vor ihm trugen – freundlich aufgenommen. Erst im 17. Jahrhundert aber beschlossen die Spanier, etwas gegen dieses letzte nicht unterworfene Maya-Königreich zu unternehmen. Mehrere Missionare wurden zur Bekehrung Caneks und seines Volkes ausgeschickt, doch ohne Erfolg. Es scheint fast unglaublich, daß Tayasal erst 1697 in spanische Hände fiel und daß 200 Jahre nach der Entdeckung Amerikas Maya-Priester noch aus Hieroglyphenbüchern ihre Rituale sangen.

Die unabhängigen Kleinstaaten von Yucatán

Nach dem Verschwinden Mayapáns versank die ganze Insel in
Abb. 33 einen Zustand feudaler Anarchie. Anstelle eines einzigen, vereinigten Königreiches gab es 16 kleine, miteinander rivalisierende Staaten, jeder mißgünstig auf Macht und Territorium des anderen und nur zu bereit, zur Durchsetzung seiner Ansprüche in den Krieg zu ziehen. Dennoch war die Kultur dieser Zeit, wie man sie auch immer einschätzen mag, wieder die der Maya, denn vieles, was die Mexikaner mitgebracht hatten, war schon vergessen, und an die Stelle vieler importierter Sitten waren wieder die traditionellen Gebräuche der Maya getreten.

Nur wenige archäologische Fundstellen lassen sich dieser Endphase zuschreiben, obwohl das Leben dieser Zeit von Landa und anderen frühen Autoren kurz nach der Eroberung außerordentlich gut beschrieben worden ist. Sie konnten noch Einheimische befragen, die tatsächlich an dieser Kultur teilgehabt hatten. In jeder Provinz gab es eine oder mehrere größere Städte, doch an genau diesen Stellen siedelten später die Spanier, so daß sie heute unter Bauten aus Kolonial- und neuerer Zeit begraben sind.

Abb. 34 Unberührt blieb Tulum, eine kleine Stadt in der Provinz Ecab, die in der Mayapán-Periode gegründet wurde. Exponiert auf einem Felsen über dem grünlich-blauen Wasser der Karibischen See gelegen, ist Tulum auf drei Seiten von Verteidigungsmauern umgeben und auf der vierten Seite vom Meer begrenzt. Wahrscheinlich lebten hier nur 500–600 Menschen in Häusern auf künstlichen Plattformen, die entlang einer Art

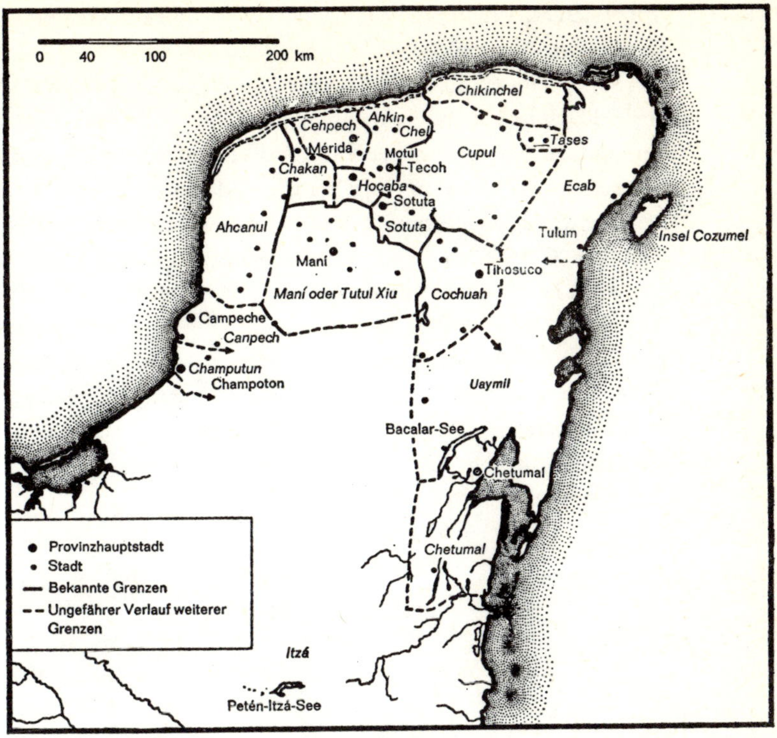

Abb. 33 Die unabhängigen Staaten des nördlichen Kulturgebietes am Vorabend der spanischen Eroberung.

Straße angeordnet sind. Der Haupttempel, ein ärmliches Gebäude, das den Namen »Castillo« trägt, und einige andere wichtigere Gebäude stehen dichtgedrängt am Meer. An den oberen Fassaden vieler dieser Zwergbauten, die auffallend nachlässig konstruiert sind, finden sich Stuckfiguren geflügelter Götter, die von oben herabschweben. An Außen- und Innenwänden einiger Tempel hat man Wandmalereien gefunden.

Tafel 79 Am besten erhalten sind die im zweistöckigen »Freskentempel«. Wie bei den Wandmalereien im Spät-Nachklassischen Zentrum von Santa Rita im nördlichen Britisch-Honduras ist ihr Stil weniger mayanisch als mixtekisch und ohne Zweifel von den Bilderhandschriften dieses begabten Volkes aus dem bergigen
Abb. 35 Oaxaca beeinflußt. Dem Inhalt nach sind die Fresken jedoch den Maya zuzuordnen, und Götter wie Chac und einige andere weibliche Gottheiten werden unter bohnenähnlicher Vegetation beim Feiern eines Rituals gezeigt. Auf einem Bild sitzt der Regengott auf einem vierbeinigen Tier. Nur eine Erklärung ist dafür möglich: Man hatte auf Pferden reitende Spanier gesehen oder von ihnen gehört. Nicht nur Tayasal, auch Tulum muß also nach dem Eindringen der Spanier noch eine Weile weitergelebt haben, durch die dichten Wälder von Quintana Roo geschützt.

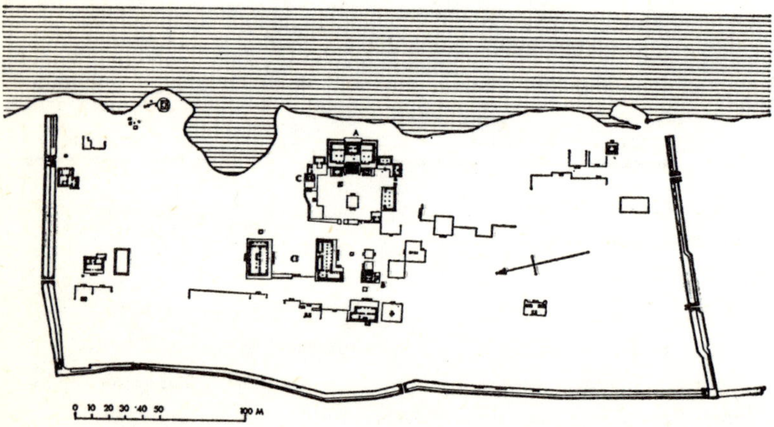

Abb. 34 Plan der mit Wällen umgebenen Stadt Tulum, auf der karibischen Seite der Halbinsel Yucatán gelegen. a, »Castillo«; b, »Freskentempel«; c, »Tempel des tauchenden Gottes«.

Mayanisch-mexikanische Dynastien im südlichen Gebiet

In den Bergtälern des Hochlandes von Guatemala gab es in der Zeit kurz vor der Eroberung zahlreiche Volksgruppen. Die bedeutendsten waren die Quiché und Cakchiquel. Alle Anzeichen sprechen dafür, daß sie und ihre weniger wichtigen Nachbarn, die Tzutuhil und die Pokomam, schon seit früher Zeit dort ansässig waren. Dennoch behaupteten sie in ihren Überlieferungen, aus dem Westen, aus Mexiko, gekommen zu sein. So berichteten etwa die Annalen der Cakchiquel:

> »Von Sonnenuntergang her, von Tula kamen wir, von jenseits des Meeres; und in Tula wurden wir bei der Ankunft hervorgebracht, im Kommen wurden wir hervorgebracht, durch unsere Väter und Mütter, wie sie sagen ...«

Abb. 35 Ausschnitt aus einem Wandgemälde im »Freskentempel« von Tulum. Eine betagte Göttin, wahrscheinlich Ix Chel, trägt zwei Bildnisse des Gottes Chac. Spät-Nachklassische Periode.

Wie die Yucateken im Norden, wurde auch hier die einheimische Bevölkerung von Dynastien mexikanischer Herkunft regiert, und deren legendenhaft ausgeschmückte Geschichte ist es, die uns in den Überlieferungen entgegentritt. Sie verließen Tula vielleicht im Heer des vertriebenen Topíltzin Quetzalcóatl und verweilten eine Zeitlang bei der Laguna de los Términos,
Abb. 28 wo sie wahrscheinlich zum Schluß mit den Itzá zusammenstießen. Statt nach Norden in Richtung Yucatán wanderte diese Gruppe nach Südosten in Richtung Chiapas und Guatemala, unterwarf dort die einheimische Bevölkerung am Ende des 11. Jahrhunderts n. Chr. und wurde von ihr als führende Schicht anerkannt.

Die Konquistadoren haben die Pracht ihrer Städte beschrieben. Dazu gehörte Utatlán, die Hauptstadt der Quiché, die der schreckliche Pedro de Alvarado niederbrannte, oder das Cak-
Tafel 81 chiquel-Zentrum Iximché. Diese Siedlungen lagen auf gut zu verteidigenden Hügeln, die von tiefen Schluchten umgeben waren. Sie sind bis ins letzte architektonische Detail völlig mexikanisch. Das wichtigste Gebäude ist typischerweise ein großer Doppeltempel mit zwei Frontaltreppen, sehr ähnlich dem Großen Tempel der Azteken in Tenochtitlán. Meist findet sich ein gut gebauter Ballspielplatz in der Nähe. Wir wissen aus dem Popol Vuh, wie die Hochlandbewohner dieses Spiel liebten. Schließlich waren alle Häuser in mexikanischer Manier mit flachen Dächern aus Mörtel und Holzbalken gedeckt, während das »falsche Gewölbe« hier unbekannt blieb.

Tafel 80 Das besterhaltene dieser späten Hochlandzentren ist Mixco Viejo, Hauptstadt des kriegerischen Pokomam-Volkes. Die fast uneinnehmbare Siedlung, von steilen Abgründen umgeben, fiel nur durch Verrat in die Hände Alvarados und seiner zwei Kompanien spanischer Infanterie.

Die spanische Eroberung

»Die erhobene hölzerne Standarte wird kommen!« rief der Maya-Prophet Chilam Balam, »unser Herr kommt, Itzá! Unser älterer Bruder kommt, o ihr Männer von Tantun! Empfanget eure Gäste, die bärtigen Männer, die Männer aus dem Osten, die Träger des Zeichens Gottes, des Herrn!«

1517 wurde diese Prophezeiung wahr, als Yucatán von Francisco Hernández de Córdoba entdeckt wurde. Er selbst starb jedoch an den Wunden, die ihm Maya-Krieger in Champoton zufügten. In das Jahr 1518 fällt die Erkundungsexpedition des Juan de Grijalva, und in das Jahr 1519 die des großen Hernán Cortés. Yucatán blieb jedoch noch eine Zeitlang verschont, weil die Goldgier die Spanier zuerst ins reiche Mexiko zog. Die spanische Eroberung des nördlichen Maya-Gebiets begann erst 1528 unter Francisco de Montejo, dem die Krone den Titel eines Adelantado verlieh. Dies war jedoch keine einfache Aufgabe, denn anders als bei den mächtigen Azteken gab es keine oberste einheimische Staatsgewalt, die man stürzen konnte, um gleichzeitig ein ganzes Reich in seine Hände zu bringen. Die Maya kämpften auch nicht nach den gewohnten Kriegsregeln. Sie griffen mitten in der Nacht an, stellten Fallen und Hinterhalte; sie waren Dschungel-Guerilleros, wie wir sie auch heute wieder kennen. So konnten die verhaßten Fremden erst 1542 eine eigene Hauptstadt, Mérida, begründen. Auch danach wurden die Spanier noch während des ganzen 16. Jahrhunderts von Aufständen heimgesucht.

Die Eroberung des Südgebiets war zum großen Teil das Werk des einfallsreichen, aber grausamen Pedro de Alvarado, der 1523 gleich nach seinen Erfolgen in Mexiko mit spanischer Kavallerie, Infanterie und einheimischen Hilfstruppen in Guatemala einrückte. 1541, als er starb, waren die Königreiche der

Quiché und Cakchiquel erobert und der organisierte Widerstand der Bevölkerung zum großen Teil gebrochen.

Aber die Maya sind, bei aller äußeren Gefügigkeit, die zähesten Indianer Mesoamerikas, und der Kampf gegen die europäische Überfremdung wurde nie aufgegeben. 1847 und nochmals 1860 erhoben sich die Maya Yucatáns gegen ihre weißen Unterdrücker und eroberten beim ersten Mal beinahe die gesamte Halbinsel. Noch 1910 rebellierten die unabhängigen Häuptlinge von Quintana Roo gegen die diktatorische Herrschaft des Porfirio Díaz, und erst in den letzten Jahrzehnten haben diese Maya in ihren entlegenen Dörfern begonnen, die Herrschaft Mexikos anzuerkennen. In ähnlicher Art haben sich auch die Tzeltal im Chiapas-Hochland mehrmals erhoben, vor allem 1712 und 1868. Die chol-sprechenden Gegenden westlich des Izabal-Sees wurden von Soldaten wie von Missionaren als »Land des Krieges« gefürchtet, und die Befriedung dieser Maya dauerte Jahrhunderte. Zeugnis davon ist das Überleben der Itzá auf ihrer Insel Tayasal, ebenso die Existenz der wilden und immer noch unabhängigen Lacandonen. Die Maya wurden nie völlig besiegt, aber ihre Kultur und ihr Geist wurden gebrochen. Wie einer der Sprüche des Chilam Balam es formuliert:

»Iß, iß, solange du Brot hast,
Trink, trink, solange du Wasser hast,
An jenem Tag besitzt Staub die Erde,
An jenem Tag herrscht Öde auf dem Gesicht der Erde,
An jenem Tag erhebt sich eine Wolke,
An jenem Tag erhebt sich ein Berg,
An jenem Tag erobert ein starker Mann das Land,
An jenem Tag zerfällt alles in Ruinen,
An jenem Tag wird das zarte Blatt zerstört,

An jenem Tag werden die sterbenden Augen geschlossen,
An jenem Tag sind drei Zeichen am Baum,
An jenem Tag hängen dort drei Generationen,
An jenem Tag wird das Banner des Krieges erhoben,
Und sie werden zerstreut weit in den Wäldern!«

VII Das tägliche Leben der Maya

Bisher haben wir uns hauptsächlich mit Keramik, Jadearbeiten und Bauten dieses einstmals so großen Volkes beschäftigt. Tatsächlich wissen wir aber wesentlich mehr über das tägliche Leben der Maya, vor allem über die Einwohner Yucatáns unmittelbar vor der Eroberung. Zu unserem Glück nämlich waren manche der frühen Missionare bedeutende Gelehrte, und da sie sich eifrig darum bemühten, die Völker zu verstehen, die sie bekehren wollten, haben sie uns völkerkundliche Berichte ersten Ranges über die einheimische Kultur hinterlassen, wie sie bei ihrer Ankunft war. Auf dieser Grundlage müssen wir die archäologischen Überreste der Nachklassischen Zeit, und zum Teil auch diejenigen der Klassischen Zeit, interpretieren.

Landwirtschaft und Jagd

Pflanzenanbau – im ersten Kapitel schon näher beschrieben – war die Grundlage der Maya-Kultur. Mais, Bohnen, Kürbis, Chilipfeffer, Baumwolle und verschiedene Arten Fruchtbäume
Tafel 3
wurden angebaut. Die Bewohner des Tieflandes bereiteten die Anbauflächen immer durch Brandrodung vor; unklar ist jedoch, wie man vor der Einführung der kupfernen Axt in der Nachklassischen Zeit (und der stählernen in der Kolonialzeit) die

Bäume fällte. Vielleicht schälte man ringsherum die Rinde ab und ließ sie dadurch einfach absterben. Die Zeit der Pflanzung wurde durch eine Art »Bauernalmanach« geregelt, von dem wir offenbar in den drei Codices Beispiele besitzen. Nach Landa waren die Felder Gemeineigentum und wurden von je zwanzig Mann zusammen bearbeitet. Wie wir sehen werden, gibt diese Beschreibung aber wahrscheinlich die Tatsachen nicht ganz richtig wieder.

In Yucatán bewahrten die Maya ihre Ernte in oberirdischen Holzspeichern auf, aber auch »in guten Plätzen unter der Erde«, die sehr wohl mit den »chultunes« identisch sein können,

Abb. 36 Frau, die auf einem »metate« (Reibstein) Mais mahlt. Spät-Klassisch. Tonfigur aus Lubaantun, Britisch-Honduras.

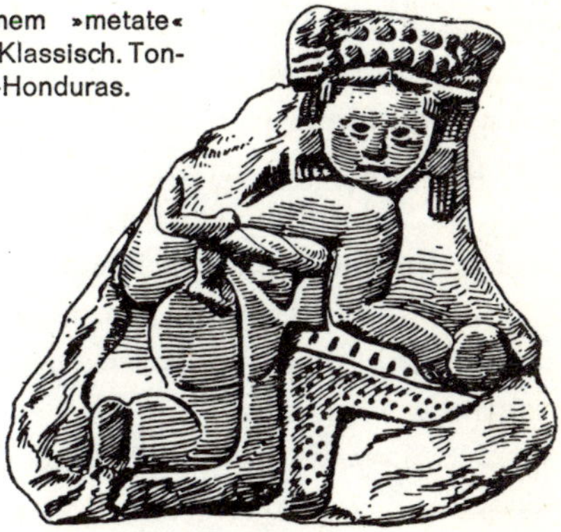

die an Klassischen Fundstellen so häufig sind. Es ist nicht sicher, ob die Maya des Tieflandes Tortillas (flache Maisfladen) kannten, aber in den frühen Quellen werden verschiedene andere Arten der Maiszubereitung angeführt. Dazu gehören »atole«, ein Brei aus Maismehl, der zusammen mit Chilipfeffer als erste Mahlzeit am Tage eingenommen wurde, »posol«, eine Mischung aus Wasser und saurem Maisteig, den man in Kürbisgefäßen mit aufs Feld nahm, außerdem die wohlbekannten »tamales«. Abb. 36

Die Ernährung der Bauern – über die der Oberschicht wissen wir wenig – beschränkte sich weitgehend auf diese einfachen Nahrungsmittel und auf gedünstetes Gemüse mit Fleisch, denen Kürbissamen und Pfeffer beigefügt wurden.

Produkte, die für den Verkauf angebaut wurden, waren in Yucatán von besonderer Bedeutung. Baumwolle war offenbar weit verbreitet, denn die Provinz war bekannt für Textilien, die weithin exportiert wurden. Im Einzugsgebiet der Flüsse von Süd-Campeche, Tabasco und Britisch-Honduras und an der pazifischen Abdachung Guatemalas wurden Pflanzungen von Kakaobäumen angelegt. Im Norden waren diese auf die Böden von »Cenotes«, die sich mit Erde aufgefüllt hatten, und auf andere natürliche Senkungen im Boden beschränkt. Aus den Kakaobohnen wurde das Lieblingsgetränk der mesoamerikanischen Oberschicht zubereitet, aber die Bohnen dienten gleichzeitig bis in die Kolonialzeit als Zahlungsmittel auf örtlichen Märkten. Sie waren so kostbar, daß Maya-Händler, denen Kolumbus vor der Küste von Honduras begegnete, nach Erzählung von Augenzeugen »heruntergefallene Bohnen so schnell aufhoben, als seien ihre eigenen Augen auf den Boden des Bootes gefallen«.

Jeder Maya-Haushalt hatte seinen eigenen Obst- und Gemüsegarten, und außerdem gab es außerhalb der Siedlungen Haine von Fruchtbäumen: Papaya, Aguacate (Avocado), Annona, Sapodilla und Brotfruchtbaum wurden angebaut, doch aß man auch viele wildwachsende Früchte, vor allem natürlich, wenn Hungersnöte das Land heimsuchten.

Die Maya kannten verschiedene Hunderassen, jede mit eigenem Namen. Eine Rasse konnte nicht bellen; die Männchen wurden gewöhnlich kastriert, mit Mais gemästet und entweder verzehrt oder geopfert. Eine andere Rasse wurde zur Jagd benutzt. Wilde und zahme Truthähne waren bekannt, wobei nur die ersteren als Opfertiere bei Zeremonien in Frage kamen. Wie noch heute, hielt der Maya-Bauer die nicht stechenden einheimischen Bienen; als Bienenstock dienten Abschnitte hohler Baumstämme, die auf beiden Seiten mit Lehm verschlossen und in A-förmigen Rahmen aufgehängt wurden. Aber auch wilder Honig war sehr geschätzt.

Größere Säugetiere, Hirsche und Peccari, wurden in Treibjagden mit Hunden gehetzt und mit Pfeil und Bogen geschossen, wenn auch in Klassischer Zeit »atlatl« und Wurfspeer die Hauptwaffen gewesen sein müssen. Vögel, wie der wilde Truthahn, Fasanen, Wildtauben, Wachteln und Wildenten, wurden mit kleinen Tonkugeln aus Blasrohren erlegt. Der Madrider Codex zeigt eine Reihe Schlingen und Fallgruben, besonders deutlich eine Gürteltierfalle. Abb. 37

In Yucatán wurde meist mit Schleppnetzen und Angeln in gewissem Abstand von der Küste gefischt, aber in den Lagunen wurden Fische auch mit Pfeil und Bogen erlegt. Im Binnenland, vor allem in den Flüssen des Hochlandes, warf man Betäubungsmittel ins Wasser und fing die Fische mit der Hand, nachdem sie gegen künstliche Dämme getrieben waren. Eine der schönen Knochenschnitzereien aus dem Spät-Klassischen Tikal zeigt, daß diese Methode auch im Petén üblich war. An der Abb. 23

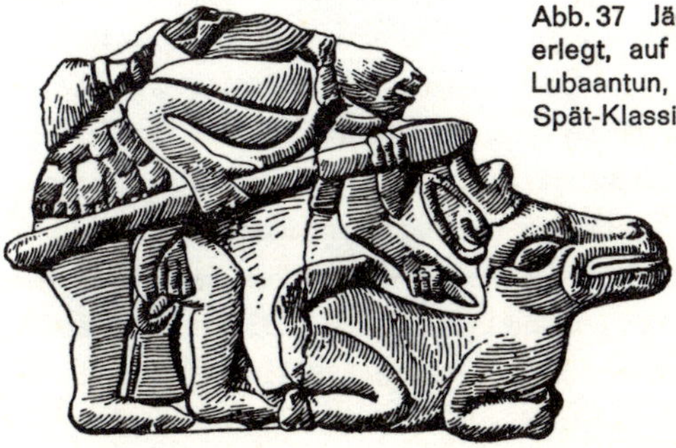

Abb. 37 Jäger, der einen Hirsch erlegt, auf einer Tonfigur aus Lubaantun, Britisch-Honduras. Spät-Klassisch.

Küste wurde der Fang gesalzen und getrocknet oder über einem Feuer geröstet, ehe er weiterverhandelt wurde.

Unter den Produkten, die die Wälder lieferten, hatte das Harz des Copalbaumes für die Maya große kulturelle Bedeutung: Es wurde als Weihrauch verwendet – ebenso wie Gummi und Kaugummi! – und galt als heilig, und zwar als so heilig, daß eine einheimische Quelle es als den »Duft des Himmelszentrums« bezeichnet. Von einem anderen Baum nahm man die Rinde, um den »balche« zu würzen, einen »starken, stinkenden« Met, der bei Festlichkeiten in großen Mengen getrunken wurde.

Handel und Handwerk

Yucatán war der größte Salzproduzent Mesoamerikas. Die Salzgewinnungsstätten erstreckten sich entlang der Küste von Campeche über die Lagunen an der Nordseite der Halbinsel bis hinüber zur Isla Mujeres im Osten. Landa lobt das Salz als »das beste, das ich je in meinem Leben kennengelernt habe«. Am Ende der Trockenzeit wurde es von den Küstenbewohnern eingesammelt, die praktisch ein Monopol innehatten, wenn auch der Herrscher von Mayapán zeitweilig die ganze Industrie an sich gerissen hatte. Auch an einigen Stellen im Binnenland fanden sich Salzlager, etwa im Chixoy-Tal in Guatemala. Am meisten gefragt war jedoch das Seesalz, das im ganzen Maya-Gebiet verhandelt wurde. Andere wertvolle Exportartikel Yucatáns waren Honig, Baumwolltücher und Sklaven. Man darf wohl annehmen, daß diese spezialisierten Industrien, und nicht der Maisanbau, Basis des yucatekischen Wirtschaftslebens waren.

Weitere einheimische Produkte, die im Handel eine Rolle spielten, waren Kakao, der nur an wenigen, gut bewässerten

Stellen angebaut werden konnte, Quetzalfedern aus der Alta Verapaz, Feuerstein und anderes Gestein aus Lagern im Zentralgebiet, Obsidian aus dem Hochland nordöstlich der Hauptstadt Guatemala und farbige Muscheln – vor allem die »Dornige Auster« – von beiden Meeresküsten. Jade und zahlreiche andere, weniger wertvolle Grünsteinarten wurden ebenfalls gehandelt. Meist stammten sie wohl aus dem Flußbett des Motagua, andere Stücke sind vielleicht auch aus alten Gräbern geraubt worden.

Die meisten Güter wurden über See transportiert, weil die Lasten schwer und die Wege schlecht waren. Die Chontal betrieben diesen Handel und waren so gute Seeleute, daß Thompson sie als die Phönizier Mittelamerikas beschreibt. Ihre Reiseroute führte entlang der Küste vom aztekischen Handelsstützpunkt Xicalango in Campeche um die Halbinsel herum nach Nito, nahe dem Izabal-See, wo sie von ihren großen Kanus aus mit den Maya des Binnenlandes in Tauschhandel traten. Eine besondere Gruppe von Händlern reiste jedoch auf den gefährlichen Überlandwegen, geleitet vom Polarstern und unter dem Schutz ihres eigenen Gottes, Ek Chuah, des Schwarzen Gottes. Bei den Tiefland-Maya werden Märkte selten erwähnt, während sie im Gegensatz dazu in Mexiko so groß waren, daß selbst die Spanier darüber staunten. Vielleicht waren sie hier unbedeutend, denn in diesem einförmigen Land hatte es wenig Sinn, in Grundprodukten zu handeln. Eine Quelle erwähnt jedoch, daß im Hochland von Guatemala die Märkte »groß, berühmt und sehr reich« waren, und das sind sie bis auf den heutigen Tag geblieben.

Dieser Handel verband Mexiko mit den Maya, denn man hatte viel auszutauschen: vor allem Kakao und die Federn tropischer Vögel gegen Kupfergeräte und -schmuck. Wahrscheinlich schützte die geschickte Handelstätigkeit der Chontal die

Maya vor den Angriffen der Azteken, denen die weniger zur Zusammenarbeit bereiten Völker Mesoamerikas erlagen.

Geburt, Heirat und Tod

In Yucatán wuschen die Mütter ihre Kinder unmittelbar nach der Geburt und befestigten sie dann auf einer Kindertrage, die kleinen Köpfe so zwischen zwei Brettern zusammengepreßt, daß nach zwei Tagen vorne und hinten eine dauernde Abflachung des Kopfes erreicht war, die bei den Maya als Schönheitsideal galt. So bald wie möglich zogen die besorgten Eltern einen Priester heran, um das Schicksal ihres Kindes und den Namen, den es bis zur endgültigen »Taufe« tragen sollte, zu erfahren.

Tafel 48

Die spanischen Padres waren sehr erstaunt, daß die Maya einen Taufritus kannten. Dieser wurde zu einem Zeitpunkt mit gutem Vorzeichen abgehalten, sobald eine genügend große Anzahl von Kindern in der Siedlung ein Alter zwischen drei und zwölf Jahren erreicht hatte. Die Zeremonie fand im Hause eines Ältesten statt, in Gegenwart der Eltern, die sich zu diesem Anlaß verschiedenen Abstinenzgeboten unterwerfen mußten. Die Kinder und ihre Väter standen innerhalb einer Schnur, die von vier alten, ehrwürdigen Männern gehalten wurde, die die Chacs oder Regengötter darstellten, während der Priester verschiedene Reinigungszeremonien durchführte und die Kandidaten mit Weihrauch, Tabak und Weihwasser segnete. Von da an galten zumindest die älteren Mädchen als heiratsfähig.

Im Hochland wie im Tiefland wohnten Knaben und junge Männer von ihren Familien getrennt in Gemeinschaftshäusern, wo sie wahrscheinlich in die Kriegskunst eingeweiht wurden. Aber auch andere Dinge scheinen sie dort gelernt zu haben, denn Landa sagt, daß Prostituierte häufige Besucherinnen dieser Häuser waren. Anderen Zeitvertreib boten der Jugend das Glücksspiel und das Ballspiel. Auch bei den Maya gab es eine doppelte Moral, denn Mädchen wurden im Gegensatz dazu von ihren Müttern streng erzogen und für sexuelle Abenteuer hart bestraft. Die Hochzeit wurde durch Vermittler arrangiert, und wie bei allen Völkern mit exogamen Sippen oder Geschlechtern gab es strenge Regeln, mit wem Ehen geschlossen oder nicht geschlossen werden konnten. Besonders streng verboten war die Heirat zwischen Personen, die den gleichen Vatersnamen trugen. Monogamie war allgemein üblich, aber wichtige Persönlichkeiten, die es sich leisten konnten, nahmen auch mehrere Frauen. Ehebruch wurde wie bei den Mexikanern mit dem Tode bestraft.

Die Schönheitsvorstellungen der Maya unterschieden sich sehr von den unsrigen, wenn auch sogar die spanischen Mönche von der Schönheit der Maya-Frauen beeindruckt waren. Beide Geschlechter ließen sich die Schneidezähne in verschiedenen Mustern zurechtfeilen, und man hat viele Schädel gefunden, in denen die Zähne mit kleinen Jadestücken eingelegt sind. Bis zur Heirat bemalten sich die jungen Männer mit schwarzer Farbe – Krieger taten dies ihr ganzes Leben lang. Nach der Heirat begann man mit dem Tatauieren und dem Anbringen von Schmucknarben; von der Taille an aufwärts waren Männer wie Frauen auf diese Weise reich geschmückt. Leichtes Schielen war sehr geschätzt, und die Eltern versuchten es künstlich hervorzurufen, indem sie ihren Kindern kleine Perlen über die Nase hängten.

Der Tod wurde allgemein gefürchtet, um so mehr, als die Verstorbenen keineswegs automatisch in ein Paradies eingingen. Gewöhnliche Menschen wurden unter dem Boden ihres eigenen Hauses begraben, mit Nahrung und einer Jadeperle im Mund, begleitet von Götterfiguren und anderen Dingen, die sie zu Lebzeiten verwendet hatten. In die Gräber von Priestern soll man »Bücher« gelegt haben. Hohe Adlige wurden verbrannt – eine wahrscheinlich mexikanische Sitte –, und über ihren Urnen wurden Grabtempel errichtet. In älterer (klassischer) Zeit war natürlich Körperbestattung unter solchen Grabdenkmälern in Gräbern üblich. Bei den Cocom-Herrschern von Mayapán schließlich war es Sitte, die Köpfe der verstorbenen Herren zu mumifizieren, sie am Familienopferplatz aufzubewahren und ihnen in regelmäßigen Abständen Nahrung vorzusetzen.

Sozialstruktur und Politik

Die alten Maya lebten nicht in einer Theokratie oder Urdemokratie, sondern in einer geschichteten Gesellschaft. Große politische Macht lag in den Händen einer erblichen Oberschicht. Um die Grundlagen des Staates im Yucatán des 16. Jahrhunderts zu verstehen, muß man mit dessen Basis, mit der Bevölkerung selbst, beginnen.

In Yucatán trug jeder erwachsene Maya zwei Namen. Den einen erbte er von seiner Mutter, und dieser konnte sich nur in der weiblichen Linie forterben, das heißt von einer Frau an ihre Nachkommenschaft. Der zweite Name war der Vatersname; er erbte sich in der männlichen Linie fort. Es gibt heute zahlreiche Belege dafür, daß diese beiden verschiedenen Namen zwei verschiedene Arten von Abstammungsgruppen bezeichneten, Mutterlinie und Vaterlinie, die einander überschnitten und nebeneinander herliefen. Es gab zur Zeit der Eroberung in Yucatán etwa 250 Vaterlinien, und wir wissen von Landa, wie wichtig sie waren. So waren sie zum Beispiel streng exogam, aller Besitz vererbte sich innerhalb dieser Gruppen. Sie waren Gemeinschaf-

Abb. 38 Führende Persönlichkeit in einer Sänfte. Sgraffito auf einer Wand in Tikal.

ten zum gegenseitigen Schutz, und alle Mitglieder waren verpflichtet, einander zu helfen. Besitztitel aus der frühen Kolonialzeit zeigen, daß diese Gruppen ihren eigenen Landbesitz hatten, was Landa wahrscheinlich meint, wenn er sagt, alle Felder seien »Gemeineigentum« gewesen. Die Mutterlinie wurde vor allem bei Eheschließungen wichtig, denn eine Heirat mit der Tochter der Vaterschwester oder des Mutterbruders war erwünscht, einige andere Verbindungen aber verboten.

Bei manchen einfacheren Naturvölkern herrscht theoretisch Gleichheit zwischen solchen Verwandtschaftsgruppen, doch bei den Maya gab es eine strenge Rangfolge der Linien. Es war wichtig, seine Herkunft nach beiden Seiten weit zurückführen zu können, denn es gab scharf unterschiedene Klassen. An der Spitze standen die Adligen = »almehen«, das heißt die, deren Abb. 38
Abstammung nach beiden Seiten hin bekannt ist. Sie hatten privaten Grundbesitz und waren Inhaber der wichtigsten politi-

schen Ämter, Krieger höheren Ranges, Priester, Kaufleute und auch wohlhabende Bauern. Die gemeinen Maya waren freie Pflanzer; wahrscheinlich hatten sie, wie das auch bei den Azteken üblich war, ein Stück Waldland aus dem Besitz ihrer Vaterlinie zur Nutzung, auf dem sie ihre Milpa anlegten. Auch sie wurden höchstwahrscheinlich noch in Reiche und Arme unterschieden. Es finden sich auch Hinweise, daß es Hörige gab, die das Privatland der Adligen bearbeiteten. Ganz am Ende der sozialen Rangleiter standen die Sklaven, meist einfache Leute, die in Kriegsgefangenschaft geraten waren. Gefangene höheren Ranges pflegte man zu opfern. Die Sklaverei war erblich, aber Abb. 39 durch Zahlungen von Mitgliedern der Vaterlinie des Sklaven ablösbar.

Bei Ankunft der Spanier lag die politische Macht im ganzen Maya-Gebiet in der Hand herrschender Gruppen, die aus Mexiko stammten. Die Politik Yucatáns wurde durch eine solche Gruppe bestimmt, die natürlich behauptete, aus Tula und Zuyuá, einer legendären Urheimat im Westen, zu stammen. Wer für ein hohes Amt kandidierte, mußte eine Prüfung in einer Art okkultem Katechismus ablegen, den man »die Sprache von Zuyuá« nannte. An der Spitze eines jeden Kleinstaates in Yucatán stand der »halach uinic« (= wirklicher Mann), der seine Stellung in der männlichen Linie geerbt hatte, während es in älterer Zeit und unter den Maya des Hochlandes auch wirkliche Könige (»ahau«) gab, die über größere Gebiete herrschten. Der »halach uinic« residierte in einer Hauptstadt und lebte von seinen eigenen Ländereien, etwa Kakaoplantagen, die von Sklaven bearbeitet wurden, und von den Tributzahlungen seiner Untertanen.

An der Spitze der kleineren Provinzstädte stand jeweils ein »batab«, den der »halach uinic« aus den Mitgliedern eines adligen Geschlechtes, das mit seinem eigenen verwandt war, er-

Abb. 39 Stehender Gefangener. Einritzung auf einem Knochen aus dem Grab in Tempel I, Tikal. Spät-Klassisch.

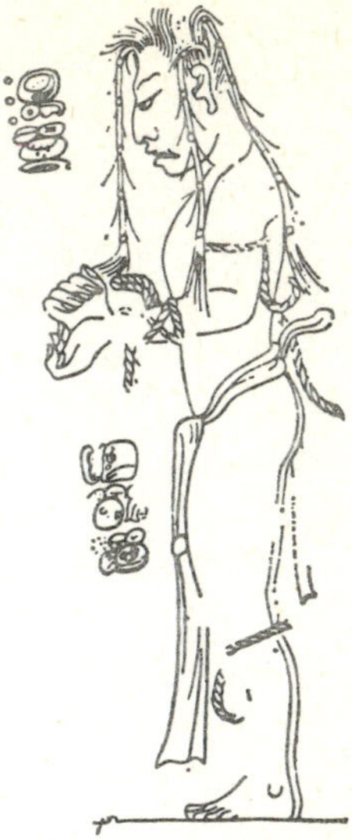

nannte. Er regierte zusammen mit örtlichen Stadträten, die sich aus älteren reichen Männern zusammensetzten und deren Vorsitz bei einem bedeutenden Nichtadligen lag, der jedes Jahr aus den vier Vierteln, aus denen eine Siedlung bestand, neu gewählt wurde. Neben seinen Pflichten als Magistrat und Verwaltungsbeamter mußte der »batab« auch als Anführer im Krieg auftreten, doch teilte er das Kommando mit dem »nacom«, einem von vielen Tabus umgebenen Mann, der für drei Jahre im Amt blieb.

Die Maya waren vom Kriege regelrecht besessen. Die Annalen der Cakchiquel und das Popol Vuh sprechen von kaum etwas anderem als Konflikten zwischen den Stämmen des Hochlandes, und die 16 Staaten Yucatáns lagen wegen Grenzstreitigkeiten und Fragen, die die Ehre der Geschlechter betrafen, dauernd miteinander im Krieg. Dem wäre noch das Zeugnis der

Klassischen Monumente und ihrer Inschriften hinzuzufügen, die über Krieg und Eroberung berichten. Aus ihnen und den Augenzeugenberichten der Konquistadoren wissen wir, wie die Maya Krieg zu führen pflegten. Die »holcan« (= die Tapferen) waren die Fußsoldaten; sie trugen gesteppte Baumwollpanzer oder Panzer aus Tapirhaut, Lanzen mit Feuersteinspitzen, Wurfspeere und Speerschleudern und in Spät-Nachklassischer Zeit auch Pfeil und Bogen. Normalerweise begannen die Feindseligkeiten mit einem unangekündigten Überfall, um im feindlichen Lager Gefangene zu machen. Der reguläre Kampf wurde mit schrecklichem Getöse von Trommeln, Pfeifen, Schneckenhörnern und Kriegsgeschrei eingeleitet. Auf beiden Seiten der Anführer und des Götterbildes, das man unter der Obhut von Priestern mit in den Kampf nahm, war je eine Gruppe von Fußsoldaten aufgestellt, die Wurfspeere, Pfeile und Schleudersteine auf die Feinde hageln ließ. War der Feind aber einmal ins eigene Land eingedrungen, ging man zum Guerilla-Krieg über, legte Hinterhalte und stellte Fallen aller Art. Gefangene niederen Ranges endeten als Sklaven, den Adligen und Anführern jedoch wurde auf dem Opferstein das Herz ausgerissen.

Die geistige Welt der Maya VIII

Bei fast allen frühen Hochkulturen, über die wir Genaueres wissen, ist es sehr schwer, frühe wissenschaftliche Kenntnisse, die sie besaßen, von dem religiös-magischen Zusammenhang zu trennen, in dem sie erscheinen. Man darf deshalb jedoch nicht etwa annehmen, Völker wie die Maya oder die Sumerer hätten keine beachtlichen empirischen Kenntnisse über ihre natürliche Umwelt besessen. Wie wir noch sehen werden, hatten Arithmetik und Astronomie bei den Maya ein Niveau erreicht, das mit dem der alten Babylonier durchaus vergleichbar ist und das der alten Ägypter in mancher Hinsicht sogar übertrifft. Doch sollte man nicht übertreiben; Wissenschaft im modernen Sinne gab es noch nicht. An deren Stelle finden wir, ähnlich wie auch bei den mesopotamischen Kulturen, eine Kombination ziemlich genauer astronomischer Daten mit etwas, das man nur als »Numerologie« bezeichnen kann und das die Priester zu religiösen Zwekken entwickelt hatten.

Wir kennen aus der geistigen Welt der Maya nur wenige Fragmente, denn von den Tausenden von Büchern, in denen ihre Gelehrsamkeit und ihre Rituale aufgezeichnet waren, sind uns nur drei erhalten. Vergleichbar wäre, wenn alles, was die Nachwelt von uns wüßte, auf zwei Gebetbüchern und einem Erbauungsbuch beruhte. Die drei erhaltenen Bücher sind auf lange Streifen Rindenpapier geschrieben, die in der Art eines Wand-

schirms gefaltet und mit Stuck überzogen sind. Nach den frühen spanischen Quellen enthielten die Bücher der Maya geschichtliche Darstellungen, Prophezeiungen, Gesänge, »Wissenschaften« und Genealogien; unsere drei vorliegenden Werke sind jedoch rein rituellen oder rituell-astronomischen Charakters. Sie sind im Nordgebiet während der Nach-Klassischen Periode
Tafel 83 entstanden. Der »Dresdener Kodex« ist der schönste der drei;
Abb. 42 er ist etwa 20 cm breit und 4 m lang. Einige innere Kriterien haben manche Forscher zu der Annahme geführt, daß er in Campeche entstanden ist. Dagegen glaubt der russische Forscher Knorosov, er gehöre der mayanisch-toltekischen Periode in Chichen Itzá an. Der »Madrider Kodex« und der »Pariser Kodex« – der letztgenannte ist nur fragmentarisch erhalten – sind von geringerer Qualität und wohl etwas jünger. Thompson vermutet sogar, daß ein spanischer Priester den »Madrider Codex« in Tayasal erworben haben könnte.

Dazu kommen an Schriftquellen die Inschriften der Klassischen Zeit, oder zumindest jene Teile, die man lesen oder teilweise entziffern kann. Außerdem liegen uns sehr wertvolle Nachrichten über die Rituale der Maya in Berichten vor, die kurz nach der Eroberung verfaßt wurden. Mehrere esoterische Texte, wie die Bücher des Chilam Balam, sind in Maya-Sprache abgefaßt, aber in spanischen Buchstaben niedergeschrieben. Aus allen diesen Dokumenten ist zu ersehen, daß das Leben der Maya von religiösen Vorstellungen tief durchdrungen war und daß die Durchführung notwendiger ritueller Handlungen allen Schichten der Maya-Gesellschaft Bedeutung und ein Gefühl der Sicherheit verlieh.

Das Universum und seine Götter

Die Idee zyklischer Weltenschöpfung und -zerstörung ist ein typischer Zug mesoamerikanischer wie orientalischer Religionen. Die Azteken zum Beispiel glaubten, daß das Universum durch vier solcher Weltalter hindurchgegangen sei und daß wir jetzt im fünften lebten, das in einem Erdbeben sein Ende finden sollte. Die Maya dachten in gleichen Vorstellungen, in sehr langen Zeitepochen ähnlich den »kalpas« der Hindu. Möglicherweise dauerte ein jeder solcher Abschnitt 13 Baktun, also etwas weniger als 5200 Jahre. Am letzten Tage jedes 13. Baktun mußte dann ein Weltuntergang über die entarteten Völker der Erde und über die ganze Schöpfung kommen. So müßte (nach der Thompson-Korrelation) unser Universum im Jahre 3113 v. Chr. geschaffen worden sein und am 24. Dezember 2011 n. Chr. vernichtet werden, zum Zeitpunkt also, wenn der nächste große Zyklus des »Long Count« seine Vollendung erreicht.

Aus den sehr ungleich verteilten Nachrichten, die uns erhalten sind, ist es ziemlich schwierig, die Kosmologie der Maya zu rekonstruieren. Offenbar stellten sie sich die Erde flach und viereckig vor. Jede Ecke entsprach einer Himmelsrichtung, der Abb. 40 ein Farbwert zugeordnet war: Rot dem Osten, Weiß dem Norden, Schwarz dem Westen, Gelb dem Süden und Grün der Mitte. Der Himmel war vielschichtig und wurde an den Ecken von vier Bacabs, himmelstützenden Göttern, getragen, denen ebenfalls die entsprechenden Farben zugeordnet waren. Nach einer anderen Vorstellung wurde der Himmel von vier Bäumen verschiedener Art und Farbe an den Ecken gestützt. Der grüne Ceiba-Baum stand in der Mitte. Jede der dreizehn Schichten des Himmels hatte ihre eigene Gottheit; diejenige der letzten Schicht war der Muan-Vogel, eine Art Eule. Die Unterwelt bestand aus neun Schichten, die von den entsprechenden neun

»Herren der Nacht« regiert wurden. An diesem kalten unfreundlichen Ort mußten sich die meisten Maya nach ihrem Tode aufhalten; durch diese Unterwelt gingen auch die Himmelskörper hindurch, sobald sie hinter dem Horizont verschwunden waren.

Die Kunst der Klassischen Periode und die Codices der Nachklassischen Zeit lassen vermuten, daß man sich die Erde als den Rücken eines riesigen Krokodils dachte, das in einem Teich voller Wasserlilien ruhte. Sein Gegenstück im Himmel war eine doppelköpfige Schlange, eine Vorstellung, die wahrscheinlich dadurch zu erklären ist, daß das Wort »Himmel«, »can«, ein Homonym des Wortes für »Schlange« ist. Auf ihrem Körper trug die Himmelsschlange nicht nur ihr eigenes Zeichen, ge-
Abb. 45 kreuzte Bänder, sondern auch die Zeichen der Sonne, des Mondes, des Morgensterns und anderer Himmelskörper.

Abb. 41 Über das Pantheon der Maya ist sehr wenig bekannt. Die

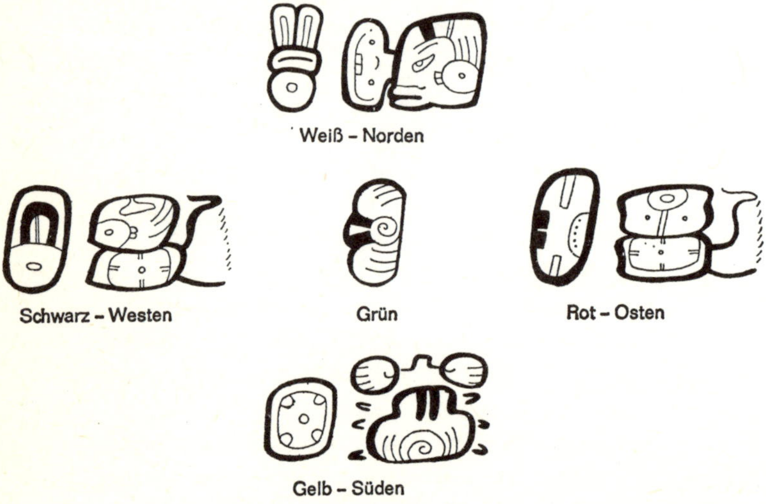

Abb. 40 Glyphen, die die Himmelsrichtungen und ihre Farben angeben.

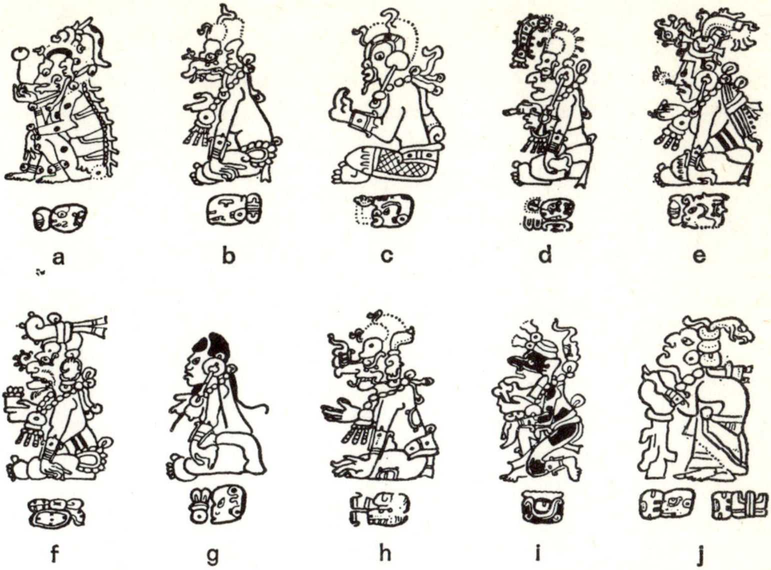

Abb. 41 Götter des Maya-Pantheons mit ihren Namensglyphen, aus dem Dresdener Codex. a, Todesgott; b, Chac, der Regengott; c, Gott des Nordsterns; d, Itzamná; e, Maisgott; f, Sonnengott; g, Junge Mondgöttin; h, Bolon Dzacab; i, Ek Chuah, der Gott der Kaufleute; j, Ix Chel, die Göttin der Heilkunst.

verwirrende Vielzahl ihrer Götter kann man aus einem Manuskript des 18. Jahrhunderts ersehen, dem »Ritual der Bacabs«, in dem 166 Gottheiten mit Namen erwähnt sind. In den Codices aus der Zeit vor der Eroberung lassen sich mehr als dreißig unterscheiden. Diese Vielzahl erklärt sich aus den zahlreichen Aspekten der einzelnen Götter. Jeder von ihnen bestand zunächst aus vier Personen, die den Farben und Himmelsrichtungen entsprachen. Außerdem hatten manche von ihnen offenbar ein Gegenstück aus dem anderen Geschlecht als Begleiter, ein Ausdruck der dualistischen Vorstellungen Mesoamerikas, die eine Einheit der Gegensätze einschlossen. Und schließlich besaß jede astrale Gottheit ihr Gegenstück in der Unterwelt, ihre Verkörperung, wenn sie starb und unter der Erde verschwand, um später aufs neue am Himmel zu erscheinen.

Wenn auch einige Maya-Quellen von einem »einen und einzigen« Gott sprechen (Hunab Ku), der allmächtig und körperlos ist, war doch sicherlich die allgemein anerkannte oberste
Abb. 41 d Gottheit Itzamná (Eidechsen-Haus), den die Codices als alten Mann mit Römernase abbildeten. Er galt als Erfinder der Schrift und war Schirmherr der Gelehrsamkeit und der »Wis-
Abb. 41 j senschaften«. Seine Frau war Ix Chel, die »Regenbogengöttin«, die alte Göttin des Webens, der Medizin und der Geburt. Vielleicht war sie gleichzeitig auch die alte Mondgöttin, aber die Schlangen in ihrem Haar und die Klauen an Händen und Füßen weisen sie eher als Gegenstück zu Coatlicue, der aztekischen Götter- und Menschenmutter, aus. Alle anderen Götter, eingeschlossen die Bacabs, waren offenbar die Nachkommen dieses Paares.

Abb. 41 f Der Sonnengott Ah Kinchil gleicht in den Codices sehr stark Itzamná und kann sehr wohl eine seiner Verkörperungen gewesen sein. Auf seiner nächtlichen Reise durch die Unterwelt wird er zum Jaguargott von furchterregendem Aussehen, den wir oft auf den Klassischen Monumenten dargestellt finden. Man glaubt, daß eine jüngere, halbnackte weibliche Gottheit, die im »Dresdener Codex« eine hervorragende Stelle einnimmt,
Abb. 41 g die Mondgöttin Ix Chúp (»die Frau«), vielleicht die Gemahlin von Ah Kinchil, darstellt. Andere Himmelsgottheiten waren
Abb. 41 c der Polarstern und der Abend- und Morgenstern in verschiedenen Gestalten.

An den Ecken der Welt hausten die wohlwollenden Chacs,
Abb. 41 b die Regengötter, in verschiedenen Farben, aber alle gleicher-
Abb. 24, 26 maßen von den Maya tief verehrt, denen sie sich in Donner und Blitz kundtaten. Dann gab es auch noch die vier Pauahtuns, de-

ren Bedeutung unbekannt ist, und die vier Bacabs, die jeweils über ein Viertel der 260-Tage-Periode herrschten. In der Unterwelt übte eine Reihe finsterer Gottheiten ihre Herrschaft aus, vor allen anderen der Todesgott selbst, in den Quellen als Abb. 41 a Cumhau, Ah Puch oder Cizin bezeichnet.

Außerdem gab es die Schutzpatrone der verschiedenen Bevölkerungsschichten und der Berufe. An deren Spitze stand Kukulcan, der Gott der Herrscherkaste. Obwohl sein Kult erst in toltekischer Zeit einen Höhepunkt erreichte, gibt es an Fundorten wie Tikal sehr viel frühere Darstellungen gefiederter Schlangen. Die Krieger verehrten verschiedene Kriegsgötter; manche von ihnen waren offensichtlich selbst Helden gewesen, die ihrer Eroberungen wegen zu Göttern erhoben worden waren. Für Kaufleute und Kakaopflanzer war Ek Chuah zustän- Abb. 41 l dig, mit schwarzem Gesicht und Knollennase. Tafel 74 Es gab auch Schutzgottheiten für Jäger, Fischer, Bienenzüchter, Tatauierer, Komödianten, Sänger und Dichter, Tänzer, Liebende und sogar für Selbstmörder. Weniger klar verständlich sind Gottheiten, die offenbar mit der Abstammung in Verbindung stehen. Einer von ihnen ist »Bolon Dzacab« (»Viele Mutterlinien«), dessen Abb. 41 h Gesicht mit barock verzweigter Nase auf »Zeremonialbalken« und Szeptern zu sehen ist, wie sie auf den Klassischen Monumenten viele Personen hohen Ranges führen.

Priester und Riten

Im Gegensatz zur aztekischen Priesterschaft lebten die Priester der Maya nicht im Zölibat. Söhne folgten ihren Vätern im Amt, obwohl auch jüngere Söhne von Herrschern gelegentlich diesen Beruf ergriffen. Ihr Titel »Ah Kin« (»der der Sonne zugehört«) weist auf eine enge Verbindung mit Kalender und Astronomie hin, und eine Liste ihrer Pflichten, wie Landa sie überliefert, zeigt, daß sie sich um die Gelehrsamkeit ebenso wie um das Ritual zu kümmern hatten. Dazu gehörten »die Berechnung der Jahre, Monate und Tage, die Ausrichtung der Feste und Zeremonien, die Verwaltung der Sakramente, die Bestimmung der schicksalhaften Tage und Jahreszeiten, Wahrsagerei und Prophezeiungen und Krankenheilung, die Kenntnis der Überlieferung und die Kunst, Buchstaben und Zeichen zu lesen und zu schreiben«. Außerdem verwahrten sie auch die so wichtigen Genealogien. Während der Blütezeit Mayapáns residierte dort ein erblicher Oberpriester, dessen Hauptfunktion die Leitung einer Art Akademie zur Ausbildung von Priesternachwuchs gewesen zu sein scheint, aber in keiner Quelle finden wir Anzeichen dafür, daß seine Autorität oder die der Priester überhaupt den Einfluß weltlicher Macht übertraf.

Bei Menschenopfern gingen dem Priester vier alte Männer zur Hand, die zu Ehren der Regengötter Chacs genannt wurden. Sie hielten Arme und Beine des Opfers, während eine andere Person, die wie der Anführer im Krieg den Titel »Nacom« trug, ihm die Brust öffnete. Mit dem Kult zu tun hatte auch der Chilam, eine Art Hellseher oder Schamane, der im Trancezustand Mitteilungen von den Göttern erhielt, die dann von den versammelten Priestern gedeutet wurden.

Jeder Ritualakt der Maya wurde durch den Kalender bestimmt, vor allem durch den 260-Tage-Zyklus. Die Riten waren voll symbolischer Bedeutung. So erscheinen wiederholt die Zahlen 4, 9, 13 und die Farben und Himmelsrichtungen. Vor und während der Feste enthielt man sich der Nahrung und des Geschlechtsverkehrs. Die Teilnehmer verstümmelten sich selbst, indem sie sich Nadeln und Rochenstacheln durch Ohren, Wangen, Lippen, Zunge und Penis zogen. Das Blut wurde auf Papier verspritzt oder zum Einreiben der Götterbilder verwendet.

Kurze Zeit vor der Eroberung wurde diesen Idolen auch Nahrung gereicht, und man verbrannte vor ihnen Copal und Gummi als Weihrauch. Gefangene, Sklaven und vor allem Kinder wurden geopfert (oft handelte es sich dabei um uneheliche Kinder oder um Waisen, die zu diesem Zweck gekauft wurden). Vor der Toltekenzeit scheinen jedoch vor allem Tiere geopfert worden zu sein, und wir wissen, daß wilde Truthähne, Hunde, Eichhörnchen, Wachteln und Leguane als passende Opfer angesehen wurden.

Unser Verständnis des Festzyklus, wie er in Yucatán üblich war, wird durch Landas gelegentliche Unfähigkeit beeinträchtigt, zwischen Riten, die der 260-Tage-Periode zugeordnet wa- Abb. 8 ren, den von ihm so genannten beweglichen Festen, und solchen, die durch das 19 Monate bzw. 365 Tage dauernde »Angenäher- Abb. 9 te Jahr« bestimmt wurden, zu unterscheiden. Aber offenbar fanden die Haupttriten zu Beginn des neuen Jahres statt. Sie Abb. 42 wurden in jeder Gemeinde während der »Uayeb«, der fünf unbenannten Unglückstage, am Ende des alten Jahres abgehalten und schlossen den Bau einer besonderen Straße ein, die vielleicht den Dammwegen der Klassik ähnelte. Sie führte zu Götterbildern, die man in einer bestimmten Himmelsrichtung unmittelbar außerhalb der Stadtgrenzen aufstellte. Jedes Jahr wählte man eine andere Richtung, wobei man gegen den Uhrzeigersinn vorging, und in vier Jahren also 36° zurücklegte. Es gab für jedes Jahr gute und schlechte Vorzeichen, aber durch Sühneopfer und Sühneriten konnten die schlechten ausgeglichen werden. Dazu gehörte die bekannte Zeremonie, in der Priester barfuß über glühende Kohlen schritten.

Das ganze Jahr hindurch existierten Riten für die Pflanzer und so wichtige wirtschaftliche Gruppen wie Jäger, Bienenzüchter, Fischer und Handwerker, die sich wahrscheinlich im 260-Tage-Zyklus wiederholten, wenn wir dem »Madrider Codex«

Abb. 42 Zeremonien zum Jahresbeginn aus dem Dresdener Codex. Unten: der Todesgott bringt ein Opfer vor dem Bild dar, das dem Neuen Jahr entspricht. Mitte: Das Götterbild des Itzamná im Tempel. Oben: Der Opossumgott trägt das Bild des Maisgottes zu einem Altar am Eingang der Stadt.

Glauben schenken dürfen, der sich wohl hauptsächlich mit derartigen Dingen befaßt. Die Vermehrung des Wildes, große Ausbeute an Honig und Wachs und anderes mehr waren der Zweck dieser Zeremonien, die oft die Form eines Analogiezaubers annahmen. So zwang man zum Beispiel den Regen herbei, indem »Chacs« aus Töpfen Wasser auf ein Feuer gossen.

Zahlensystem und Kalender

Der Wissenschaftshistoriker Otto Neugebauer betrachtet die Einführung des Stellenwertes bei der Schreibung von Zahlen als »eine der fruchtbarsten Erfindungen der Menschheit«, in mancher Hinsicht mit der Erfindung des Alphabets zu vergleichen. Statt der schwerfälligen additiven Zahlen, wie sie die Römer und viele andere Kulturvölker der Welt verwendeten, haben einige Völker ein System entwickelt, »in dem die Position eines Zahlensymbols seinen Wert bestimmt, so daß eine begrenzte Zahl von Symbolen genügt, um noch so große Zahlen auszudrücken, ohne daß Wiederholungen oder die Schaffung neuer, höherwertiger Zahlensymbole notwendig sind«.

Die Maya, und wahrscheinlich schon vor ihnen die Olmeken, Abb. 43 arbeiteten mit nur drei Symbolen: dem Punkt für die Eins, dem Balken für die Fünf und einer stilisierten Schnecke für die Null. Anders als unser eigenes, von den alten Indern stammendes System, das dezimal ist und die Zahlen von rechts nach links im Wert zunehmen läßt, war das System der Maya vizesimal und ließ in senkrechten Säulen von unten nach oben im Wert zunehmen. So hat die erste und niedrigste Stelle einen Wert von Eins, die nächste Stelle darüber den von Zwanzig, die darüber den von Vierhundert usw. Man sieht sofort, daß »Zwanzig« (O Einer, 1 Zwanziger) mit einer Null an erster und einem Punkt

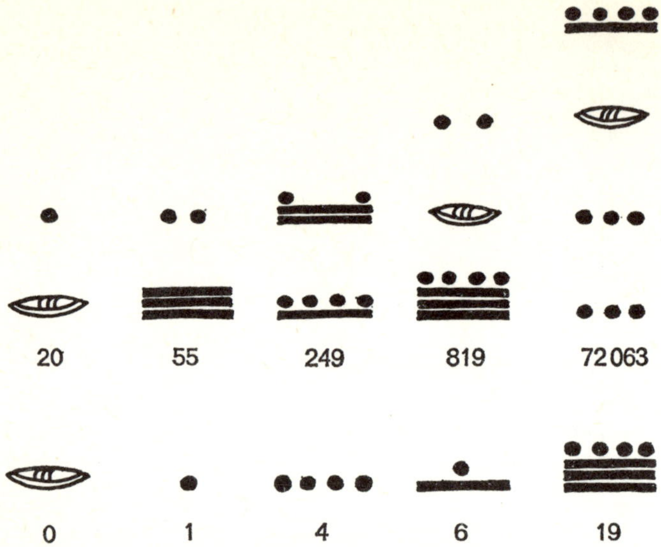

Abb. 43 Beispiele des Zwanziger-Rechensystems der Maya.

an zweiter Stelle geschrieben werden mußte (diese Zahl besaß daneben in einem anderen Schreibsystem auch ihr eigenes Symbol). Sánchez hat auf die Einfachheit hingewiesen, mit der die Maya in ihrem System Addition und Subtraktion durchführen konnten, und er hat auch im Gegensatz zu anderen Wissenschaftlern vermutet, daß Multiplikation und Division möglich waren, obwohl sie in unseren Quellen nicht erwähnt werden.

Was für Berechnungen wurden nun angestellt und zu welchem Zweck? Landa sagt, daß die Kaufleute, besonders die Kakaohändler, das reine Vizesimalsystem benutzen und daß sie Berechnungen »auf dem Boden oder einer flachen Unterlage« mit Hilfe von Rechensteinen, wohl Kakaobohnen oder Maiskörnern, durchführen. Hauptsächlich scheinen die Maya ihre Rechenkünste aber zu kalendarischen Kalkulationen benutzt zu

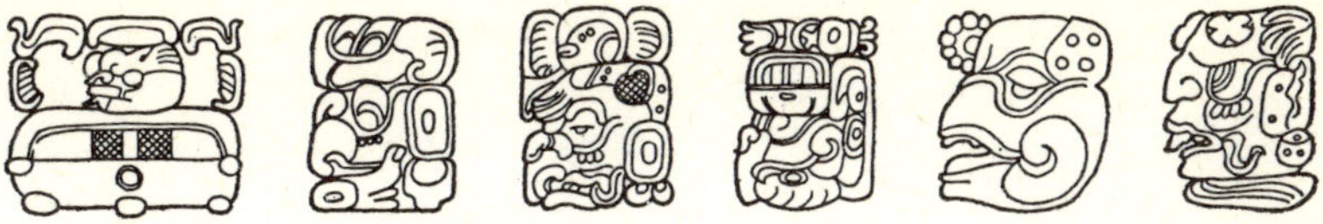

Abb. 44 Glyphen der im »Long Count« verwendeten Zyklen. a, Einführungsglyphe; b, Baktun; c, Katun; d, Tun; e, Uinal; f, Kin.

haben. Zu diesem Zweck führten sie jedoch eine Änderung ein: Wenn Tage gezählt werden, sind die Stellenwerte dem »Long Count« angepaßt, in dem die beiden ersten Stellen zwar die Werte von Eins und Zwanzig behalten, die dritte aber nicht als Vierhundert, sondern als ein »Tun« von 360 (18 × 20) Tagen gedacht wird, usw. Um ihren außerordentlich komplizierten Kalender zu handhaben, der unter anderem die Überschneidung des »Long Count« mit der 52jährigen »Calendar Round« kannte, mußten die Maya-Priester Multiplikationstafeln aufstellen. Im Dresdener Codex gibt es Tafeln für die Vielfachen von 13, 52, 65, 78 und 91 (diejenige ganze Zahl, die der Zahl der Tage in einem Vierteljahr am nächsten kommt). Brüche hatten in diesem System keinen Platz; man war immer bemüht, Gleichungen von Zyklen zu erreichen, in denen nur ganze Zahlen vorkamen, etwa: 73 × 260 Tage = 52 × 365 Tage.

Im Dresdener Codex und auf den Klassischen Maya-Monumenten erscheinen verschiedene Arten von Daten. Am Anfang einer typischen Klassischen Inschrift steht die »Eingangsserie«, ein »Long Count«-Datum, dem ein besonderes »Einführungszeichen« vorangeht. In diesem ist das Bild eines der 19 Monatsgötter enthalten. Unmittelbar auf das »Long Count«-Datum folgt die Position des Tages in der 260-Tage-Zählung, und nach einigen anderen Zeichen die Position des Tages im Monat (des 260-Tage-Jahres). Die erwähnten dazwischenliegenden Zeichen

Abb. 44
Abb. 8
Abb. 9

geben an, welcher der neun Götter der Unterwelt über den betreffenden Tag regiert (im Zyklus von neun Tagen). Außerdem enthalten sie Mondberechnungen, von denen später noch die Rede sein soll.

Meist enthält ein Monument jedoch mehrere Daten, die oft durch »Abstandszahlen« verbunden sind, das heißt Zahlen, die angeben, wie viele Tage man vom Grunddatum zurückrechnen muß, um ein anderes Datum zu erreichen. Meist sind die Abstände von bescheidener Größe, doch in einigen Beispielen umfassen sie Millionen von Jahren. Außerdem finden sich in den Inschriften oft »Perioden-Enddaten«, die die Vollendung eines Katun, halben Katun (Lahantun, das heißt zehn Tun), Viertelkatun (Hotun) oder Tun festhalten. Als Beispiel könnte man das Katunende 9. 18. 0. 0. 0 anführen, das im ganzen Zentralgebiet gefeiert wurde. Auch »Jahresgedenkdaten« finden sich in den Inschriften der Klassischen Zeit sehr häufig, das heißt »Calendar Round«-Daten, die eine bestimmte Zahl von Katuns oder Tuns von einem bestimmten Datum entfernt liegen, das nicht mit einem der oben erwähnten Perioden-Enddaten identisch ist.

Warum diese augenscheinliche Besessenheit von allem, was mit Daten und dem Kalender zu tun hat? Was bedeuten all diese Daten auf den Klassischen Stelen und Monumenten? Bis vor kurzem erklärte man sie sich als das Werk von Priestern, die die Lage von Kalender- und Himmelszyklen zu einer Religion ausarbeiteten, die im wesentlichen auf der Verehrung der Zeit selbst beruhte. Wie wir sehen werden, ist eine völlig andere Erklärung nicht nur möglich, sondern auch sehr wahrscheinlich.

Sonne und Mond

Für die Maya war der 365-Tage-Zyklus (18 Monate von 20 Tagen plus die fünf übrigbleibenden Tage, die Uayeb) eine Annäherung an das Sonnenjahr, die für ihre Zwecke voll ausreichte. Dieses »Angenäherte Jahr« begann unter den Yucateken der Zeit Landas am 16. Juli. Doch braucht die Erde in Wirklichkeit etwa 365 1/4 Tage für ihre Reise um die Sonne, so daß dieses »Angenäherte Jahr« dem Sonnenjahr immer weiter vorauslief. Allmählich wurde so die Entsprechung zwischen bestimmten Monaten und Jahreszeiten aufgehoben. Wir wissen, daß die Maya nicht wie wir Schalttage oder Ähnliches einschoben, und es hat sich gezeigt, daß noch stärker ausgeklügelte Korrekturen, die man ihnen zugeschrieben hat, gar nicht existieren. Dennoch beweisen die Mondberechnungen in den Inschriften, daß die Maya eine ungewöhnlich genaue Vorstellung von der wirklichen Länge des tropischen Jahres gehabt haben müssen.

Merkwürdigerweise machten sie sich nämlich mit dem wechselhaften Mond weit mehr Mühe als mit der Sonne. In den Inschriften folgt auf die Daten der »Einleitungsserie« die sogenannte »Mondserie«. Sie enthält bis zu acht Schriftzeichen, die sich mit dem Zyklus des Erdtrabanten befassen. Eines davon hält fest, ob der laufende Mondmonat 29 oder 30 Tage lang war, ein anderes bezeichnet das Stadium des Mondes an dem bestimmten Tag der »Long Count«-Zählung. Natürlich standen die Maya wie jedes Kulturvolk vor dem Problem, ihren Mondkalender mit dem Sonnenkalender zu koordinieren, aber es gibt kaum Anzeichen dafür, daß sie den 19jährigen »Metonischen Zyklus« verwendeten, auf dem die sogenannte Goldene Zahl basiert. Statt dessen stellte seit der Mitte des 4. Jahrhunderts n. Chr. jedes Zentrum seine eigenen Rechnun-

Abb. 45 d

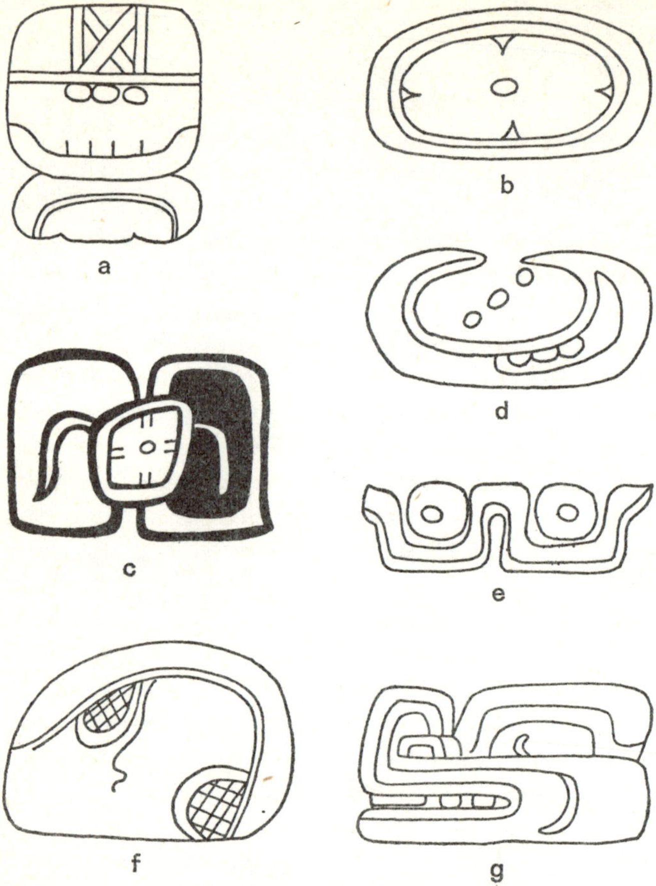

Abb. 45 Glyphen für die Erde und die Himmelskörper in den Codices. a, Can, der Himmel; b, Kin, die Sonne; c, Sonnenfinsternis; e, Nohoch Ek, die Venus; d, U, der Mond; f, Cab, die Erde; g, wahrscheinlich der Mars.

gen auf, um die beiden Systeme zu korrelieren. Seit 682 n. Chr. nun rechneten die Priester von Copán nach der Formel 149 Monde = 4400 Tage, und dieses System übernahmen schließlich fast alle anderen Maya-Zentren. Das heißt also: Eine Lunation war im Durchschnitt bei ihnen 29,53020 Tage lang, was dem wirklichen Wert von 29,53059 erstaunlich nahe kommt.

Die Finsternistafeln, die im Dresdener Codex sieben Seiten einnehmen, sind für Maya-Forscher wie für Astronomen von großem Interesse. Sie umfassen einen Zyklus von 405 Lunationen oder 11 960 Tagen, der passenderweise 46 × 260 Tagen entspricht. Diese Entsprechung beschäftigte die Maya sehr, denn durch sie konnte man die Bewegungen der Himmelskörper mit der heiligen Ritualperiode von 260 Tagen in Zusammenhang bringen. Spätestens seit der Mitte des 8. Jahrhunderts n. Chr., möglicherweise aber schon sehr viel früher, wußten die Maya, daß Mond- und Sonnenfinsternisse nur innerhalb von 18 Tagen Abb. 45 c vor oder nach dem »Knoten« stattfinden konnten, dem Zeitpunkt, an dem die Bahn des Mondes die scheinbare Laufbahn der Sonne kreuzt, und die Tafeln stellen genau diese Tatsache dar. Offenbar wußten sie auch von der Rückwanderung des »Knotens« oder zumindest von deren Auswirkung über lange Zeiträume; Thompson vermutet, daß die Priester-Astronomen die Tafeln etwa alle fünfzig Jahre neu berechneten.

Planeten und Sterne

Nur von der Venus wissen wir mit Sicherheit, daß die Maya Abb. 45 e über sie Berechnungen aufstellten. Anders als die Griechen der Zeit Homers wußten sie, daß Morgen- und Abendstern derselbe Himmelskörper sind. Für das scheinbare (»synodische«) Venus-Jahr nahmen sie eine Dauer von 584 Tagen an (der tatsächliche Wert ist 583, 92, also sehr nahe). Dieses Jahr teilten sie in vier Perioden verschiedener Länge ein; Venus als Morgenstern, Verschwinden bei oberer Konjunktion, Sichtbarkeit als Abendstern, Verschwinden bei unterer Konjunktion. Nach fünf Venusjahren traf sich dieser Zyklus mit dem Sonnenzyklus, denn $5 \times 584 = 8 \times 365 = 2920$ Tage. Eine solche Achtjahrestafel findet sich ebenfalls im Dresdener Codex.

Man hat bezweifelt, daß die Maya außer der Venus noch andere Planeten beobachteten. Doch eine andere der Dresdener Tafeln, die die Vielfachen von 78 verzeichnet, kann kaum etwas anderes als eine Mars-Tafel sein (Mars hat ein synodisches Jahr von 780 Tagen). Den erfahrenen Rechnern der Maya kann ebenfalls schwerlich entgangen sein, daß das Produkt der magischen Zahlen 9 und $13 = 117$ fast der Länge des Merkur-Jahres von 116 Tagen entspricht. Man hat sogar vermutet, daß die Maya sich für den Lauf des Jupiter interessiert haben. Natürlich waren sie keine Astronomen, sondern Astrologen, und der Lauf der Planeten, die man am Sternenhimmel entlangwandern sah, muß für sie das Schicksal von Arm und Reich bestimmt haben.

Die chaldäischen und ägyptischen Astrologen teilten den Himmel in verschiedener Weise auf, wobei jeder Sektor einem vorgestellten Sternbild entsprach. So konnten sie den Rücklauf der Sonne durch die einzelnen Sektoren das ganze Jahr hindurch verfolgen und hatten bei Nacht eine Sternuhr. Der Tierkreis Mesopotamiens ist das bekannteste System dieser Art. Besaßen die Maya etwas Ähnliches? Man ist sich darüber nicht ganz einig; einige Wissenschaftler wollen auf einer beschädigten Seite des Pariser Codex die Andeutung eines Tierkreises erkennen. Zu sehen sind ein Skorpion, eine Schildkröte und eine Klapperschlange, die von einem Himmelsband herabhängen. Über Sagen, die mit Sternen zu tun haben, weiß man ziemlich wenig, aber die Maya kannten Sternbilder wie »Tzab« (= Klapper der Klapperschlange, die Plejaden) und »Ac« (= Schildkröte, bestehend aus Sternen im Bild der Zwillinge), an denen sie den Lauf der Nachtstunden ablesen konnten. Auch dies macht eine Art von Tierkreis recht wahrscheinlich.

Der Charakter der Maya-Schrift

Nur wenigen Studien war bei so viel Arbeit und Mühe so wenig Erfolg beschieden wie der Entzifferung der Maya-Schrift. Damit soll nicht gesagt sein, daß wir nicht schon eine Menge Zeichen verstehen, das heißt in ihrer Bedeutung erkennen können, aber das Problem liegt im wesentlichen in der Koordination eines solchen Zeichens mit einem Wort der Maya-Sprache. Am meisten wurde bei den Schriftzeichen erreicht, die kalendarischer oder astronomischer Bedeutung sind. So hatte um die Mitte des 19. Jahrhunderts der Abbé Brasseur de Bourbourg Landas »Relacion« wiederentdeckt, durch die er Schriftzeichen für die Tage erkennen und die Balken- und Punktzahlen der Codices entziffern konnte. Man entdeckte bald, daß die Maya-Schrift in Doppelkolumnen von links nach rechts und von oben nach unten zu lesen war. Um die Jahrhundertwende hatten europäische und amerikanische Gelehrte folgendes richtig entziffert: die Zeichen für Null und Zwanzig, die Himmelsrichtungen und die Farben, Venus, die Monate (auch bei Landa) und den »Long Count«. Durch bemerkenswerte Zusammenarbeit von Astronomen und Epigraphen waren in den frühen 30er Jahren die Geheimnisse der Mondserie enthüllt. Aber danach gab es immer weniger Erfolge, so daß einige Pessimisten ganz ohne Grund schon behaupteten, die Texte enthielten fast nur kalendarisches und astronomisches Abrakadabra.

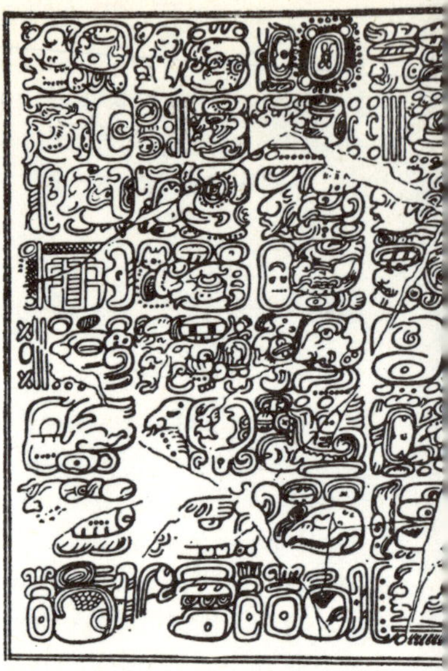

Abb. 46 »Tafel der 96 Hieroglyphen«, Palenque. Ein sehr langer Text der Spät-Klassischen Periode, dessen Inhalt hauptsächlich historischer Art ist, wenn er auch viele kalendarische Glyphen enthält.

Geht man von der Grundvoraussetzung aus, daß irgendein
Abb. 46 System in den Schriftzeichen der nicht-kalendarischen Texte zu finden ist, gibt es nur eine begrenzte Zahl von Möglichkeiten, welcher Art dieses System sein kann. In einer rein piktographischen oder Bilderschrift wird jedes Wort nur durch ein Bild des Dinges, auf das es sich bezieht, dargestellt; dies genügt manchen Naturvölkern schon. Doch kann man nicht von allem ein Bild zeichnen, das man über Raum und Zeit mitzuteilen wünscht. So hat sich jede uns bekannte Schrift – wie Lounsbury es formuliert – die nicht rein piktographisch ist, nach zwei Richtungen entwickelt: nach der semantischen und nach der phonetischen.

Geht man semantisch vor, würde man, um eine nicht unmittelbar anschauliche Sache auszudrücken, etwas Verwandtes darstellen, etwa ein Feuer für »heiß«. Fast alle Schriften der Welt

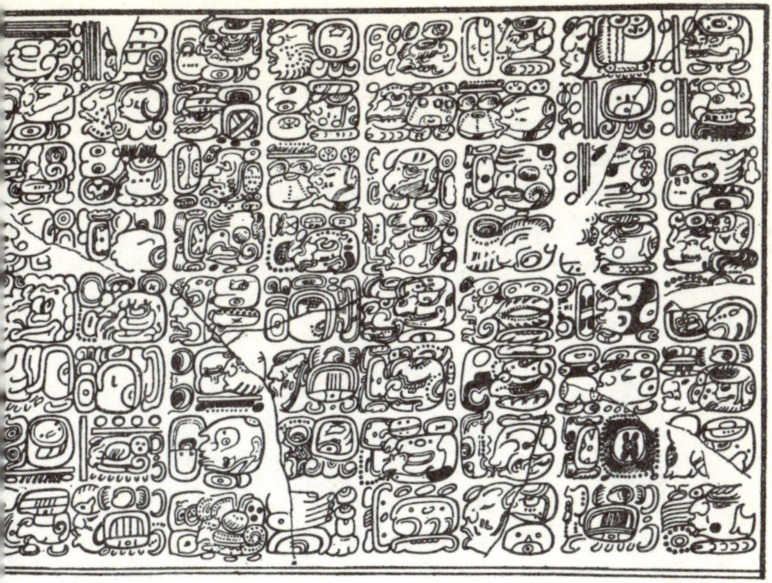

haben dieses Prinzip in einem bestimmten Stadium ihrer Entwicklung angewandt. In ihrer reinsten Form könnte man eine solche Schrift ideographisch nennen; man könnte sie »lesen«, ohne sich auf eine bestimmte Sprache zu beziehen. Unsere arabischen Ziffern sind zum Beispiel auch Ideogramme, für die die verschiedenen Völker verschiedene Namen haben. Das Gleiche gilt für die Balken- und Punktzahlen der Völker Mesoamerikas.

Rein ideographische Schriftsysteme sind jedoch praktisch unbekannt, da die meisten Völker, die eine Schrift besaßen, die Mehrdeutigkeit eines solchen Systems zu vermindern versucht haben. Zu diesem Zweck hat es viele verschiedene Entwicklungen in phonetischer Richtung gegeben, deren einfachste Form die Rebus- oder Puzzleschrift ist. Sie verwendet ein Ideogramm für seinen Lautwert. So könnte man im Englischen etwa das

Zeichen für Feuer, »fire«, auch für »to fire«, jemanden entlassen oder »hinausfeuern«, verwenden. Aus unserer Kindheit sind uns solche Bilderschriften bekannt, in denen jedes einzelne Wort durch ein Bild ausgedrückt wurde. Völker wie die Azteken und Mixteken kannten offenbar niemals eine andere Schrift.

Doch auch in einem solchen Rebussystem bleiben noch viele Unsicherheiten. Die meisten alten Schriften, etwa die chinesische, sumerische oder ägyptische, nennt man mit Recht logographisch. Jede Hieroglyphe drückt gewöhnlich ein ganzes Wort aus und kann ein Ideogramm oder ein Rebuszeichen sein. Meist aber vereinigen sich semantische und phonetische Komponenten zu einem einzigen zusammengesetzten Zeichen. Ein so zusammengesetztes Zeichen ist etwa ein phonetischer Rebus, dem eine semantische Determinante beigefügt ist. Eine andere Möglichkeit stellt das semantische (das heißt ideographische) Zeichen mit phonetischem Komplement dar. Mit der Zeit und mit dem Wandel der Sprache tritt, wie etwa beim Chinesischen, die phonetische Seite der Schrift immer mehr zurück. Aber die eigentliche Schwierigkeit logographischer Systeme liegt in ihrer Unhandlichkeit; um im Chinesischen des Lesens oder Schreibens kundig zu sein, muß man mindestens 7000 Zeichen im Gedächtnis behalten. Der Vereinfachungsprozeß bedeutet notwendigerweise eine Hinwendung in die phonetische Richtung. Meist entwickelt sich aus den phonetischen Zeichen so etwas wie eine Silbenliste, und da die Phoneme, die kleinsten unterschiedenen Einheiten im Sprechen, für jede Sprache an Zahl ziemlich begrenzt sind, ist auch der Zeichenschatz der Silbenliste begrenzt. Letzten Endes entwickelt sich ein Alphabet, in dem alle Phoneme getrennt geschrieben werden und nicht mehr in – aus Konsonant und Vokal zusammengesetzten – Silben erscheinen. Dies ist der letzte Schritt in der Vereinfachung eines Schriftsystems.

Welchem System folgte nun die Schrift der Maya? Landa hat

uns sein berühmtes »Alphabet« hinterlassen, das etwa 29 Zeichen enthält. Anerkannte Maya-Forscher sind bei dem Versuch, mit Landas trügerischem ABC Codices und Inschriften zu lesen, kläglich gescheitert, und manche sind so weit gegangen, es als reine Fälschung zu erklären. Eine sorgfältigere Untersuchung läßt jedoch vermuten, daß es sich hier eigentlich nicht um ein Alphabet im gewöhnlichen Sinn des Wortes handelt. So gibt es zum Beispiel drei Zeichen für »A«, zwei für »B« und zwei für Abb. 47

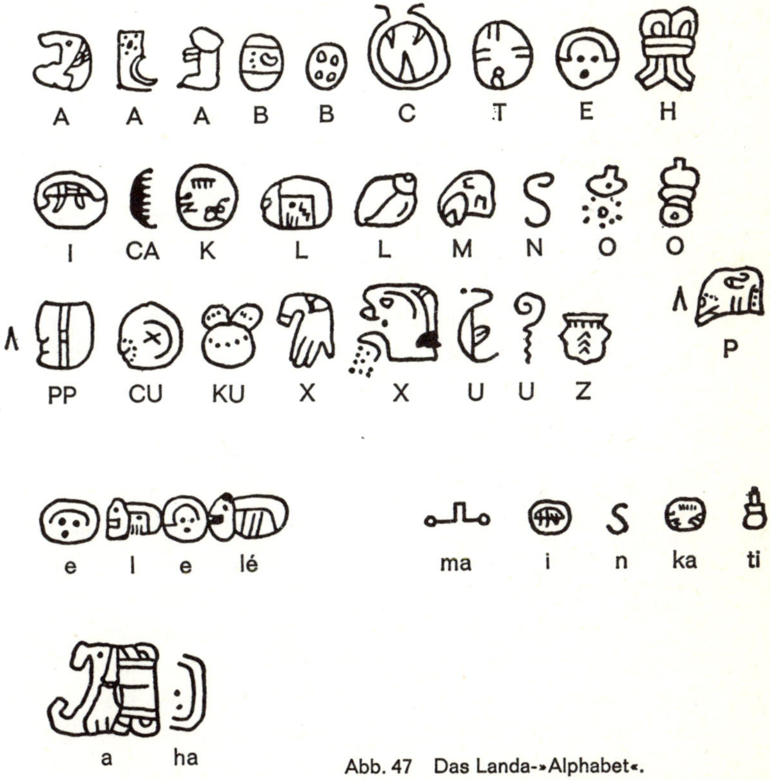

Abb. 47 Das Landa-»Alphabet«.

»L«. Außerdem sind einige Zeichen ganz offensichtlich Bezeichnungen für Silben aus Konsonant und Vokal, zum Beispiel »ma«, »ca« und »cu«. Auf diesen wichtigen Punkt werden wir später noch einmal zurückkommen.

Nachdem der Versuch, die Maya-Schrift als phonetische Schrift zu entziffern, wie es das Landasche »Alphabet« nahelegte, fast völlig gescheitert ist, nahmen viele Fachleute den entgegengesetzten Standpunkt ein: Sie erklärten die Schrift für rein ideographisch, vielleicht mit einigen eingestreuten Rebuszeichen. Das heißt, jedes Zeichen könnte so viele Bedeutungen und Assoziationen besitzen, wie sich die Maya-Priester dabei dachten.

Deshalb sollen nach dieser Ansicht die heiligen Zeichen, die mehr rituellen als linguistischen Charakters waren, auch nur für die Schreiber selbst lesbar gewesen sein. Bemerkenswerte Ähnlichkeit herrscht zwischen dieser Auffassung und derjenigen der Gelehrten, die vor der großen Entdeckung Champollions die ägyptische Schrift zu entziffern versuchten.

Diese Ähnlichkeit fiel auch dem russischen Epigraphen Yuri Knorosov auf, einem Spezialisten für ägyptische Hieroglyphen. 1952 begann er mit der Veröffentlichung einer Reihe von Studien, die die Frage des Landaschen Alphabets und die Möglichkeit von phonetischen Schreibungen in der Maya-Schrift neu aufwarfen. Zieht man die Varianten der einzelnen Zeichen ab, erscheinen in den Codices etwa 287 Zeichen. Wäre das System rein alphabetisch, dann müßte die Sprache der Texte genauso viele Phoneme enthalten; wäre es rein syllabisch, müßten weniger, aber immer noch sehr viele Phoneme vorhanden sein. Beides ist linguistisch unmöglich. Wären andererseits alle Zeichen Ideogramme, die geschlossene Bedeutungseinheiten wiedergäben, müßte die Schrift eine unglaublich kleine Zahl von Vorstellungen ausdrücken, die für weitergehende Mitteilungen bei weitem nicht ausreicht. In Anbetracht dieser Tatsachen konnte Knorosov überzeugend darlegen, daß die Maya nach einem gemischten logographischen System, ähnlich dem chinesischen oder sumerischen, schrieben, in dem phonetische und semantische Elemente verbunden sind, aber daß sie auch eine ziemlich vollständige Liste von Silbenzeichen besaßen.

Knorosovs Ausgangspunkt war das Landa-Alphabet. Thompson hatte schon gezeigt, daß der einheimische Informant des Bischofs seine Anweisungen falsch verstanden hatte, das heißt, daß er nicht die Maya-Zeichen für die Buchstaben selbst, sondern für die (spanischen) Namen der Buchstaben gegeben hatte. Das zeigt sich zum Beispiel an dem ersten »B«, das von einem Fußabdruck auf einer Straße dargestellt wird. Das Wort Straße heißt in Yucatán »be« und entspricht genau der spanischen Buchstabenbezeichnung. Aber das Entscheidende ist, daß es sich hier um eine teilweise und sehr mangelhafte Liste von Silbenzeichen handelt, nicht um ein Alphabet. Knorosov hat zeigen können, daß Wörter des sehr häufigen Typs Konsonant – Vokal – Konsonant (KVK) meist mit zwei Silbenzeichen geschrieben wurden (KV–KV), wobei man den letzten Vokal nicht aussprach, der im übrigen meist der gleiche war wie der erste. Beweise für eine phonetisch-syllabische Schreibung kann Abb. 48
man jedoch erst durch das Lesen an sich gewinnen. Mehrere Lesungen Knorosovs werden durch den Zusammenhang bestätigt, in dem die Zeichen in den Codices erscheinen, und vor allem durch die Illustrationen, die verschiedene Passagen des Textes begleiten.

Doch leider ist dies nicht alles, was der endgültigen Entzifferung im Wege steht. Die semantische Komponente steht offenbar sehr im Vordergrund. Mit einiger Sicherheit kann vermutet werden, daß man den Ideogrammen oft phonetische Ergänzungen beigab, um bei der Lesung zu helfen, entweder als Präfix,

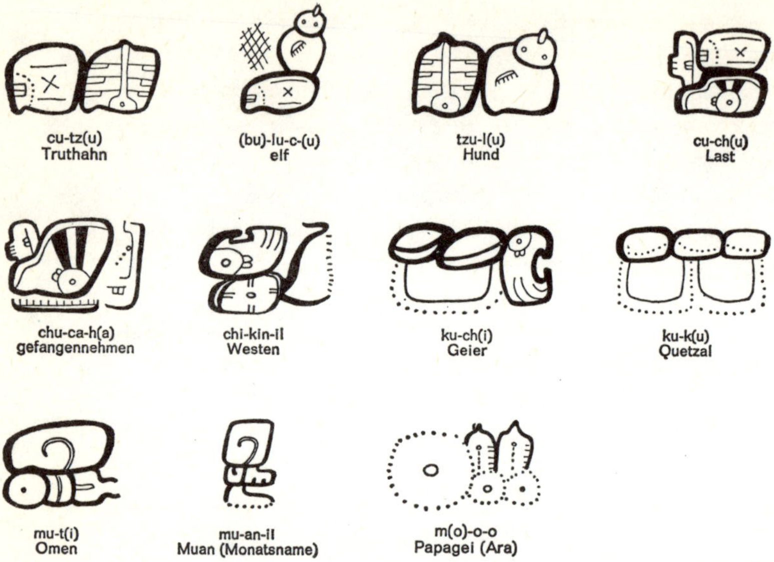

Abb. 48 Phonetisch-syllabische Entzifferungsversuche Y. V. Knorosovs.

um den ersten Laut des Zeichens auszudrücken, oder als Suffix zum Ausdruck des letzten Konsonanten. Könnte man diese phonetischen Elemente isolieren, wäre das eine große Hilfe bei der endgültigen Lesung. Tatsächlich bleibt in jeder Hinsicht noch vieles zu tun. So würde es sicher ein Menschenalter dauern, die von Knorosov vorgeschlagenen phonetischen und semantischen Lesungen durch genaue Untersuchung zu bestätigen. Wir sind noch weit davon entfernt, die Maya-Schrift »aufzubrechen«, aber offenbar sind wir auf dem richtigen Wege.

Es wäre unrecht, weitere nicht-kalendarische Lesungen von Thompson und anderen nicht zu erwähnen. So bedeutet Landas »ti« sicherlich das Lokativ-Präfix »ti« gleich »auf, an«, und sein erstes »U« bezeichnet das Possessivpronomen der dritten Person (sein, ihr). Thompson hat außerdem verschiedene Zeichen für die »numerischen Klassifikatoren« entziffert, die in der Maya-Sprache eine so große Rolle spielen; so etwa das Ideogramm für »te« = »Holz, Baum«, das auch bei der Zählung von Zeiteinheiten verwendet wird.

Der Inhalt der Maya-Inschriften

Alle drei Codices behandeln ausschließlich religiöse und astronomische Fragen. Man sieht das deutlich an den Götterdarstellungen, die zu den Texten gehören, an den Tafeln und an der Häufigkeit von Passagen, die auf die 260-Tage-Zählung Bezug nehmen. So finden wir in diesen Texten wohl wenig mehr als kurze Sätze von esoterischer Bedeutung, die sicherlich in einem altertümlichen Yucatekisch zu lesen sind. Manche Teile scheinen Ähnlichkeit mit Abschnitten in den Büchern des Chilam Balam zu haben. Tafel 83

Was aber war der Inhalt der Inschriften? Bis vor kurzem glaubte man, er unterscheide sich nicht wesentlich von dem der Codices. Außerdem glaubte man, daß alle Daten auf den Monumenten zu einer Art Kult gehörten, in dem die Zeitperioden selbst vergöttlicht wurden. Anders dachte der große John Lloyd Stephens, als er vor mehr als 100 Jahren über Copán schrieb:

»Eines glaube ich fest: Seine Geschichte ist auf seinen Monumenten festgehalten. Doch kein Champollion hat ihnen bisher die Energie seines Forschergeistes zugewandt. Wer wird sie lesen?«

Die Entdeckung des historischen Charakters der Inschriften im Verlauf der letzten Jahre gehört zu den aufregendsten Kapiteln in der Archäologie der Neuen Welt.

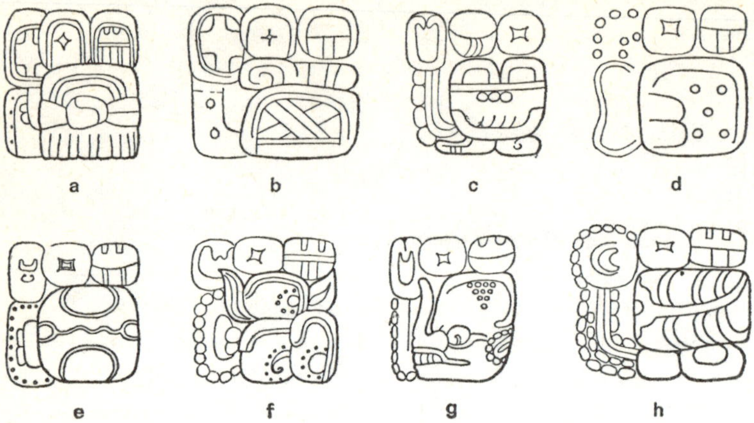

Abb. 49 »Wappen«-Glyphen auf Klassischen Denkmälern. a, Tikal; b, Naranjo; c, Yaxchilán; d, Piedras Negras; e, Palenque; f, Seibal; g, Copán; h, Quiriguá.

Abb. 49 Es begann 1958, als Heinrich Berlin Belege dafür veröffentlichte, daß zu bestimmten archäologischen Fundplätzen sogenannte Wappen-Schriftzeichen gehören. Man erkennt sie an besonderen angefügten Elementen, die bei den verschiedenen Wappen-Schriftzeichen gleich sind. Bis heute hat man die Wappen-Schriftzeichen für acht verschiedene Klassische Zentren identifizieren können: Tikal, Piedras Negras, Copán, Quiriguá, Seibal, Naranjo, Palenque und Yaxchilán. Berlin vermutet, daß es sich bei diesen Zeichen entweder um die Namen der »Städte« selbst handelt oder um die der Dynastien, die über sie herrschten, und er stellte dementsprechend die Hypothese auf, daß auf den Stelen und anderen Monumenten dieser Fundstätten ihre Geschichte festgehalten sei.

Der nächste Durchbruch gelang Tatiana Proskouriakoff von der Carnegie Institution, die 35 datierte Monumente aus Piedras Negras analysierte. Die Aufstellung der Stelen vor den Bauten war, wie sie feststellte, nicht zufällig; sie ließen sich zu sieben Gruppen zusammenfassen. Innerhalb jeder dieser Gruppen war die Zeitspanne, die die Daten auf den Stelen umfaßten, nie länger als ein durchschnittliches Menschenleben. Damit ergab sich die Möglichkeit, daß jede Gruppe den Bericht über die Regierung eines einzigen Herrschers darstellte, eine Möglichkeit, die sich heute als richtig erwiesen hat. Das erste Monument einer Serie zeigt eine Gestalt, meist einen jungen Mann, der in einer Nische über einer Plattform oder auf einem Podium sitzt; auf dieser Stele sind zwei wichtige Daten festgehalten. Das eine steht zusammen mit einem Schriftzeichen, das aussieht wie der Kopf eines Tieres mit Zahnschmerzen; es bezeichnet offensichtlich den Herrschaftsantritt des jungen Mannes. Das zweite wird von einem Schriftzeichen begleitet, das aussieht wie ein umgekehrter Frosch – es ist das Geburtsdatum der abgebildeten Person. Spätere Monumente in einer solchen Gruppe verzeichnen wahrscheinlich die Heirat und die Geburtsdaten von Nachkommen. Proskouriakoff konnte außerdem die Zeichen für Personennamen und Titel bestimmen, vor allem die von Frauen, die in der Klassischen Maya-Skulptur verhältnismäßig häufig vorkommen. Auch militärische Siege wurden sehr oft aufgezeichnet, vor allem wenn der Herrscher einen prominenten Gefangenen gemacht hatte.

Tafel 44
Abb. 50 b
Abb. 50 a
Abb. 50 e

So sind also die Figuren auf den Klassischen Monumenten nicht Götter und Priester, sondern dynastische Herrscher mit ihren Frauen, Kindern und Untergebenen. Wenn die Berichte über eine Herrschaft enden, beginnen die über eine neue mit dem üblichen Thronbesteigungszeichen. Vielleicht die vollständigsten Dokumente für eine weltliche Dynastie, wie sie in den alten Maya-Zentren die Herrschaft ausübte, haben wir in den zahlreichen steinernen Türstürzen von Yaxchilán. Aus ihnen

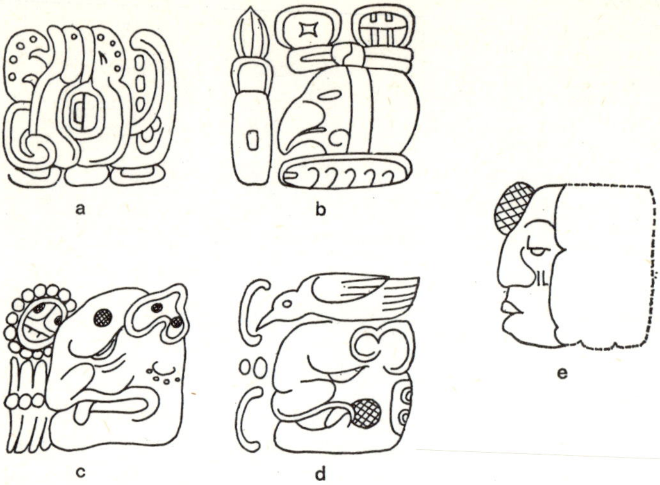

Abb. 50 Historische Glyphen in Texten auf Denkmälern. a, Geburtsdatumsglyphe; b, Thronbesteigungsglyphe; c, »Schild-Jaguar«; d, »Vogel-Jaguar«; e, Vor»silbe« für weibliche Namen und Titel.

hat Proskouriakoff die Geschichte der außerordentlich kriegerischen »Jaguar-Dynastie« rekonstruiert, die hier im 8. Jahr-
Tafel 39 hundert n. Chr. herrschte. Der Bericht beginnt mit den Taten eines Herrschers namens »Schild-Jaguar«; 752 n. Chr. folgte ihm »Vogel-Jaguar«, wahrscheinlich sein Sohn. Beide Namen erinnern an die Doppelnamen der Bewohner Yucatáns, erst
Abb. 51 Muttername, dann Vatersname. Auf Türsturz 8 aus Yaxchilán läßt sich zeigen, wieviel man von den Beischriften, die die Siegesreliefs dieses Herrschers begleiten, heute schon lesen oder zumindest deuten kann: Zuerst kommt ein »Calendar Round«-Datum, das in das Jahr 755 n. Chr. fällt. Darunter folgt Kno-
Abb. 48 rosovs Schriftzeichen für »chucah« oder Gefangennahme, dann ein Schriftzeichen, das einem juwelengeschmückten Schädel gleicht und offenbar den Namen des Gefangenen rechts bezeich-

Abb. 51 Türsturz 8, Yaxchilán. Eine Darstellung der Gefangennahme des »Juwelenbesetzten Schädels« und eines weiteren Feindes durch »Vogel-Jaguar« und einen Begleiter.

net. Oben rechts gehört das zweite Schriftzeichen zu dem Namen »Vogel-Jaguar« (der Figur mit dem Speer) selbst, und darunter steht das Wappen-Schriftzeichen Yaxchiláns. Abb. 49

Von besonderem Interesse sind diejenigen Inschriften, die zeigen, wie ein Zentrum das Schicksal eines anderen bestimmte. So erscheint das Wappen-Schriftzeichen von Yaxchilán in Zusammenhang mit einer der bedeutendsten Frauengestalten, die in den Fresken von Bonampak auftritt. Auf den Monumenten Tafel 43 Naranjos ist das Zeichen für Tikal sehr häufig. Piedras Negras liegt nicht weit flußabwärts von Yaxchilán, und von dem berühmten Türsturz 3 glaubt man heute, er zeige einen Herrscher von Yaxchilán, der im späten 8. Jahrhundert n. Chr. einem Rate zur Wahl eines neuen Herrschers von Piedras Negras vorsaß.

Was hatten dann die »Mondserie« und die Berechnungen in die ferne Vergangenheit und in die Zukunft zu bedeuten? Die Oberschicht der Klassischen Maya glaubte an Astrologie und muß bei jedem politischen Ereignis die Priester nach Vorzeichen befragt haben, die diese dem Lauf des Mondes und der Gestirne entnahmen. In gleicher Art war dies bei den Babyloniern, Etruskern, Ägyptern und vielen anderen Völkern der Alten Welt üblich. Die Astrologie hat ihre eigene Logik, die nicht nur den »Alten« zwingend vorkam – Kepler und Newton ging es nicht anders, und wir haben keinen Grund, den Maya deshalb Vorwürfe zu machen. Ein anderes Hauptanliegen war die Beschäftigung mit der Genealogie, und manche Daten und Zahlen auf Monumenten können sich nur auf weit zurückliegende Ahnen beziehen. So hat Berlin herausgefunden, daß sich die Inschriften des »Kreuztempels« von Palenque in drei Gruppen ordnen lassen. Die ersten liegen so weit zurück, daß sie sich nur auf die vergöttlichten Ahnherren einer legendären Epoche beziehen können. Die Daten der zweiten Gruppe können mit entfernten Ahnen einer späteren Zeit zu tun haben. Die dritte dagegen bezieht sich auf zeitgenössische historische Ereignisse.

Abb. 25

Bis heute ist noch kein Champollion erschienen, der die Maya-Inschriften als Ganzes hätte lesen können. Aber war es nicht gerade die Identifikation von Personennamen und Titeln in der ägyptischen Schrift, die jenem großen Forscher seine Entdeckungen ermöglichte? Ebenso steht nach der Entdeckung des wirklichen Inhalts der Maya-Inschriften der Weg zu ihrer endgültigen Entzifferung offen.

Bildtafeln

4

5

6

7

8

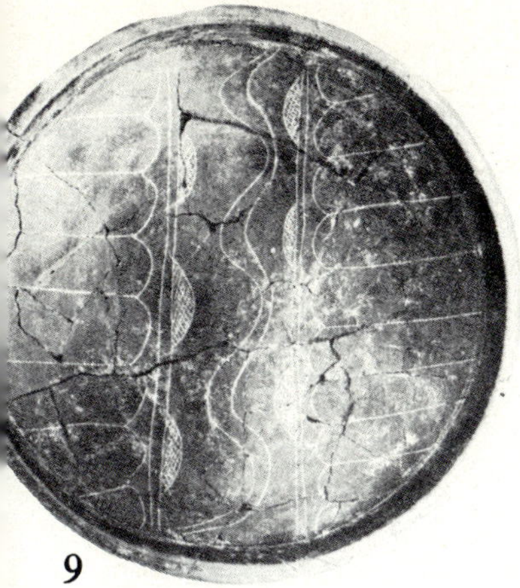

9

10

11

12

13

14

15

16

7

8

19

20

21

22

23

24

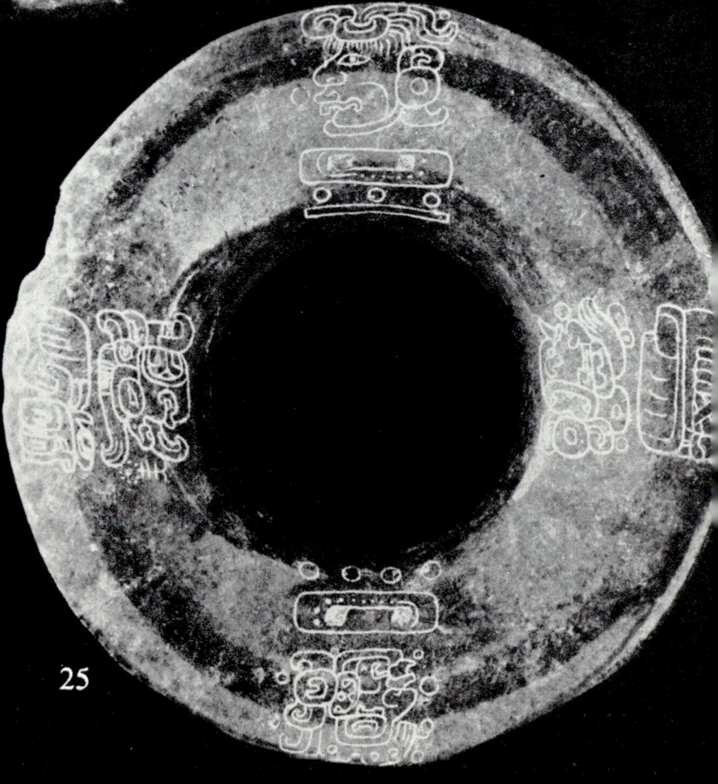

25

26

27

28

29

30

31

32

33

34

35

36

37

38

39

40

41

42

4

45

46

47

48

49

50

51

52

53

54

55

56

57

58

59

60

61

62

63

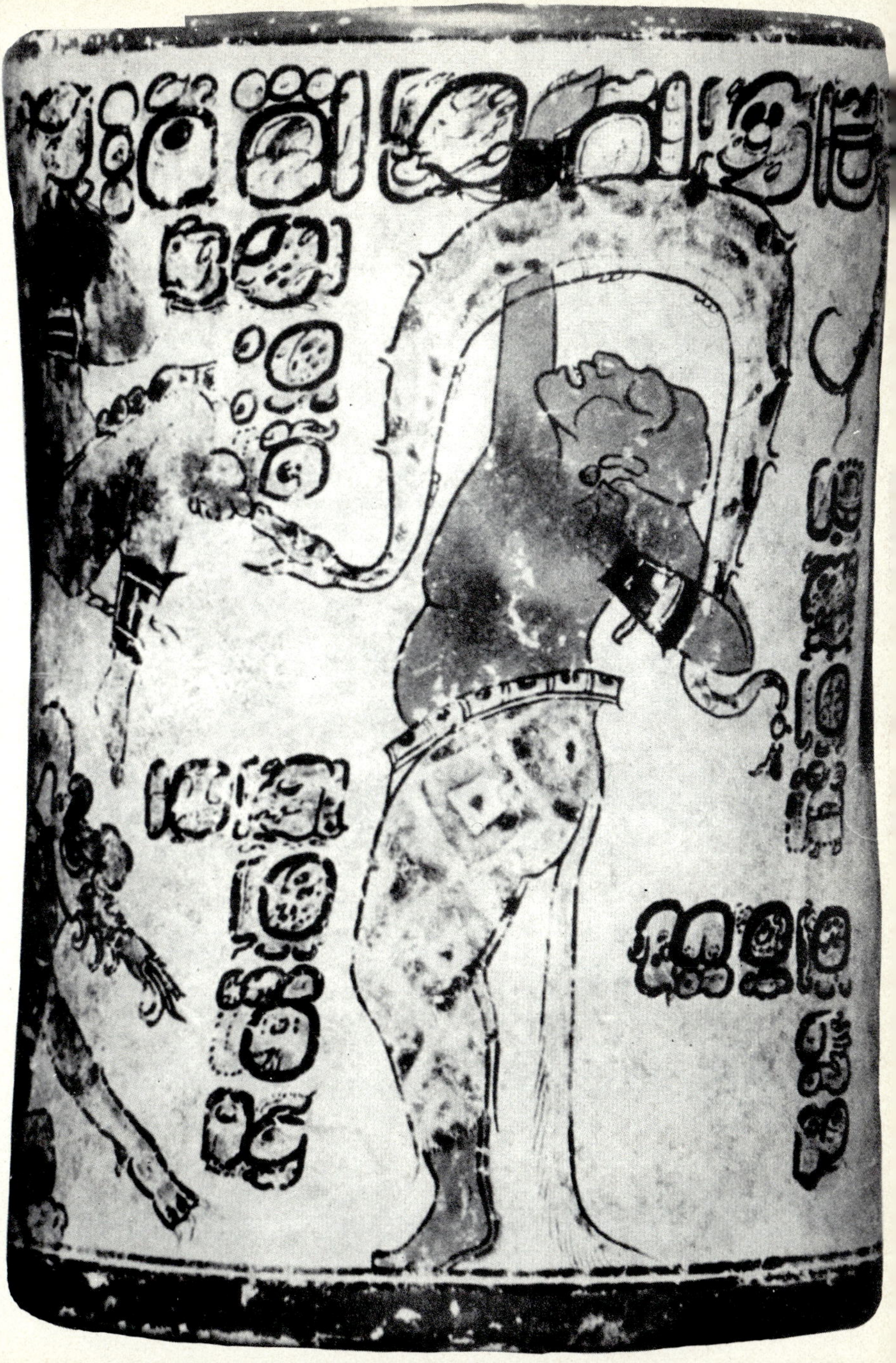

65

66

67

68

69

70

71

73

74

75

76

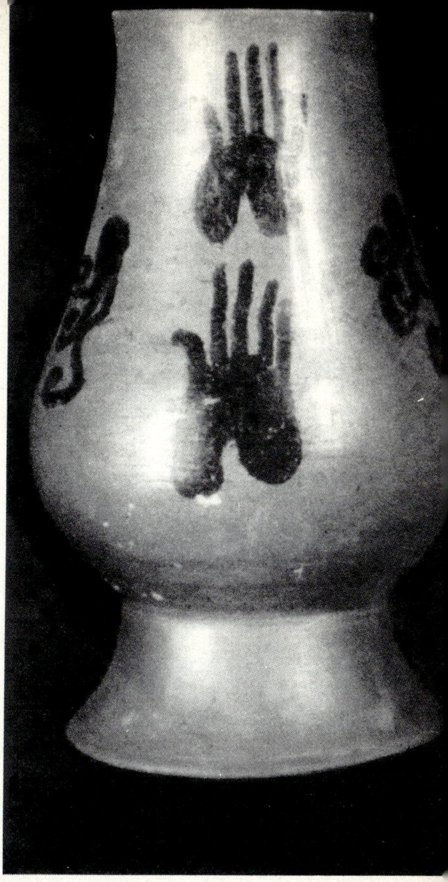

77

78

79

82

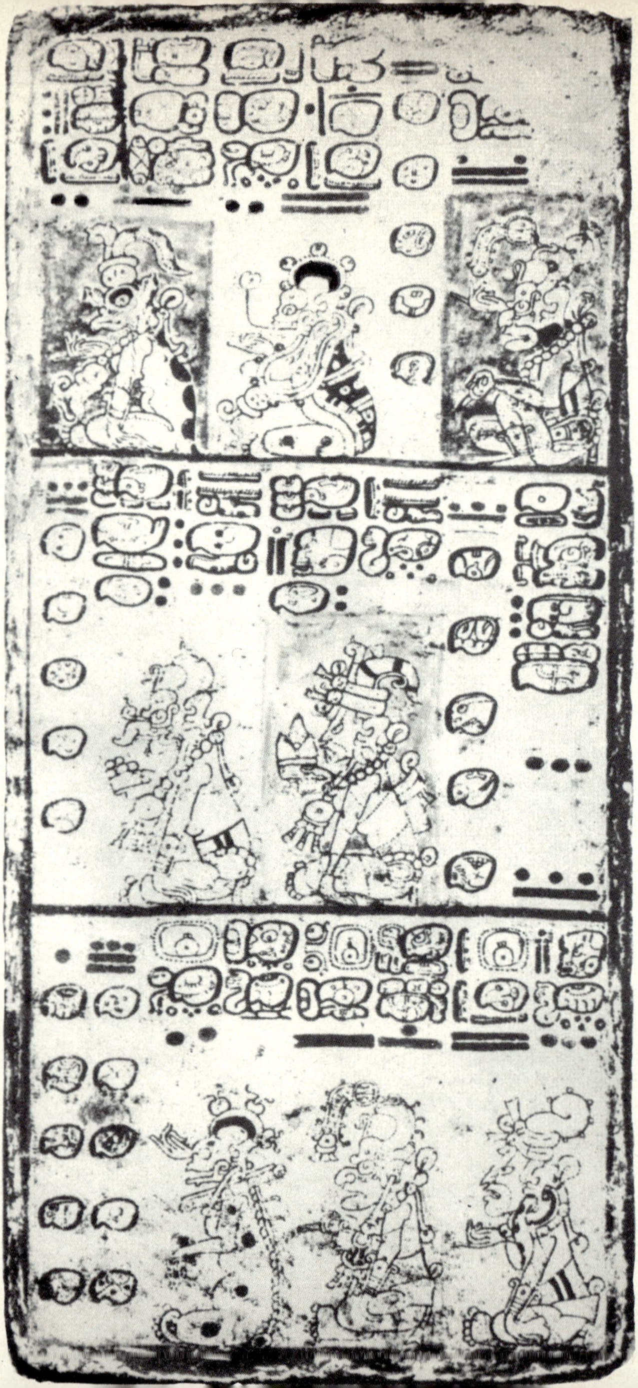

83

Erläuterungen zu den Bildtafeln

1 Der Lacandonen-Regenwald, Chiapas, Mexiko. Photographie Dr. T. C. Schneirla.

2 Der Atitlán-See im Maya-Hochland, Guatemala. Die Aufnahme entstand um 1880 und zeigt eingeborene Händler, die Töpferei zum Markt tragen.

3 Abbrennen einer »milpa« bei Uaxactún, Petén, Guatemala.

4 Tonfigur einer sitzenden Frau, Copolchí, Guatemala. Höhe ca. 10 cm. Las-Charcas-Kultur, Mittel-Formative Periode.

5 Kanellierte Obsidianspitze, San Rafael, Guatemala. Länge 5,7 cm. Periode der Frühen Jäger.

6 Monument I, Monte Alto, Guatemala. Höhe ca. 1,4 m. Wahrscheinlich Spät-Formative Periode.

7 Figurengefäß aus grau-grünem Chloritschiefer, Grab I, Hügel E-III-3, Kaminaljuyú, Guatemala. Gesamtlänge 21 cm. Miraflores-Kultur, Spät-Formative Periode.

8 Nordseite der Pyramide E-VII-sub, Uaxactún, Guatemala. Höhe 8 m. Chicanel-Kultur, Spät-Formative Periode. Auf der Spitze dieser stuckverkleideten Pyramide stand einst ein palmblättgedeckter Tempel.

9 Schale mit feiner Ritzverzierung aus Grab I, Hügel E-III-3, Kaminaljuyú, Guatemala. Durchmesser 30,5 cm. Miraflores-Kultur, Spät-Formative Periode.

10 Graues Gefäß aus Speckstein, Grab I, Hügel E-III-3, Kaminal-

juyú, Guatemala. Höhe 9,2 cm. Miraflores-Kultur, Spät-Formative Periode.

11 Granitstele mit einem Mann, der Masken des »Langlippigen Gottes« trägt, Kaminaljuyú, Guatemala. Höhe 1,83 m. Miraflores-Kultur, Spät-Formative Periode.

12 Grünsteinmaske mit Muscheleinlagen für Zähne und Augen, Grab 85, Tikal, Guatemala. Höhe 12,3 cm. Chicanel-Kultur, Spät-Formative Periode.

13 Dreifußgefäß mit Deckel, Grab B-II, Kaminaljuyú, Guatemala. Höhe 32 cm. Esperanza-Kultur, Frühklassische Periode. Die Außenseite ist mit Stuck überzogen und in ledergelber, roter und hellgrüner Farbe bemalt. Die Figuren auf dem Gefäß sind mayanisch, während die Glyphen auf dem Deckel teotihuacanoid sind.

14 Usulután-Schale, Grab 85, Tikal, Guatemala. Durchmesser ca. 20 cm. Chicanel-Kultur, Spät-Formative Periode.

15 Restauriertes Gefäß vom Typ »Thin Orange« in Gestalt eines sitzenden Mannes, Grab X, Kaminaljuyú, Guatemala. Höhe 30 cm. Esperanza-Kultur, Früh-Klassische Periode. Diese Ware wurde im nördlichen Puebla entsprechend dem Geschmack von Teotihuacán hergestellt. Sie erscheint überall dort, wohin Teotihuacán-Leute vorgestoßen sind.

16 Deckel einer mit Stuck überzogenen Schale, Grab 10, Tikal. Hände und Kopf, im Teotihuacán-Stil gemalt, gehören Xipe Totec, dem mexikanischen Frühlingsgott. Tzakol-Kultur, Früh-Klassische Periode.

17 Kammer des Grabes 48, Tikal, Guatemala. An den Wänden ist das »Long Count«-Datum 9. 1. 1. 10. 10. 4 Oc (18. März 457 n. Chr.) aufgemalt. Weitere Glyphen beziehen sich wahrscheinlich auf Gestirne. Tzakol-Kultur, Früh-Klassische Periode.

18 Lange Jadeperle mit geschnitzter menschlicher Figur, Grab A-VI, Kaminaljuyú, Guatemala. Länge 15,6 cm. Esperanza-Kultur, Früh-Klassische Periode.

19 Seitenansicht der Stele 31, Tikal, mit Relieffigur eines Kriegers in Teotihuacán-Ausrüstung. In der einen Hand hält er einen »atlatl« (Speerschleuder), in der anderen einen Schild mit dem Gesicht Tlalocs, des mexikanischen Regengottes. Tzakol-Kultur, Früh-Klassische Periode.

20, 21 Sitzende Holzfigur aus Tabasco (genaue Herkunft unbekannt), Mexiko. Höhe 0,35 m. Diese für unseren Geschmack schönste aller Maya-Holzschnitzereien stellt einen bärtigen Herrscher (?) mit verschränkten Armen dar; Spuren von Hämatitfarbstoff lassen sich noch erkennen. Tzakol-Kultur, Früh-Klassische Periode.

22 Mehrfarbiges, zweiteiliges Figurengefäß aus Ton, Grab 10, Tikal, Guatemala. Höhe 36 cm. Es könnte den höchsten Gott Itzamná darstellen, der einen abgetrennten Kopf als Opfergabe empfängt. Tzakol-Kultur, Früh-Klassische Periode.

23 Doppelgefäß, vielleicht aus Campeche, Mexiko. Höhe ca. 30 cm. Auf den Deckeln befinden sich ein junger Mann und ein Phantasievogel einander zugewandt. Tzakol-Kultur, Früh-Klassische Periode.

24 Jadeanhänger, den Regengott darstellend, Copán, Honduras. Höhe 11,5 cm. Früh-Klassische Periode.

25 Jadeobjekt in der Form eines Ohrpflocks, Pomona, Britisch-Honduras. Durchmesser 18 cm. Die vier Glyphen beziehen sich vielleicht auf Götter. Tzakol-Kultur, Früh-Klassische Periode.

26 Steinrelief, den Krabbengott darstellend, El Baúl, Guatemala. Höhe 1 Meter. An den beiden Seiten stehen die mexikanischen Daten 2 Affe und 6 Affe. Cotzumalhuapa-Kultur, Ende der Früh- oder Anfang der Spät-Klassischen Periode.

27 Teil der oberen Fassade eines Gebäudes, Acanceh, Mexiko. Die Stuckfiguren sind im Teotihuacán-Stil ausgeführt. Hier ist ein sitzender bärtiger Mann mit einem Redezeichen vor dem Mund zu sehen. Früh-Klassische Periode.

28 Dünner Steinkopf (»hacha«), El Baúl, Guatemala. Höhe 30 cm. Objekte dieser Art stellen vielleicht Ballspielplatzmarkierun-

gen dar. Cotzumalhuapa-Kultur, Ende der Früh- oder Anfang der Spät-Klassischen Periode.

29 Räuchergefäß aus Ton mit den Köpfen des Todesgottes und des Xipe Totec, des mexikanischen Frühlingsgottes, Unterwasserfundplatz Zarzal im Amatitlán-See, Guatemala. Höhe 24 cm. Früh-Klassische Periode.

30 Rekonstruktionszeichnung des Fundplatzes Copán, Honduras, von Tatiana Proskouriakoff. Rechts liegt die Akropolis, links die große Plaza. Die meisten hier dargestellten Bauten stammen aus der Spät-Klassischen Periode.

31 Ballspielplatz, Copán, Honduras, Ansicht von Süden. Spät-Klassische Periode.

32 Kopf und Torso des jungen Maisgottes, Copán, Honduras. Stein. Höhe ca. 64 cm. Spät-Klassische Periode.

33 Kopf eines Fackelträgers auf der »Zuschauertribüne«, Copán, Honduras. Photographie Gordon Ekholm. Ungefähr lebensgroß. Spät-Klassische Periode. Diese groteske Figur erinnert stark an den Cotzumalhuapa-Stil.

34 Stele D und ihr »Altar«, Nordseite der großen Plaza, Copán, Honduras. Nach einer Lithographie von Frederick Catherwood, 1844. Höhe der Stele 3,53 Meter. Der »Altar« stellt den Todesgott mit fleischlosen Kiefern dar. Die Stele trägt das Datum 9.15.5.0.0 (26. Juli 736 n. Chr.), das einem »Tun«ende entspricht. Spät-Klassische Periode.

35 Altar des »Zoomorph O«, Quiriguá, Guatemala. Länge ca. 3,7 Meter. Aufgestellt am Katun-Ende 9.18.0.0.0 (11. Oktober 790 n. Chr.). Auf der linken Seite dieses gewaltigen Monuments ist die Figur eines maskierten Tänzers in den Windungen einer Schlange zu erkennen. Spät-Klassische Periode.

36 Stele D, Quiriguá, Guatemala. Photographie A. P. Maudslay, 1885. Höhe ca. 5,78 Meter. Dieses Monument wurde am 9.16.15.0.0, also am 19. Februar 766 n. Chr. errichtet. Spät-Klassische Periode.

37 Tempel I, Tikal, Guatemala. Gesamthöhe etwa 47 Meter. Die

Stelen im Vordergrund sind vor der Terrasse der Nord-Akropolis aufgereiht. Spät-Klassische Periode.

38 Raum in dem »Fünfstöckigen Palast«, Tikal, Guatemala. Photographie Teobert Maler. Der Verwendungszweck dieser »Paläste« ist bisher ungeklärt. Wie hier zu erkennen, erheben sich gewöhnlich eine oder mehrere gemauerte »Bänke« an der Rückwand der Räume. Spät-Klassische Periode.

39 Türsturz 24, Struktur 33, Yaxchilán, Guatemala. Höhe 1,09 Meter. Eine reich gekleidete Frau kniet vor »Schild-Jaguar«, dem Herrscher von Yaxchilán, und opfert ihm Blut, indem sie eine mit Dornen besetzte Schnur durch ihre Zunge zieht. Das Relief wurde 709 n. Chr. angebracht, kurz nachdem »Schild-Jaguar« seinen Feind »Tod« besiegt hatte. Spät-Klassische Periode.

40 Geschnitzter Türsturz aus Holz, Tempel IV, Tikal, Guatemala. Größte Länge 2,06 Meter. Unter dem Körper einer doppelköpfigen Schlange sitzt ein Maya-Herrscher auf einem Thron, den Speer in der einen und den Schild in der anderen Hand. Die gestufte Plattform unter ihm stellt augenscheinlich eine Art Sänfte dar. Wahrscheinlich 747 n. Chr. angebracht. Spät-Klassische Periode.

41 Skulpierter Stein Nr. 1, Bonampak, Mexiko. Ein Maya-Herrscher sitzt auf einem Podium über drei weniger bedeutenden Figuren. Erste Hälfte des 7. Jahrhunderts n. Chr. Spät-Klassische Periode.

42 Ausschnitt aus dem Wandgemälde in Raum 1, Bonampak, Mexiko. Musikanten singen und schlagen den Takt, während links eine Gruppe von Leuten auftritt, die als Wassergötter maskiert sind. Um 800 n. Chr. Spät-Klassische Periode.

43 Wandgemälde in Raum 2, Bonampak, Mexiko. Auf einer Stufenplattform steht der Herrscher von Bonampak mit seinem Gefolge. Weiter unten werden Gefangene, die bei einem Gefecht im Urwald in seine Hände gefallen sind, durch Ausreißen der Fingernägel gefoltert. Um 800 n. Chr. Spät-Klassische Periode.

44 Stele 14, Piedras Negras, Guatemala. Höhe 2,82 Meter. Das Denkmal verewigt die Thronbesteigung (761 n. Chr.) des jungen Herrschers, der in der Nische sitzt. Am Fuß der Plattform steht eine Frau mittleren Alters, vielleicht die Mutter des neuen Königs. Spät-Klassische Periode.

45 Verzierter Pfeiler vom »Palast«, Palenque, Mexiko. Photographie A. P. Maudslay. Auf diesem Stuckrelief halten zwei Figuren eine phantastisch ausgestaltete Schlange. Spät-Klassische Periode.

46 »Sonnentempel«, Palenque, Mexiko. Ansicht von Nordosten. Frühes 8. Jahrhundert n. Chr. Spät-Klassische Periode.

47 Lebensgroße Jademosaik-Maske aus der Grabkammer unter dem »Inschriftentempel«, Palenque, Mexiko. Die Augen bestehen aus eingelegten Muschel- und Obsidianstückchen. Alle Einzelstücke waren ursprünglich auf einer Holzunterlage befestigt, die heute verfallen ist. Spätes 7. oder frühes 8. Jahrhundert, Spät-Klassische Periode.

48 Ausschnitt aus dem »Sklavenrelief«, Palenque, Mexiko. Hier ist der Kopf der Hauptfigur dargestellt, die mit verschränkten Beinen auf dem Rücken zweier gekrümmter Sklaven sitzt. An den Seiten neben ihm stehen je ein Mann und eine Frau mit Opfergaben in den Händen. 8. Jahrhundert n. Chr. Spät-Klassische Periode.

49 Der »Palast« und der Turm von Südwesten, Palenque, Mexiko. Spät-Klassische Periode. In der Ferne ist die Schwemmebene des Río Usumacinta zu erkennen.

50 Grabkammer im »Inschriftentempel«, Palenque, Mexiko. Der Sarkophag liegt unmittelbar unter der großen Steinplatte. An den Wänden der mit »falschem Gewölbe« gedeckten Kammer sind neun Figuren in Stuckrelief dargestellt. Spätes 7. oder frühes 8. Jahrhundert n. Chr. Spät-Klassische Periode.

51 Nordfassade der Struktur V, Hormiguero, Mexiko. Photographie Karl Ruppert, 1933. Der Mann im Vordergrund steht vor dem Eingang des einräumigen Tempels, den man durch die Kiefer einer Ungeheuer-Maske betritt. Auf der Westseite sind die

Überreste eines falschen Turms zu sehen. Río Bec-Kultur, Ende der Spät-Klassischen Periode.

52 »Palast« in Xpuhil, nach einer Rekonstruktionszeichnung von Tatiana Proskouriakoff. Die drei Türme sind vollkommen massiv und dienten einzig und allein der Dekoration. Río-Bec-Kultur, Ende der Spät-Klassischen Periode.

53 Bogen in Labná, Mexiko. Nach einer Zeichnung von Frederick Catherwood, 1844. Puuc-Kultur, Ende der Spät-Klassischen Periode.

54 Westflügel des »Palastes«, Sayil, Mexiko. Das Gebäude ist scheinbar dreistöckig, doch ruht jede Reihe von Räumen auf einem massiven Untergrund aus Mörtel und Steinen. Die »falschen Gewölbe« im untersten »Stockwerk« sind eingestürzt. Puuc-Kultur, Ende der Spät-Klassischen Periode.

55 Türsturz aus Stein, Kuná (Lacanhá), Mexiko. Höhe ca. 71 cm. Eine sitzende männliche Figur hält einen »Zeremonialbalken«, eine stilisierte doppelköpfige Himmelsschlange, in Händen. Im Text auf der linken Seite ist das Datum 9.15.15.0.0 (4. Juni 746 n. Chr.), ein »Tun«-Ende, festgehalten. Spät-Klassische Periode.

56 Ostflügel des »Nonnenklosters«, Chichen Itzá, Mexiko. Lithographie Frederick Catherwood. Die Masken, die sich an derartigen Fassaden immer wiederholen, stellen wahrscheinlich die Himmelsschlange dar. Puuc-Kultur, Ende der Spät-Klassischen Periode.

57 Großes Räuchergefäß, wahrscheinlich aus Tabasco, Mexiko. Höhe 60,3 cm. Das Hauptgesicht ist das des »Jaguargottes der Unterwelt«, in den sich die Sonne auf ihrer nächtlichen Reise unter der Erde verwandelt. Räuchergefäße dieser Form waren besonders in Palenque häufig. Spät-Klassische Periode.

58 Tonfigur einer Frau, die einen Mann schützt. Jaina, Mexiko. Höhe 20,5 cm. Spät-Klassische Periode.

59 Tonfigur, wahrscheinlich aus Jaina, Mexiko. Höhe 29 cm. Dargestellt ist der »Fette Gott«, der ein mit Federn besetztes Krie-

gerkostüm trägt und einen Schild in der Hand hält. Spät-Klassische Periode.

60 Tonfigur, Jaina, Mexiko. Höhe 21,5 cm. Ein sitzender Mann hält einen nicht bestimmbaren Gegenstand in der Hand, vielleicht ein Steinbeil. Wie alle besonders fein gearbeiteten Stücke aus Jaina wurde diese Figur zunächst in einer Tonform hergestellt und dann mit den Fingern übermodelliert. Die Bemalung wurde nach dem Brand aufgetragen. Spät-Klassische Periode.

61 Tongefäß mit Ritzverzierung, sogenannte »Slateware« (Schieferware), aus dem nördlichen Gebiet. Höhe 11,5 cm. Das Muster, eine abgewandelte Mäanderform, wurde in Negativtechnik ausgeführt. Spät-Klassische Periode.

62 Schale aus Onyx, angeblich aus dem Staat Campeche, Mexiko. Höhe 14 cm. Eine Reihe von Glyphen umgibt den Rand. Auf der kanellierten darunter sind drei sitzende Figuren im Profil, zwei Männer und eine reich gekleidete Frau, mit zusätzlichen Glyphen dargestellt. Jede Figur hält einen symbolischen Gegenstand in Händen. Spät-Klassische Periode.

63 Schwarzes Tongefäß, Chololá, südliches Yucatán, Mexiko. Höhe 11,5 cm. Auf einem Hintergrund mit Wirbelmuster ist die Figur des Sonnengottes in tiefem Relief dargestellt. Roter Farbstoff war in die ausgeschnittenen Teile eingerieben. Spät-Klassische Periode.

64 Mehrfarbiges Tongefäß aus Altar de Sacrificios, Guatemala. Höhe 25,5 cm. Die hier gezeigte Seite stellt einen alten Mann, vielleicht den Gott Itzamná, dar, der offenbar schon tot ist, aber mit einer riesigen Schlange tanzt. Fünf weitere Figuren, alle mit Todessymbolen, erscheinen auf dem Gefäß. Der Text enthält ein »Calendar Round«-Datum, das wahrscheinlich dem Jahre 754 entspricht. Tepeu-Kultur. Spät-Klassische Periode.

65 Eingeritzte Obsidianstücke aus dem Depot unter einer Stele, Tikal, Guatemala. Länge des größten Stückes: 7 cm. In allen Beispielen ist die flache Seite eines Abschlages mit der Figur einer Gottheit oder einem Flechtmuster graviert. Tepeu-Kultur. Spät-Klassische Periode.

66 Geschnitzter Jadeanhänger, Nebaj, Guatemala. Breite 14,5 cm. Das Stück, das einen Maya-Herrscher im Gespräch mit einem Zwerg darstellt, ist smaragdgrün mit weißen Flecken. Spät-Klassische Periode.

67 »Exzentrisches« Feuersteinobjekt, Gruppe A, Quiriguá, Guatemala. Länge 25,5 cm. Zwei nach links blickende menschliche Profile lassen sich auf diesem Meisterwerk der Feuersteinbearbeitung erkennen. Tepeu-Kultur. Spät-Klassische Periode.

68 Geschnitzter Muschelanhänger, wahrscheinlich aus Jaina, Mexiko. Höhe 7,75 cm. Ein junger Mann mit dem von den Maya so hoch geschätzten abgeflachten Schädel erscheint über einem phantastischen Fisch, dessen Körper mit unleserlichen Glyphen bedeckt ist. Die ausgehobenen Teile waren ursprünglich mit Jade eingelegt. Spät-Klassische Periode.

69 Ansicht des toltekischen Teils von Chichen Itzá, Mexiko. Blick vom »Nonnenkloster« nach Nordosten. Im Vordergrund liegt der »Caracol«; links dahinter der »Castillo« oder »Tempel des Kukulcan«; rechts der »Kriegertempel«. Maya-toltekische Kultur. Früh-Nachklassische Periode.

70 Chacmool oberhalb der Treppe des »Kriegertempels«, Chichen Itzá, Mexiko. Höhe 1,06 Meter. Zurückgelehnte Figuren dieser Art wurden von den Tolteken eingeführt und sind vielleicht mit dem Kult des Opferns menschlicher Herzen verbunden. Maya-toltekische Kultur. Früh-Nachklassische Periode.

71 »Kriegertempel«, vom Eingang des »Castillo« aus gesehen, Chichen Itzá, Mexiko. Das Gebäude ist eine großartige Nachbildung der Pyramide B in Tula, Mexiko und ein Symbol der toltekischen Herrschaft in Yucatán. Maya-toltekische Kultur. Früh-Nachklassische Periode.

72 Ballspielplatz, Chichen Itzá, Mexiko. Mit 8,22 Meter hohen Wänden und einer Gesamtlänge von ca. 149 Metern ist dies der größte Ballspielplatz in Mesoamerika. Die Ringe hoch oben an beiden Wänden dienten als Tore. Maya-toltekische Kultur. Früh-Nachklassische Periode.

73 Eingang des »Jaguartempels« mit Blick auf den Ballspielplatz,

Chichen Itzá, Mexiko. Im Bild erscheint eine der beiden Säulen in Federschlangenform, die den Türsturz tragen, daneben ein Pfeiler des Türrahmens mit der Figur eines toltekischen Kriegers. Maya-toltekische Kultur. Früh-Nachklassische Periode.

74 Oberteil eines Räuchergefäßes aus Ton, Mayapán, Mexiko. Höhe ca. 24 cm. Dargestellt ist Gott »M«, Ek Chuah, der Patron der Kaufleute, kenntlich an seiner (hier fragmentarischen) Knollennase. Das Räuchergefäß war mit roter, gelber und blauer Farbe bemalt. Mayapán-Kultur, Mittel-Nachklassische Periode.

75 Reliefplatte mit der Darstellung eines Jaguars, der ein Herz verschlingt. Von der »Tanzplattform der Adler«, Chichen Itzá, Mexiko. Dasselbe Motiv ist auch aus Tula, dem Ursprungsland der Tolteken, bekannt und symbolisiert den Kriegerorden der »Jaguare«. Maya-toltekische Kultur. Früh-Nachklassische Periode.

76 Gefäß der »X-Fine-Orange-Ware«, Küstengebiet von Campeche, Mexiko. Höhe 17,8 cm. Zusammen mit der »Plumbate«-Ware gilt diese Keramik als sicheres Anzeichen für das Auftreten von Tolteken im Maya-Gebiet. Das abgebildete Gefäß zeigt als Muster schwarze Hände. Maya-toltekische Kultur. Früh-Nachklassische Periode.

77 Dreifußgefäß der »Plumbate« (= Bleiglanz-)Ware, Küstengebiet von Campeche, Mexiko. Höhe 19 cm. Diese glasiert wirkende Ware wurde an der pazifischen Küste von Chiapas und Guatemala in toltekischem Stil hergestellt und in weiten Gebieten des südlichen Mesoamerika verhandelt. Maya-toltekische Kultur. Früh-Nachklassische Periode.

78 Figurengefäß der »Plumbate«-Ware, Kopf eines bärtigen Mannes, Guatemala. Höhe 15 cm. Maya-toltekische Kultur. Früh-Nachklassische Periode.

79 »Freskentempel« in Tulum, Mexiko, Ansicht von Westen. Diese Aufnahme der Carnegie Institution in Washington stammt aus der Zeit vor der Freilegung des Fundplatzes im Jahre 1923. Der Tempel liegt im Zentrum von Tulum und ist wegen seiner Wandgemälde in einem mayanisch-mixtekischen Mischstil be-

rühmt. Nischen über den Eingängen enthalten Stuckfiguren des »Tauchenden Gottes«. Stuckgesichter an den Ecken des unteren Stockwerkes lassen vermuten, daß er dem Gott Itzamná geweiht war. Mittel- bis Spät-Nachklassische Periode.

80 Gruppe B, Mixco Viejo, Guatemala. Blick nach Osten. Die Ruinen der Hauptstadt der Pokomam sind auf allen Seiten von ungeheuren Steilhängen umgeben. Um die Stadt zu erobern, mußte das Heer Alvarados einen steilen Pfad erklimmen, auf dem nur für zwei Mann nebeneinander Platz war, während ein Hagel von Felsbrocken und vergifteten Pfeilen auf sie herabstürzte. Dies ist die Hauptgruppe des Fundplatzes, beherrscht von dem üblichen Doppeltempel. Mittel- bis Spät-Nachklassische Periode.

81 Gruppe C, Chuitinamit, Guatemala. Blick nach Westen. Rekonstruktionszeichnung von Tatiana Proskouriakoff. Nach Vertreibung der Pokomam bauten die Quiché hier eine eindrucksvolle Festung. Ein typisch mexikanischer Zug der späten Zentren des Hochlandes ist die Doppelpyramide im Mittelpunkt der Gruppe. Im Hintergrund ist ein Ballspielplatz zu sehen. Mittel- bis Spät-Nachklassische Periode.

82 Räuchergefäße aus Ton von einem Altar in Mayapán, Mexiko. Höhe 54,5 cm. Dieses Abbild des Gottes »B«, des Regengottes Chac, trägt eine kleine Schüssel in der einen und einen Klumpen brennenden Weihrauchs in der anderen Hand. Nach dem Brand wurde dieses Gefäß mit blauer, grüner, schwarzer, roter, weißer und gelber Farbe bemalt. Mayapán-Kultur, Mittel-Nachklassische Periode.

83 Seite aus dem Dresdener Codex. Höhe 20,25 cm. Dieser Codex, das schönste und älteste der drei erhaltenen Faltbücher der Maya, ist auf einen langen Rindenstreifen geschrieben, nachdem jede Seite mit einer feinen Stuckschicht überzogen worden war. Der größte Teil des Codex, wie zum Beispiel die abgebildete Seite, befaßt sich mit verschiedenartigen Unterteilungen des 20-Tage-Systems, wobei jede Unterteilung mit einem anderen Gott in Verbindung gebracht wird. Der Text unmittelbar über jeder Gottheit enthielt deren Namen und Beinamen. Früh-Nachklassische Periode.

Literaturhinweise

Eine umfassende Angabe aller Werke, die über die Maya-Archäologie geschrieben wurden, findet sich in: »Bibliografía de Arqueología y Etnografia: Mesoamérica y Norte de México, 1514–1960« von Ignacio Bernal (Instituto Nacional de Antropología e Historia, Memorias, VII, México, 1962). Dort sind mehr als 3800 Titel zu diesem Thema aufgeführt. Ich habe versucht, mich hier auf die Arbeiten zu beschränken, die mir bei der Vorbereitung zu diesem Buch am meisten geholfen haben und die für weitere, vertiefende Studien von besonderem Interesse sind. Einige Titel wurden vom deutschen Herausgeber hinzugefügt.

Kapitel I

Allgemeine Arbeiten über Mesoamerika und die Maya:

BLOM, Frans und Oliver La Farge. Tribes and Temples. 2 Bde. New Orleans, 1926.

BRAINERD, George W. The Maya Civilization. Los Angeles, 1954.

COVARRUBIAS, Miguel. Indian Art of Mexico and Central America. New York, 1957.

GIRARD, Rafael. Los Mayas Eternos. México, 1962.

HOLMES, William H. Archaeological Studies Among the Ancient Cities of Mexico. 2 Bde. Chicago, 1895–97.

KIDDER II, Alfred und Carlos Samayoa Chinchilla. The Art of the Ancient Maya. New York, 1959.

KIRCHHOFF, Paul. Meso-America. In: Heritage of Conquest, herausgegeben von Sol Tax, Seiten 17–30. Glencoe, Illinois, 1952.

Marquina, Ignacio. Arquitectura Prehispánica. México, 1951.
Maudslay, Alfred P. Biologia Centrali-Americana, Archaeology. (Textband und vier Bände Tafeln) London, 1889–1902.
Morley, Sylvanus G. The Ancient Maya. Dritte Auflage, durchgesehen und verbessert von George W. Brainerd. Stanford, 1956.
Proskouriakoff, Tatiana. An album of Maya-architecture. Carnegie Institution of Washington, Publ. 558. Washington, 1946.
Sapper, Carl. Das nördliche Mittel-Amerika nebst einem Ausflug nach dem Hochland von Anahuac. Reisen und Studien aus den Jahren 1888–1895. Braunschweig, 1897.
Spinden, Herbert J. A Study of Maya Art. Memoirs of the Peabody Museum of Archaeology and Ethnology, Harvard University, Vol. 6. Cambridge, 1913.
Stephens, John L. Incidents of Travel in Central America, Chiapas, and Yucatan. 2 Bde. New York, 1841.
–, Incidents of Travel in Yucatan. 2 Bde. New York, 1843.
Stierlin, Henri. Maya: Guatemala, Honduras, Yukatán (Weltkulturen und Baukunst). München, 1966.
Termer, Franz. Die Mayaforschung. Nova Acta Leopoldina, Abh. der Dt. Akad. d. Naturforscher, N.F., Nr. 105, Bd. 15. Leipzig, 1952.
The Maya and Their Neighbors. Festschrift für Alfred M. Tozzer. New York, 1941.
Thompson, J. Eric S. A trial survey of the southern Maya area. American Antiquity, Bd. 9, No. 1, Seiten 106–34. Menasha, 1943.
–, A trial survey of the northern Maya area. American Antiquity, Bd. 11, No. 1, Seiten 2–4. Menasha, 1945.
–, The Rise and Fall of Maya Civilization. Norman, 1954.
Tozzer, Alfred M. (Hrsg.). Landa's Relacion de las Cosas de Yucatan. Papers of the Peabody Museum of Archaeology and Ethnology, Harvard University, Bd. 18. Cambridge, 1941. (Dank der ausführlichen Anmerkungen, die Landas Text hier begleiten, ist diese Ausgabe eine regelrechte Enzyklopädie des Lebens der alten Maya.)
Vogt, Evon Z. und Alberto Ruz (Hrsg.). Desarrollo Cultural de los Mayas. México, 1964. (Eine auf dem neuesten Forschungsstand stehende Sammlung von Artikeln verschiedener Autoren.)

Die Umwelt:

BRAINERD, George W. Changing living patterns of the Yucatan Maya. American Antiquity, Bd. 22, No. 2, Seiten 162–64. Salt Lake City, 1956.

COWGILL, Ursula M. An agricultural study of the southern Maya lowlands. American Anthropologist, Bd. 64, No. 2, Seiten 273–86, Menasha, 1962.

MCBRYDE, Felix W. Cultural and historical geography of southwest Guatemala. Smithsonian Institution of Social Anthropology, Publ. No. 4. Washington, 1945.

TERMER, Franz. Die Halbinsel Yucatán. Petermanns Geographische Mitteilungen, Erg. Bd. No. 253. Gotha, 1954.

WRIGHT, A. C. S. et al. Land in British Honduras. London, 1959.

Sprachgruppen im Maya-Gebiet:

MCQUOWN, Norman A. The classification of the Maya languages. International Journal of American Linguistics, Bd. 22, Seiten 191 bis 195. 1956.

–, Los orígenes y la diferenciación de los Mayas según se infiere del estudio comparativo de las lenguas mayanas. In: Desarrollo Cultural de los Mayas, Seiten 49–80. México, 1964.

SWADESH, Maurice. Interrelaciones de las lenguas mayenses. Anales del Instituto Nacional de Antropología e Historia, XIII, Seiten 231–67. México, 1961.

Kapitel II

BRAINERD, George W. The archaeological ceramics of Yucatan. Anthropological Records, 19. Berkeley und Los Angeles, 1958.

COE, Michael D. A fluted point from highland Guatemala. American Antiquity, Bd. 25, No. 3, Seiten 412–13. Salt Lake City, 1960.

–, La Victoria, an early site on the Pacific coast of Guatemala. Papers of the Peabody Museum of Archaeology and Ethnology, Harvard University, Bd. 53. Cambridge, 1961.

Coe, Michael D. und Kent V. Flannery. The pre-Columbian obsidian industry of El Chayal, Guatemala. American Antiquity, Bd. 30, No. 1, Seiten 43–49. Salt Lake City, 1964.
MacNeish, Richard S. The origins of New World civilization. Scientific American, Bd. 211, No. 5, Seiten 29–37. New York, 1964.
MacNeish, Richard S. und Frederick A. Peterson. The Santa Marta Rock Shelter, Ocozocoautla, Chiapas, Mexico. Papers of the New World Archaeological Foundation, No. 14. Provo, 1962.
Shook, Edwin M. The present status of research on the Pre-Classic horizons in Guatemala. In: The Civilizations of Ancient America, Hrsg. Sol Tax, Seiten 93–100. Chicago, 1951.
Smith, Robert E. Ceramic sequence at Uaxactun, Guatemala. Middle American Research Institute, Publ. No. 20. 2 Bde. New Orleans, 1955.
Wauchope, Robert. Implications of radiocarbon dates from Middle and South America. Middle American Research Reports, Bd. 2, No. 2. New Orleans, 1954.

Kapitel III

Brainerd, George W. Early ceramic horizons in Yucatan. In: The Civilizations of Ancient America, Hrsg. Sol Tax, Seiten 72–78. Chicago. 1951.
Coe, Michael D. Cycle 7 monuments in Middle America: a reconsideration. American Anthropologist, Bd. 59, No. 4, Seiten 597 bis 611. Menasha, 1957.
Coe, William R. Tikal, Guatemala, and emergent Maya civilization. Science, Bd. 147, No. 3664, Seiten 1401–19. Washington, 1965.
Morley, Sylvanus G. und Frances R. The age and provenance of the Leyden Plate. Carnegie Institution of Washington, Contributions to American Anthropology and History, No. 24. Washington, 1939.
Parsons, Lee A. Boulder sculpture on the Pacific coast of Guatemala. Archaeology, Bd. 18, No. 2, Seiten 132–44. Brattleboro, Vermont, 1965.
Ricketson, Oliver G. und Edith B. Uaxactún, Guatemala, Group E,

1926–1931. Carnegie Institution of Washington, Publ. 477. Washington, 1937.
SHOOK, Edwin M. und Alfred V. Kidder. Mound E-III-3, Kaminaljuyú, Guatemala. Carnegie Institution of Washington, Contributions to American Anthropology and History, No. 53. Washington, 1952.
STIRLING, Matthew W. Stone monuments of southern Mexico. Bureau of American Ethnology, Bulletin 138. Washington, 1943. (Enthält eine Beschreibung der Monumente von Izapa.)
WILLEY, Gordon R. und James C. Gifford. Pottery of the Holmul I style from Barton Ramie, British Honduras. In: Essays in Pre-Columbian Art and Archaeology, von Samuel K. Lothrop et al., Seiten 152–70. Cambridge, Mass., 1961.

Kapitel IV und V

Über die Klassische Maya-Kultur gibt es eine große Anzahl Publikationen, von denen hier nur einige der wichtigsten aufgeführt werden können.

Allgemeiner Überblick:

PROSKOURIAKOFF, Tatiana. A study of Classic Maya art. Carnegie Institution of Washington, Publ. 593. Washington, 1950.

Südliches Gebiet:

BORHEGYI, Stephan F. Aqualung archaeology. Natural History, Bd. LXVII, No. 3, Seiten 120–25. New York, 1958. (Beschreibung von Unterwasserfunden im Amatitlán-See.)
KIDDER, Alfred V., Jesse L. Jennings und Edwin M. Shook. Excavations at Kaminaljuyú, Guatemala. Carnegie Institution of Washington, Publ. 561. Washington, 1946.
SMITH, A. Ledyard und Alfred V. Kidder. Excavations at Nebaj, Guatemala. Carnegie Institution of Washington, Publ. 594. Washington, 1951.

THOMPSON, J. Eric S. An archaeological reconnaissance in the Cotzumalhuapa region, Escuintla, Guatemala. Carnegie Institution of Washington, Contributions to American Anthropology and History, No. 44. Washington, 1948.

WAUCHOPE, Robert. Excavations at Zacualpa, Guatemala. Middle American Research Institute, Publ. no. 14. New Orleans, 1948.

Zentralgebiet:

BULLARD, William R., Jr. Maya settlement pattern in northeastern Petén, Guatemala. American Antiquity, Bd. 25, No. 3, Seiten 355–72. Salt Lake City, 1960.

CARR, Robert F. und James E. Hazard. Map of the ruins of Tikal, El Petén, Guatemala. Tikal Reports, No. 11. Philadelphia, 1961.

COE, William R. Piedras Negras Archaeology: Artifacts, Caches and Burials. Philadelphia, 1959.

–, Tikal; ten years of study of a Maya ruin in the lowlands of Guatemala. Expedition, Bd. 8, No. 1, Seiten 5–56. Philadelphia, 1965.

GORDON, George B. Prehistoric ruins of Copán, Honduras. Memoirs of the Peabody Museum of Archaeology and Ethnology, Harvard University, Bd. 1, No. 1. Cambridge, 1896.

KIDDER, Alfred V. The artifacts of Uaxactun, Guatemala. Carnegie Institution of Washington, Publ. 576. Washington, 1947.

LONGYEAR, John M. Copan ceramics. Carnegie Institution of Washington, Publ. 597. Washington, 1952.

MALER, Teobert. Researches in the central portion of the Usumatsintla Valley. Memoirs of the Peabody Museum of Archaeology and Ethnology, Harvard University, Bd. 2 (No. 1: 1901; No. 2: 1903). Cambridge.

–, Explorations in the Department of Petén, Guatemala. Memoirs of the Peabody Museum of Archaeology and Ethnology, Harvard University, Bd. 5, No. 1. Cambridge, 1911.

MORLEY, Sylvanus G. The inscriptions of Copan. Carnegie Institution of Washington, Publ. 219. Washington, 1920.

–, Guide book to the ruins of Quiriguá. Carnegie Institution of Washington, Supplementary Publication No. 16. Washington, 1935.

–, The inscriptions of Petén. Carnegie Institution of Washington, Publ. 437. 5 Bde. Washington, 1937–38.

RUPPERT, Karl, J. Eric S. Thompson und Tatiana Proskouriakoff. Bonampak, Chiapas, Mexico. Carnegie Institution of Washington, Publ. 602. Washington, 1955.

RUZ, Alberto. Exploraciones en Palenque. In: Proceedings of the Thirtieth International Congress of Americanists, Seiten 5–22. Cambridge, 1954.

–, Palenque. Official Guide, Instituto Nacional de Antropología e Historia. México, 1960.

SMITH, A. Ledyard. Uaxactun, Guatemala: excavations of 1931–37. Carnegie Instit. of Washing., Publ. 588. Washington, 1950.

SMITH, Robert E. Ceramic sequence at Uaxactun, Guatemala. (Siehe unter Kapitel II.)

STRÖMSVIK, Gustav. Guide book to the ruins of Copan. Carnegie Institution of Washington, Publ. 577. Washington, 1947.

THOMPSON, J. Eric S. Excavations at San Jose, British Honduras. Carnegie Institution of Washington, Publ. 506. Washington, 1939.

TOZZER, Alfred M. A preliminary study of prehistoric ruins of Tikal, Guatemala. Memoirs of the Peabody Museum of Archaeology and Ethnology, Harvard University, Bd. 5, No. 2. Cambridge, 1911.

WILLEY, Gordon R. The structure of ancient Maya society: evidence from the southern lowlands. American Anthropologist, Bd. 58, No. 5, Seiten 777–82. Menasha, 1956.

WILLEY, Gordon R. et al. Prehistoric Maya settlements in the Belize Valley. Papers of the Peabody Museum of Archaeology and Ethnology, Harvard University, Bd. 54. Cambridge, 1965.

Nördliches Gebiet:

ANDREWS, E. Wyllys. Excavations at Dzibilchaltún, northwestern Yucatan, Mexico. Proceedings of the American Philosophical Society, Bd. 104, No. 3, Seiten 254–65. Philadelphia, 1960.

BRAINERD, George W. The archaeological ceramics of Yucatan. (Siehe unter Kapitel II.)

GROTH-KIMBALL, Irmgard. Maya-Terrakotten. Tübingen, 1960. (Ausgezeichnete Aufnahmen von Jaina-Tonfiguren.)
RUPPERT, Karl und J. H. Dennison. Archaeological Reconnaissance in Campeche, Quintana Roo and Petén. Carnegie Institution of Washington, Publ. 543. Washington, 1943.
RUZ, Alberto. Campeche en la Arqueología Maya. México, 1945.
–, Uxmal. Guía Official, Instituto Nacional de Antropología e Historia. México, 1956.
STEPHENS, John L. Incidents of Travel in Yucatan. (Siehe unter Kapitel I. Immer noch der beste Führer durch die Puuc-Fundstätten.)
THOMPSON, J. Eric S. et al. A preliminary study of the ruins of Cobá, Quintana Roo, Mexico. Carnegie Institution of Washington, Publ. 424. Washington, 1932.

Kapitel VI

BARRERA VÁSQUEZ, Alfredo und Sylvanus G. MORLEY. The Maya chronicles. Carnegie Institution of Washington, Contributions to American Anthropology and History, No. 48. Washington, 1949.
BRINTON, Daniel G. The Maya Chronicles. Philadelphia, 1882.
CHAMBERLAIN, Robert S. The conquest and colonization of Yucatan. Carnegie Institution of Washington, Publ. 582. Washington, 1948.
GANN, Thomas. Mounds in northern Honduras. Bureau of American Ethnology, 19th Annual Report, Teil 2, Seiten 655–92. Washington, 1900 (Santa-Rita-Fresken).
LOTHROP, Samuel K. Tulum, an archaeological study of the east coast of Yucatan. Carnegie Institution of Washington, Publ. 335. Washington, 1924.
–, Metals from the Cenote of Sacrifice, Chichen Itzá, Yucatan. Memoirs of the Peabody Museum of Archaeology and Ethnology, Harvard University, Bd. 10, No. 2. Cambridge, 1952.
MORRIS, Earl H. et al. The Temple of the Warriors at Chichen Itzá, Yucatan. Carnegie Institution of Washington, Publ. 406. 2 Bde. Washington, 1931.
POLLOCK, H. E. D. et al. Mayapan, Yucatan, Mexico. Carnegie Institution of Washington, Publ. 619. Washington, 1962. (Der

Bericht über die Geschichte der Itzá in Kapitel VI basiert auf dem hier enthaltenen Aufsatz von Ralph Roys.)
RECINOS, Adrian. Popol Vuh: The Sacred Book of the Ancient Quiché Maya. Norman, Oklahoma, 1950.
RECINOS, Adrian und Dellía Goetz. The Annals of the Cakchiquels. Norman, Oklahoma, 1953.
ROYS, Ralph L. The Book of Chilam Balam of Chumayel. Carnegie Institution of Washington, Publ. 438. Washington, 1933.
–, The political geography of the Yucatan Maya. Carnegie Institution of Washington, Publ. 613. Washington, 1957.
RUPPERT, Karl. The Caracol at Chichen Itzá, Yucatan, Mexico. Carnegie Institution of Washington, Publ. 454. Washington, 1935.
SANDERS, William T. Prehistoric ceramics and settlement patterns in Quintana Roo, Mexico. Carnegie Institution of Washington, Publ. 606, Seiten 155–264. Washington, 1960.
SHEPARD, Anna O. Plumbate, a Mesoamerican trade ware. Carnegie Institution of Washington, Publ. 573. Washington, 1948.
SMITH, A. Ledyard. Archaeological reconnaissance in central Guatemala. Carnegie Institution of Washington, Publ. 608. Washington, 1955.
TERMER, Franz. Durch Urwälder und Sümpfe Mittelamerikas. Der fünfte Bericht des Hernán Cortés an Kaiser Karl V., Hamburg, 1941.
THOMPSON, J. Eric S. A co-ordination of the history of Chichen Itzá with ceramic sequences in central Mexico. Revista Mexicana de Estudios Antropológicos, Bd. 5, Seiten 97–111. México, 1941.
TOZZER, Alfred M. Chichen Itzá and its Cenote of Sacrifice. Memoirs of the Peabody Museum of Archaeology and Ethnology, Harvard University, Bde. 11 und 12. Cambridge, 1957.
WOODBURY, Richard B. und Aubrey Trik. The Ruins of Zacaleu, Guatemala. 2 Bde. Boston, 1953.

Kapitel VII

BLOM, Frans. Commerce, trade, and monetary units of the Maya. Middle American Research Series, No. 4, Seiten 557–66. New Orleans, 1932.

COE, Michael D. A model of ancient community structure in the Maya lowlands. Southwestern Journal of Anthropology, Bd. 21, No. 2, Seiten 97–114. Albuquerque, 1965.

EDMUNDSON, Munro S. Historia de las tierras altas mayas, según los documentos indígenas. In: Desarollo cultural de los Mayas. (Hrsg. Vogt und Ruz), Seiten 255–78. (Siehe unter Kapitel I.)

FOLLETT, Prescott H. F. War and weapons of the Maya. Middle American Research Series, Publ. 4, Seiten 374–410. New Orleans, 1932.

MILES, S. W. The sixteenth-century Pokom-Maya: a documentary analysis of social structure and archaeological setting. Transactions of the American Philosophical Society, Bd. 47, Teil 4. Philadelphia, 1957.

ROYS, Ralph L. The Indian background of Colonial Yucatan. Carnegie Institution of Washington, Publ. 548. Washington, 1943.

SCHOLES, France V. und Ralph L. Roys. The Maya Chontal Indians of Acalan-Tixchel. Carnegie Institution of Washington, Publ. 560. Washington, 1948.

THOMPSON, J. Eric S. Trade relations between the Maya highlands and lowlands. Estudios de Cultura Maya, Bd. IV, Seiten 13–49. México, 1964.

TOZZER, Alfred M. Landa's Relación de las Cosas de Yucatán. (Siehe unter Kapitel I. Das wichtigste Werk über das Leben der Maya in der späten Zeit kurz vor der Eroberung.)

Kapitel VIII

ANDERS, Ferdinand. Das Pantheon der Maya. Graz, 1963.

BERLIN, Heinrich. El glifo »emblema« en las inscripciones mayas. Journal de la Société des Américanistes, Bd. 47, Seiten 111–19. Paris, 1958.

KELLEY, David H. A history of the decipherment of Maya script.

Anthropological linguistics, Bd. 4, No. 8. Bloomington, Indiana, 1962.
–, Fonetismo en la escritura Maya. Estudios de Cultura Maya, Bd. II, Seiten 277–318. México, 1962.
–, Glyphic evidence for a dynastic sequence at Quiriguá, Guatemala. American Antiquity, Bd. 27, Seiten 323–25. Salt Lake City, 1962.
KNOROSOV, Yuri V. The problem of the study of the Maya hieroglyphic writing. American Antiquity, Bd. 23, No. 3, Seiten 284–91. Salt Lake City, 1958.
–, Pis'mennost' Indeitsev Maiia (Schrift der Maya-Indianer). Moskau-Leningrad, 1963.
KRUSCHE, Rolf (Hrsg.). Schrift und Buchmalerei der Maya-Indianer. 24 Tafeln aus dem Codex Dresdensis. Leipzig, 1965.
MORLEY, Sylvanus G. An introduction to the study of the Maya hieroglyphs. Bureau of American Ethnology, Bulletin 57. Washington, 1915.
PROSKOURIAKOFF, Tatiana. Historical implications of a pattern of dates at Piedras Negras, Guatemala. American Antiquity, Bd. 25, No. 4. Seiten 454–75. Salt Lake City, 1960. (Heute schon ein »klassisches« Werk.)
–, The lords of the Maya realm. Expedition, Bd. 4, No. 1, Seiten 14–21. Philadelphia, 1961.
–, Portraits of women in Maya art. In: Essays in Pre-Columbian Art and Archaeology, von S. K. Lothrop und anderen. Seiten 81–99. Cambridge, 1961.
SÁNCHEZ, George I. Arithmetic in Maya. Austin, Texas, 1961.
SATTERTHWAITHE, Linton, Jr. Concepts and structures of Maya calendrical arithmetics. Joint Publications of the Museum of the University of Pennsylvania and the Philadelphia Anthropological Society, No. 3. Philadelphia, 1947.
TEEPLE, John E. Maya astronomy. Carnegie Institution of Washington, Contributions to American Archaeology, No. 2. Washington, 1930.
THOMPSON, John Eric S. Maya arithmetic. Carnegie Institution of Washington, Contributions to American Anthropology and History, No. 36. Washington, 1942.
–, Maya hieroglyphic writing. Introduction. Carnegie Institution of Washington, Publ. 589. Washington, 1950. (Ein umfassender

Überblick über Maya-Kalender, -Religion und -Astronomie.)
–, A Catalogue of Maya Hieroglyphs. Norman, Oklahoma, 1962. (Behandelt sowohl die Glyphen auf Monumenten als auch die in Codices.)
VILLACORTA, J. Antonio und Carlos A. Códices Mayas. Guatemala, 1930. (Alle drei erhaltenen Codices in einer brauchbaren Reproduktion.)
ZIMMERMANN, Günter. Die Hieroglyphen der Maya-Handschriften. Hamburg, 1956. (Ein Katalog der Glyphen in den Codices.)

Illustrationsnachweis

Folgenden Personen und Instituten, die freundlicherweise Photographien zur Verfügung gestellt und Publikationsgenehmigung erteilt haben, sei an dieser Stelle herzlich gedankt:

American Museum of Natural History, New York, 1, 33–35, 46, 47, 57, 58, 62 (Erickson Collection), 74; Stephan F. Borhegyi und das Milwaukee Public Museum, 29; Frederick Church Collection, Olana, New York, 3; Dumbarton Oaks, Washington, D. C., 56, 63, 66, 68; Ian Graham, 61; Museum of Primitive Art, New York, 21–23, 25, 60 (Photographien von Charles Uht); Museum für Völkerkunde, Basel, 38; Lee A. Parsons, 6; Peabody Museum, Harvard University, 2, 5, 8–11, 14–16, 24, 26–28, 30, 31, 36, 39, 42–44, 51–53, 69, 73–78, 80–82; Alberto Ruz L., 48–50; Trustees of the British Museum, 40, 65, 67; University Museum, Philadelphia, 12, 13, 17–20, 37, 41; Charles R. Wicke, 71, 72.

Die Textillustrationen 1–3, 6–7, 13, 15, 18, 28 und 33 wurden von Mrs. Jean und Mr. Peter Zallinger gezeichnet. Die Illustrationen 5, 8–10, 12, 34, 35, 40, 43–45 und 48–50 stammen vom Verfasser. Andere wurden aus verschiedenen Publikationen reproduziert. Als Quellen für Umzeichnungen und Reproduktionen wurden benutzt: Abb. 6, E. M. Shook, »The present status of research«; Abb. 13, »Mound E–III–3, Kaminaljuyú, Guatemala«; Abb. 14, R. Girard, *Los Mayas Eternos* (Abb. 242); Abb. 16, A. V. Kidder, J. Jennings und E. M. Shook, »Excavations at Kaminaljuyú, Guatemala« (Abb. 108); Abb. 17, F. R. und S. G. Morley, »The age and provenance of the Leyden Plate«; Abb. 18, R. E. Smith, »Ceramic sequence at Uaxactún, Guatemala«; Abb. 19, H. Moholy-Nagy, »A Tlaloc stela from Tikal«; Abb. 21, R. F. Carr und J. E. Hazard, »Map of the ruins of Tikal«; Abb. 23–24, 39, A. Trik, »The splendid tomb of Temple I, Tikal, Guatemala«; Abb. 25, W. H. Holmes, *Archaeological Studies among the Ancient Cities of Mexico* (Abb. 64); Abb. 26, A. Ruz L., »Exploraciones en Palenque: 1951« (Abb. 5); Abb. 27, George Kubler, *The Art and Architecture of Ancient America* (Abb. 47); Abb. 29, Carnegie Institution of Washington, »The Art of the Maya«; Abb. 30, 31, S. K. Lothrop, »Metals from the Cenote of Sacrifice«; Abb. 34, S. K. Lothrop, »Tulum« (Tafel 25); Abb. 36–37, T. A. Joyce, »The pottery whistle-figurines of Lubaantun«; Abb. 38, H. T. Webster, »Tikal graffiti« (Abb. 12); Abb. 41, G. Zimmermann, *Die Hieroglyphen der Maya-Handschriften* (Tafeln 6, 7); Abb. 42, T. A. Joyce, *Mexican Archaeology* (Abb. 58); Abb. 46, E. J. Palacios, »Inscripción recientemente descubierta en Palenque« (Abb. 1); Abb. 51, T. Proskouriakoff, »Historical data in the inscriptions of Yaxchilan« (Abb. 1).

Register

Sachbücher bei Lübbe

Gustav Lübbe Verlag
5070 Berg. Gladbach
Postfach 20

Jens Friedemann
Die Scheiche kommen
Arabien – Zentrum
neuer Macht
264 Seiten
Leinen DM 28,–

Ruth Seering
**König Feisal –
Koran und Öl**
240 Seiten,
21 sw-Fotos
Leinen DM 28,–

H. W. Hamacher
Gerd Braun
Tatort Deutschland
336 Seiten,
Leinen DM 28,–
3. Auflage

Fritz Meurer
Die Frau hinter Mao
224 Seiten,
10 sw-Fotos
Leinen DM 28,–

George St. George
Sibirien
Gigant hinter dem Ural
267 Seiten,
Leinen DM 28,–

Neue Entdeckungen der Archäologie

Großformat, Leinen, jeder Band DM 68,–

Welt des Buches urteilte:
»Die Reihe ›Neue Entdeckungen der Archäologie‹, in Deutschland vom Lübbe Verlag herausgebracht, hat sich in wenigen Jahren einen respektablen Platz im archäologischen Schrifttum unserer Zeit gesichert. Sie kommt aus England, wird von Sir Mortimer Wheeler, der höchstinstanzlichen Autoriät der britischen Altertumswissenschaft, betreut und zählt bereits ein knappes Dutzend schwergewichtiger Titel.« Rudolf Pörtner

Leslie Alcock
Camelot, Die Festung des König Artus?
280 S., 15 Farbabb., 95 sw-Abb., 36 Zeichnungen, Karten, Pläne

Cyril Aldred
Echnaton – Gott und Pharao Ägyptens
312 S., 17 Farbabb., 120 sw-Abb., 6 Zeichnungen

Barry Cunliffe
Fishbourne – Rom in Britannien
268 S., 7 Farbabb., 86 sw-Abb., 41 Karten, Pläne, Zeichnungen

Brian Doe
Südarabien – Antike Reiche am Ind. Ozean
278 S., 8 Farbabb., 134 sw-Abb., 41 Karten, Pläne, Zeichnungen

Gustav Lübbe Verlag
5070 Berg. Gladbach
Postfach 20

Neue Entdeckungen der Archäologie

Großformat, Leinen, jeder Band DM 68,–

Vassos Karageorghis
Salamis – Die zyprische Metropole des Altertums
276 S., 17 Farbabb., 128 sw-Abb., 33 Karten, Pläne, Zeichnungen

John F. Luce
Atlantis – Legende und Wirklichkeit
344 S., 14 Farbabb., 100 sw-Abb., 20 Karten, Pläne, Zeichnungen

James Mellaart
Çatal Hüyük – Stadt aus der Steinzeit
296 S., 15 Farbabb., 121 sw-Abb., 56 Karten, Pläne, Zeichnungen

Beno Rothenberg
Timna – Das Tal der biblischen Kupferminen
280 S., 25 Farbabb., 128 sw-Abb., 77 Karten, Pläne, Zeichnungen

Dragoslav Srejović
Lepenski Vir – Vorgeschichtliche Geburtsstätte europ. Kultur
300 S., 14 Farbabb., 92 sw-Abb., 61 Karten, Pläne, Zeichnungen

Frank Willett
Ife – Metropole afrikanischer Kunst
284 S., 13 Farbabb., 110 sw-Abb., 41 Karten, Pläne, Zeichnungen

Archäologie bei Lübbe

Gustav Lübbe Verlag
5070 Berg. Gladbach
Postfach 20

Die Bibel und ihre Welt
Eine Enzyklopädie zur Heiligen Schrift
Bilder – Daten – Fakten
Herausgegeben von G. Cornfeld und J. Botterweck
1789 Spalten Text, 878 Abbildungen, 40 Karten, Pläne
2 Bände im Schuber, Großformat,
Leinen DM 160,–

Raymond Schoder S.J.
Das antike Griechenland aus der Luft
256 S., 140 Farbabb., 138 Pläne, 1 Karte
Leinen ca. DM 45,–

Jerry M. Landay
Schweigende Städte, heilige Steine
Archäol. Entdeckungen im Land der Bibel
272 S., 16 Farbabb., 250 sw-Abb., DM 58,–

Aubrey Menen
. . . und Sand begrub ihre Städte
272 S., 20 Farbabb., 184 sw-Abb.,
Leinen DM 58,–

Kurt Mendelssohn
Das Rätsel der Pyramiden
268 S., 15 Farbabb., 85 sw-Abb., 42 Karten, Pläne, Zeichnungen
Leinen DM 58,–